Lehrstuhl für Montagesystemtechnik und Betriebswissenschaften
der Technischen Universität München

Methode zur Optimierung der Wertschöpfungskette mittelständischer Betriebe

Oliver Kramer

Vollständiger Abdruck der von der Fakultät für Maschinenwesen
der Technischen Universität München
zur Erlangung des akademischen Grades eines

Doktor-Ingenieurs (Dr.-Ing.)

genehmigten Dissertation.

Vorsitzender: Univ.-Prof. Dr.-Ing. M. Zäh

Prüfer der Dissertation:

1. Univ.-Prof. Dr.-Ing. G. Reinhart
2. Univ.-Prof. Dr.-Ing. W. A. Günthner
3. Hon.-Prof. Dr.-Ing. Dr. h.c. Dr.-Ing. E.h. J. Milberg

Die Dissertation wurde am 28.03.2002 bei der Technischen Universität München eingereicht und durch die Fakultät für Maschinenwesen am 06.11.2002 angenommen.

Oliver Kramer

Methode zur Optimierung der Wertschöpfungskette mittelständischer Betriebe

2., unveränderte Auflage

Herbert Utz Verlag · München

Forschungsberichte IWB

Band 173

Zugl.: Diss., 2002

Bibliografische Information der Deutschen Nationalbibliothek:
Die Deutsche Nationalbibliothek verzeichnet diese Publikation in der Deutschen Nationalbibliografie; detaillierte bibliografische Daten sind im Internet über http://dnb.d-nb.de abrufbar.

frühere Ausgabe: ISBN 978-3-8316-0211-7

ISBN 978-3-8316-8148-8

Printed in EU
Herbert Utz Verlag GmbH, München
www.utzverlag.de

Geleitwort des Herausgebers

Die Produktionstechnik ist für die Weiterentwicklung unserer Industriegesellschaft von zentraler Bedeutung. Denn die Leistungsfähigkeit eines Industriebetriebes hängt entscheidend von den eingesetzten Produktionsmitteln, den angewandten Produktionsverfahren und der eingeführten Produktionsorganisation ab. Erst das optimale Zusammenspiel von Mensch, Organisation und Technik erlaubt es, alle Potenziale für den Unternehmenserfolg auszuschöpfen.

Um in dem Spannungsfeld Komplexität, Kosten, Zeit und Qualität bestehen zu können, müssen Produktionsstrukturen ständig neu überdacht und weiterentwickelt werden. Dabei ist es notwendig, die Komplexität von Produkten, Produktionsabläufen und -systemen einerseits zu verringern und andererseits besser zu beherrschen.

Ziel der Forschungsarbeiten des *iwb* ist die ständige Verbesserung von Produktentwicklungs- und Planungssystemen, von Herstellverfahren und Produktionsanlagen. Betriebsorganisation, Produktions- und Arbeitsstrukturen sowie Systeme zur Auftragsabwicklung werden unter besonderer Berücksichtigung mitarbeiterorientierter Anforderungen entwickelt. Die dabei notwendige Steigerung des Automatisierungsgrades darf jedoch nicht zu einer Verfestigung arbeitsteiliger Strukturen führen. Fragen der optimalen Einbindung des Menschen in den Produktentstehungsprozess spielen deshalb eine sehr wichtige Rolle.

Die im Rahmen dieser Buchreihe erscheinenden Bände stammen thematisch aus den Forschungsbereichen des *iwb*. Diese reichen von der Produktentwicklung über die Planung von Produktionssystemen hin zu den Bereichen Fertigung und Montage. Steuerung und Betrieb von Produktionssystemen, Qualitätssicherung, Verfügbarkeit und Autonomie sind Querschnittsthemen hierfür. In den *iwb*-Forschungsberichten werden neue Ergebnisse und Erkenntnisse aus der praxisnahen Forschung des *iwb* veröffentlicht. Diese Buchreihe soll dazu beitragen, den Wissenstransfer zwischen dem Hochschulbereich und dem Anwender in der Praxis zu verbessern.

Gunther Reinhart

Vorwort

Die vorliegende Dissertation entstand während meiner Tätigkeit am Institut für Produktionstechnik GmbH (*ifp*).

Besonders danken möchte ich Herrn Prof. Dr.-Ing. Gunther Reinhart, dem Leiter des Lehrstuhls für Werkzeugmaschinen und Betriebswissenschaften (*iwb*) an der Technischen Universität München, sowie Herrn Prof. Dr.-Ing. Dr. h.c. Dr.-Ing. E.h. Joachim Milberg, dem ehemaligen Leiter des Lehrstuhls, für die wohlwollende Unterstützung und großzügige Förderung, die entscheidend zur erfolgreichen Durchführung dieser Arbeit beigetragen hat.

Bei Herrn Prof. Dr.-Ing. W. A. Günthner, dem Leiter des Lehrstuhls für Fördertechnik Materialfluss Logistik der Technischen Universität München, möchte ich mich für die Übernahme des Korreferates und die aufmerksame Durchsicht der Arbeit sehr herzlich bedanken.

Des Weiteren danke ich den Herren Prof. Dr.-Ing. Christoph Maier und Dipl.-Ing. Ulrich Kohler, den Geschäftsführern des Instituts für Produktionstechnik (*ifp*), für die stete Unterstützung und berufliche Förderung sowie die langjährige gute Zusammenarbeit.

Besonderer Dank gilt weiterhin den Herren Dr.-Ing. Helwig Lehmann und Dipl.-Ing. Bernd Hartmann, dessen wertvolle Anregungen meine Arbeit wesentlich unterstützt haben.

Schließlich möchte ich mich bei allen Mitarbeiterinnen und Mitarbeitern des ifp für ihre Unterstützung und die kollegiale Zusammenarbeit bedanken. Auch allen ehemaligen Studenten, insbesondere Dipl.-Ing. Rouven Haag, sei ein herzliches Dankeschön ausgesprochen.

München, im November 2002 *Oliver Kramer*

Für meine Eltern,

Nathalie und Svenja

Inhaltsverzeichnis

Abbildungsverzeichnis

Verzeichnis der Abkürzungen und Synonyme

Abb.	Abbildung
Abt.	Abteilung
added value	engl. für Wertschöpfung
AFO	Arbeitsfolge
AIB	Lehrstuhl für Allgemeine und Industrielle Betriebswirtschaftslehre, TU München
AM	Absatzmarkt
AP	Arbeitsplan
APS	Advanced Planning and Scheduling
Aufl.	Auflage
AV	Arbeitsvorbereitung
AVO	Arbeitsvorgang
Bd.	Band
BDE	Betriebsdatenerfassung
Benchmarking	Methode, die eine Orientierung eigener Prozesskosten und -leistungen an Prozessen von anderen, besseren Unternehmen ermöglicht.
Best-Practice	Richt- bzw. Bestwert der von einem Unternehmen in einem bestimmten Bereich bzw. in einem bestimmten Prozess erreicht wird.
BM	Beschaffungsmarkt
BMBF	Bundesministerium für Bildung und Forschung
BoA	Belastungsorientierte Auftragsfreigabe
BP	Beschaffungsprozess
BPR	Business Process Reengineering
BPS	Business Process Streamlining
BR	Business Reengineering
BSC	Balanced Scorecard
bzgl.	bezüglich
bzw.	beziehungsweise
ca.	circa
CAD	Computer Aided Design
CAM	Computer Aided Manufacturing
CAP	Computer Aided Planning

CAx	Computer-Unterstützung in den Bereichen Konstruktion, Planung und Produktion (die Vernetzung des Entwicklungs- mit dem Produktionsprozess)
CIM	Computer Integrated Manufacturing
CLM	Council of Logistics Management
Corp.	Corporation
d.h.	das heißt
DIN	Deutsches Institut für Normung e.V.
Diss.	Dissertation
dt.	deutsch
DV	Datenverarbeitung
EC	Electronic Commerce, ‚e-commerce'
ECR	Efficient Customer Response
EDV	Elektronische Datenverarbeitung
ERP	Electronic Requirement Planning
et al.	et alii (lat.), und andere
EU	Europäische Union, Brüssel, Belgien
e.V.	eingetragener Verein
EVA	Economic Value Added
evtl.	eventuell
f.	folgende
F&E	Forschung und Entwicklung
ff.	fortfolgende
FIR	Forschungsinstitut für Rationalisierung, Aachen
FMEA	Fehler-Möglichkeits- und Einfluss-Analyse
Fraktal	eine teilautonome und selbständig agierende Unternehmenseinheit, deren Ziele und Leistungen eindeutig beschreibbar sind[1]
FuE	Forschung und Entwicklung
GENESIS	Grundlegende Effektivitätsverbesserung nach einer Schulung in schlanker Produktion, Organisation und Beschaffung[2]
gfmt	Gesellschaft für Management und Technologie-Verlags KG, München
ggf.	gegebenenfalls
GPO	Geschäftsprozessoptimierung

[1] Nach [WARNECKE 1992] & [WARNECKE 1995, S.61]

[2] Nach [VEITINGER 1997], S.XVI & S.128

Hrsg.	Herausgeber
http	hypertext transfer protocol
IAO	Fraunhofer-Institut für Arbeitswissenschaft und Organisation, Stuttgart
IAT	Institut für Arbeitswissenschaft und Technologiemanagement, Stuttgart
IAW	Lehrstuhl und Institut für Arbeitswissenschaft, Rheinisch-Westfälische TU Aachen
IBC	International Benchmarking Clearinghouse
i.e.S.	im eingeschränkten Sinn
IFA	Institut für Fabrikanlagen und Logistik der Universität Hannover
IFF	Institut für Industrielle Fertigung und Fabrikbetrieb der Universität Stuttgart
IM	Informationsmanagement
IML	Fraunhofer-Institut für Materialfluss und Logistik, Dortmund
IP	Innovationsprozess
IPA	Fraunhofer-Institut für Produktionstechnik und Automatisierung, Stuttgart
IPH	Institut für integrierte Produktion Hannover gGmbH
IPK	Fraunhofer-Institut für Produktionsanlagen und Konstruktionstechnik, Berlin
ISO	International Standards Organization, Genf, Schweiz
IT	Information Technology (Informationstechnologie)
IuK	Informations- und Kommunikationstechnologie
iwb	Institut für Werkzeugmaschinen und Betriebswissenschaften, TU München
i.w.S.	im weiteren Sinn
JIT	Just-In-Time
KAA	Kundenauftragsabwicklung
kaikaku	Radikale Verbesserungen[3], vergleichbar mit BPR
kaizen	Kontinuierliche schrittweise Verbesserungen in allen Bereichen und auf allen Ebenen[4]
Kanban	Produktionssteuerung nach dem Prinzip des Pull-Prinzips (Hol-Prinzip)[5]

---

[3] Nach [WOMACK & JONES 1996], S.23

[4] Nach [IMAI 1994]

[5] Nach [WILDEMANN 1995b]

Kap.	Kapitel
KMU	Kleine und mittlere Unternehmen
KVP	Kontinuierlicher Verbesserungsprozess
KVP^2	Programm zu kontinuierlichen Verbesserung der Beschaffungs- und Produktionsprozesse der Volkswagen AG
Lean Production	= schlanke Produktion. Schlank im Sinne von „frei von muda - Verschwendung". Durch Toyota begründeter Organisations- und Managementansatz zur Verschlankung und Optimierung aller an der Wertschöpfung beteiligten Bereiche.[6]
loco	Vom Fraunhofer-IML entwickeltes kennzahlgestütztes und prozessorientiertes Logistik-Controllingsystem
LogiBEST	Logistikbenchmarking für Produktionsunternehmen: BMBF gefördertes Projekt; Prof. Weber - Lehrstuhl Controlling und Logistik - Wissenschaftliche Hochschule für Unternehmensführung (WHU)
MA	Mitarbeiter
Mass.	Massachusetts, USA
Md.	Maryland, USA
MIS	Management-Informations-System
MIT	Massachusetts Institute of Technology, Cambridge, Massachusetts, USA
MOB	Make-or-Buy
MRP	Material Requirement Planning
muda	Verschwendung durch Überproduktion, Bestände, Transport, Wartezeit, Bewegung, Überdimensionierung der Prozessqualität, Ausschuss und Nacharbeit[7]
NIOSH	National Institute of Occupational Safety and Health, USA
No.	number
Nr.	Nummer
ODBC	Open Database Connectivity
o. Jg.	ohne Jahrgang
o. Nr.	ohne Nummer
OPT	Optimized Production Technology (im Englischen: Theory of Constraints)
OTD	on-time delivery
PC	Personal Computer

---

6 Nach [WOMACK & JONES 1996]

7 Nach [KAIZEN 1998], S.9

PICOS	Purchased Input Concept Optimization with Suppliers[8]
Poka Yoke	Poka = unbeabsichtigter Fehler, Yoke = Verhinderung, Vermeidung; integrierte Maßnahmen, um einen Fehler nicht auftreten zu lassen.
ppm	parts per million
PPS	Produktionsplanung und Steuerung
PSB	Produktionssynchrone Beschaffung
PSD	Production System Design Laboratory, MIT, Cambridge
PuK	Planung und Kontrolle
QFD	Quality Function Deployment
QM	Qualitätsmanagement
QS	Qualitätssicherung
REFA	REFA-Verband für Arbeitsgestaltung, Betriebsorganisation und Unternehmensentwicklung e.V., Darmstadt
ROCE	Return on Capital Employed
ROI	Return on Investment
s.	siehe
S.	Seite
SBU	strategic business unit
SC	Supply Chain
SCC	Supply Chain Council
SCM	Supply Chain Management
SCOR	Supply Chain Operations Reference
SCP	Supply Chain Planning
SCR	Supply Reality Control
SCS	Supply Chain Simulation
SE	Simultaneous Engineering
shareholder	Anteilseigner
SMED	single minute exchange of die
stakeholder	Interessengruppen, Anspruchsberechtigte
TAA	Technischer Auftragsabwicklungsprozess
Tab.	Tabelle
TBF	Technische Betriebsführung
TCW	Transfer-Centrum-Verlag, München

[8] Nach [VEITINGER 1997], S.XVII & S.128

TOC	Theory of Constraints
TPS	Toyota Production System
TQM	Total Quality Management
TU	Technische Universität
u.	und
u.a.	und andere(s), unter, anderem, unter anderen
u.ä.	und ähnliche(s)
Univ.	Universität
USA	United States of America (Vereinigte Staaten von Amerika)
u.U.	unter Umständen
u.v.a.	und viele(s) andere
VDI	Verein Deutscher Ingenieure e.V., Düsseldorf
Verl.	Verlag
vgl.	vergleiche
Vol.	Volume
Vorl.	Vorlesung
vs.	versus
waste	engl. für Verschwendung; innerhalb der TPS-Philosophie als ‚muda' bezeichnet
WBZ	Wiederbeschaffungszeit
WHU	Wissenschaftliche Hochschule für Unternehmensführung, Koblenz
WIP	work in progress
www	world wide web
z.B.	zum Beispiel
ZfB	Zeitschrift für Betriebswirtschaft
zfbf	Zeitschrift für betriebswirtschaftliche Forschung
zfo	Zeitschrift für Organisation
z.T.	zum Teil
ZVEI	Zentralverband Elektrotechnik- und Elektronikindustrie e.V.
ZWF	Zeitschrift für wirtschaftliche Fertigung

1. Einleitung, Situationsanalyse und Zielsetzung

1.1. Herausforderungen in einer globalisierten Wirtschaft

„Nichts ist beständiger als der Wandel.“

wusste bereits ca. 500 Jahre v. Chr. Heraklit. So weist auch das Motto des Münchner Kolloquiums 2000 *„... nur der Wandel bleibt.“* [REINHART & HOFFMANN 2000] in nur wenigen Worten auf eine unumgängliche Tatsache hin, derer sich alle Unternehmen heutzutage bewusst sein müssen, um im turbulenten Umfeld des globalen Marktes [REINHART 2000a] [WARNECKE 1995, S.9ff.] bestehen zu können.

Waren einst die niedrigen Kernkosten der Geschäftsprozesse der einzige Wettbewerbsvorteil des Auslands im globalen Markt, so wurde dieser in der Folge durch Vorsprünge im technologischen und qualitativen Bereich ausgebaut [KRUBASIK 1995].

Simon postulierte schon 1988, dass der langfristige Unternehmenserfolg strenggenommen nur mehrdimensional zu erklären ist [SIMON 1988b], d.h. die sechs Erfolgsfaktoren Kosten, Qualität, Zeit, Flexibilität, Service und Erzeugnisvielfalt gleichzeitig bei der Formulierung einer strategischen Wettbewerbsposition herangezogen werden müssen. Wettbewerbsvorteile werden hierbei entscheidend von der Unternehmensstrategie mitbestimmt [MILBERG 1997, S.26].

Im Folgenden (s. Abb. 1-1) sind die dringlichsten Herausforderungen, mit denen Unternehmen im Marktgeschehen konfrontiert werden, aufgezeigt:

Die **Globalisierung der Märkte** mit der Erweiterung der Beschaffungs- und Absatzmärkte. Darüber hinaus ist eine **Deregulierung des Wettbewerbs** festzustellen. [CHRISTOPHER 1992, S.18] [WILDEMANN 1998, S.3]

Im Zusammenhang mit der **Notwendigkeit zur Schaffung von Wettbewerbsvorteilen** werden im Abschnitt 2.1 die ‚hybriden Wettbewerbsstrategien‘ nach KALUZA 2000b weitere Detaillierung erfahren.

Der Markt hat sich vom **Verkäufer- zum Käufermarkt** gewandelt; die Segmentierung der Kundengruppen wird immer differenzierter. Durch die steigende Vielfalt der Leistungsvarianten verschiebt sich der Grad der Leistungswiederholung tendenziell zu kleinen Stückzahlen [MILBERG 2000]. Die Komplexität und erforderliche Variabilität des Wertschöpfungssystems steigt [SPECHT 2000, S.91]. In diesem Zusammenhang ist auch eine stete Verkürzung der Produktlebenszyklen zu verzeichnen. CHRISTOPHER 1992 spricht im Zusammenhang mit der Kundenorientierung von einer „customer service explosion“ (S.16), d.h. einer massiven Zunahme der Kundenpräferenzen. *„People don’t buy products, they buy benefits“* [CHRISTOPHER 1992, S.30].

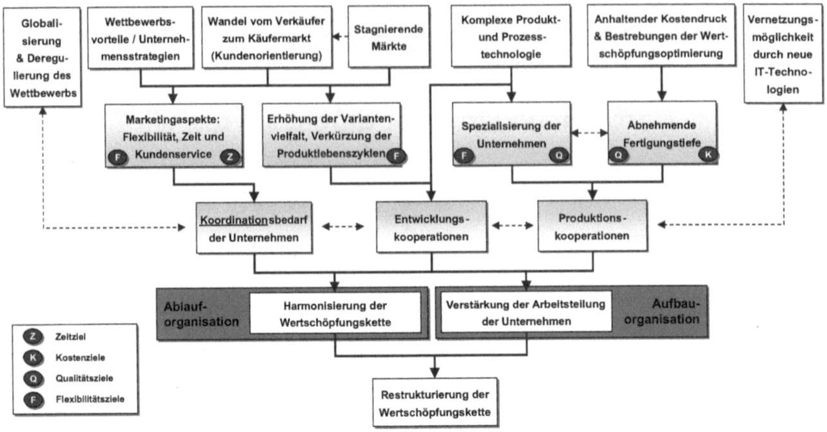

Abb. 1-1: Veränderungen des Unternehmensumfelds

Sättigungserscheinungen auf den Absatzmärkten zeichnen sich für die Entwicklung von sogenannten Verkäufer- zu Käufermärkten verantwortlich. Es hat ein fundamentaler Bedeutungswandel von einer ehedem reinen Produktions- über eine Verkaufs- hin zu einer Marktorientierung stattgefunden. Die Bemühungen der Industrieunternehmen konzentrieren sich hier auf die systematische Bedarfs- und Verhaltensbeeinflussung der tatsächlichen oder potenziellen Nachfrager [ZAHN 1996, S.168f.]. So kann durch die Steigerung der Variantenvielfalt, die Individualisierung von Produktmerkmalen, die Verkürzung der Produktlebenszyklen sowie Dienstleistungsaspekte die Nachfrage gesteigert bzw. Nachfrage neu generiert werden.

Auf die Zunahme der **Komplexität im Bereich der Produkt- und Prozesstechnologie** reagieren speziell kleine und mittlere Unternehmen (KMU) unter anderem mit der Konzentration auf ihre Kernkompetenzen und damit mit der Verringerung der Leistungstiefe [SPECHT 2000, S.91]. Die Konzentration auf Kernkompetenzen hat zur Folge, dass Produktions- und Entwicklungskooperationen mit anderen Unternehmen eingegangen werden müssen. Für KMUs bedeutet dies, die Verbindung mittelständischer Flexibilität mit den Vorteilen großer Unternehmen [DEHLER ET AL. 1999].

Der **anhaltende Kostendruck** zeigt, dass die Kostenseite nach wie vor ein substanzielles Optimierungskriterium in mehrdimensionalen Wettbewerbsstrategien darstellt.

Abb. 1-1 fasst die dringlichsten Herausforderungen zusammen, setzt diese in Verbindung mit den notwendigen Zielen und Folgen und zeigt somit die Notwendigkeit der Restrukturierung von Wertschöpfungsketten auf. CHRISTOPHER 1992 postuliert, dass die größten Herausforderungen logistischer Art sind (S.16).

Ein wichtiger Aspekt ist die Ausweitung des Fokus bei der Erarbeitung von Wettbewerbsvorteilen. Abb. 1-2 zeigt die Entwicklung auf:

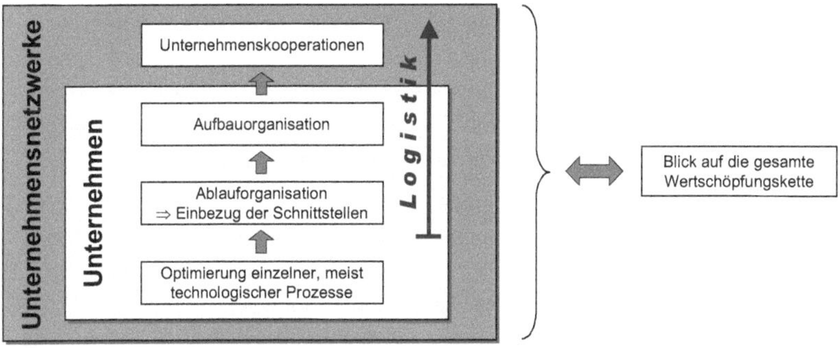

Abb. 1-2: Ausweitung des Fokus bei der Erarbeitung von Wettbewerbsvorteilen

In der Vergangenheit führten Detailbetrachtungen meist zur einseitigen **Optimierung einzelner Potenziale**. Das Sichtfeld wurde daraufhin ausgeweitet, indem eine Prozesszentrierung folgte, die Schnittstellen einbezog und auf der Ebene der **Ablauforganisation**, unter Einbezug der indirekten Funktionen, eine Harmonisierung des Gesamtprozesses verfolgte.

Nach CHRISTOPHER 1992 muss der Fokus bei Restrukturierungen neben der Ablauf- auch die Aufbauorganisation umfassen (S.17f.). Im Bereich der Aufbauorganisation sind klare Trends erkennbar. Die rein funktionale Gliederung, obwohl gerade im Mittelstand noch weit verbreitet, wirkt zunehmend veraltet. Der Trend geht zur Matrixorganisation, die sowohl die Produkt- als auch Funktionsorientierung vereint (Abb. 1-3).

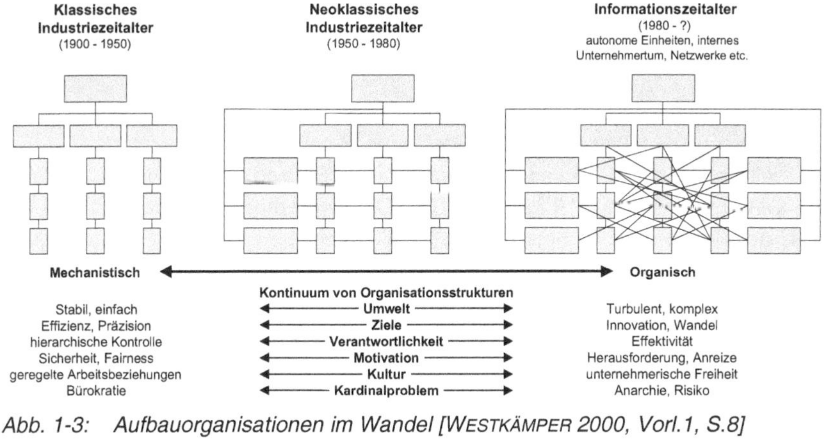

Abb. 1-3: Aufbauorganisationen im Wandel [WESTKÄMPER 2000, Vorl.1, S.8]

Zunehmend geraten im Bereich der Aufbauorganisation auch prozessorientierte Strukturen in den Vordergrund. Moderne Kommunikationsmittel und stetig steigende Anforderungen an Dynamik und Flexibilität verlangen nach vernetzten Strukturen mit flachen Hierarchien. Deutlich zu erkennen ist dies anhand der zunehmenden Komplexität und dem Grad der Konnektivität in modernen Aufbauorganisationen. In der Unternehmensrealität wird dies durch verschlankte Hierarchien und die Vernetzung von Fachabteilungen umgesetzt. Trotz des Wandels der Organisationsstrukturen ist immer, wenn auch abgeschwächt, eine funktionale Gliederung erkennbar.

„Für den Markterfolg eines Unternehmens werden vorbereitende, begleitende und nachlaufende Dienstleistungen um so wichtiger, je komplexer sich die einzelnen Abläufe und Erzeugnisse gestalten“ [WESTKÄMPER 2000, Vorl.1, S.14]. Der steigende Dienstleistungsanteil an der Gesamtwertschöpfung trägt zur Entstehung von neuen Schnittstellen bei bzw. schon vorhandene werden wichtiger. Dieser Aspekt trägt außerdem zu einem höheren Koordinationsbedarf bei, dem durch die Struktur der **Aufbauorganisation** Rechnung getragen werden muss.

Die in Abb. 1-2 aufgezeigte Ausweitung des Fokus bei der Erarbeitung von Wettbewerbsvorteilen gipfelt in der Bildung von Kooperationen innerhalb von **Unternehmensnetzwerken**. Die in der heutigen Wirtschaft fortschreitende Arbeitsteilung bei zunehmender Spezialisierung ist mit einer abnehmenden Wertschöpfungstiefe und steigender Individualisierung der Produkte verknüpft. Die Produkte werden komplexer und die Anforderungen des Kunden im Hinblick auf Lieferzeiten und Termintreue steigen.

Für viele Unternehmen sind diese Anforderungen nicht mehr allein zu bewältigen. Das Modell eines Unternehmens, das ein Produkt vollkommen selbstverantwortlich entwickelt, fertigt und vertreibt, hat ausgedient. Etablierte Wertschöpfungshierarchien erweisen sich für die langfristige Sicherung des Unternehmenserfolges als ungeeignet. Vielmehr finden sich Unternehmen zu Kooperationen unterschiedlicher Intensität zusammen.

Darüber hinaus richten eine Reihe von Veränderungstreibern neue Anforderungen an die Unternehmen. Über die oben aufgeführten Herausforderungen hinaus sind hier speziell die sich neu eröffnenden Möglichkeiten im Bereich der Kommunikationstechnologien zu nennen [KLOTH 1999a, S.10f.]. Die exponentiellen Verbesserungen der IuK-Technologie eröffnen neue Potenziale und stellen die Chance zur Bewältigung der zunehmenden Komplexität dar [HAHN 2000, S.11].

Zusammenfassend lässt sich sagen, dass die Entwicklung hin zum Käufermarkt zu einem erhöhtem Koordinationsbedarf zwischen den in der Wertschöpfungskette vorgelagerten Aktivitäten und dem Absatz führt. Es zeichnet sich ab, dass Beschaffung und Produktion zunehmend flexibel auf Schwankungen im Bedarf reagieren müssen.

Um die Wettbewerbsfähigkeit in einer sich verschärfenden Konkurrenzsituation mit den komplexer werdenden Produkten und Dienstleistungen zu behaupten, müssen die Unternehmen mit Spezialisierung ihres Angebots, einer Konzentration auf die

Kernkompetenzen und somit auf die daraus resultierende Notwendigkeit zur Bildung von Kooperationen reagieren (s. Abb. 1-1).

1.2. Der Aspekt der Reorganisation

In dem vorangegangenen Abschnitt wurde die Notwendigkeit zu Kooperationen, zum kreativen Gestalten mittels Wettbewerbsstrategien und zur ständigen Veränderung aufgezeigt. Dass die Reorganisation zur Optimierung der inner- und überbetrieblichen Wertschöpfungskette sich speziell der Logistik, einem Teil der unternehmenseigenen Wettbewerbsstrategie bedienen muss, wird in Kapitel 2 ausführlich aufgezeigt.

Roland Berger unterstreicht die Notwendigkeit von Reorganisations-Programmen, weil verkrustete Strukturen aufgebrochen werden müssen. „Sie sind eine Kampfansage an erstarrte vertikale Strukturen" [SERVATIUS 1994, Vorwort].

Bestehende Strukturen müssen den sich stetig ändernden Randbedingungen, die durch neue Produkte, Kunden, Strategien und Philosophien entstehen, angeglichen werden. Dabei wechseln sich Methoden wie das TQM, um laufende Verbesserungen am aktuellen Prozess vorzunehmen, und das Business Process Reengineering (BPR), um bestimmte Prozesseinheiten komplett neu zu gestalten, ab [WIK 1999, S.36f.]. Eine Voraussetzung hierbei ist die Kompetenz der Mitarbeiter, die in lernenden Strukturen bis zu einem gewissen Grad eigenverantwortlich agieren. Beim BPR liegt der Fokus auf den wenigen Schlüsselprozessen, die maßgeblich zur kundenorientierten Wertschöpfung beitragen und die Gesamtstrategie des Unternehmens widerspiegeln.

Generell müssen bei der Reorganisation Aspekte der Supply Chain Management (SCM) Philosophie im Vordergrund stehen. Darunter wird die Notwendigkeit zur Bildung von Kooperationen, eine klare Wettbewerbsstrategie [CHRISTOPHER 1992], sowie die Philosophie der Globalsicht, um dem Problem der Lokaloptima entgegen zu treten verstanden. Das Problem der Lokaloptima bleibt in vielen Unternehmen durch eine fehlende strukturierte Vorgehensweise zur Ausrichtung der einzelnen Funktionsbereiche der Wertschöpfungskette auf gemeinsame Ziele hin ungelöst.

NIPPA & PICOT 1996 (S.66) verdeutlichen, dass eine klare Vorgehensweise zur Reorganisation und Optimierung der Wertschöpfungskette von der Wissenschaft noch nicht gelöst worden ist. Es existieren Ansätze in allen Bereichen, die aber weder in ein Gesamtkonzept eingebunden wurden, noch eine umfassende Anwendung in der Praxis fanden. Es existieren die verschiedensten Ansätze und Tools.

Um der Komplexität und den Gefahren des unternehmerischen Wandels Rechnung zu tragen, werden Reorganisationen üblicherweise durch eine Sekundärorganisation in Form eines oder mehrerer Projekte vollzogen. Die hier ablaufenden Gestaltungsprozesse bedürfen in gleicher Weise wie die Leistungsprozesse des Unternehmens einer bewussten Lenkung und Steuerung. Nach VEITINGER 1997 muss die planende, steuernde, kontrollierende und koordinierende Funktion im Veränderungsprozess durch einen **‚Controlling Overlayer‘** unterstützt werden [VEITINGER 1997, S.3].

Hiermit wird die generelle Notwendigkeit des Controllings bei Reorganisationskonzepten von VEITINGER 1997 (S.3 und S.211f.) postuliert. Laut VEITINGER 1997 genügen dabei die bestehenden Ansätze aus dem Bereich des Projektcontrolling, des Logistikcontrolling oder des Controllings von KVP (S.11) den Anforderungen eines Reorganisations-Controlling nicht bzw. die notwendigen Tools sind nicht ausgereift.

Um die Komplexität von Reorganisationsvorhaben zu systematisieren hat VEITINGER 1997 drei Reorganisationstypen (S.17ff.) herausgearbeitet, miteinander verglichen und deren Praxisrelevanz überprüft (siehe Kapitel 3).

1.3. Ziel der Arbeit

In den vorangegangenen Abschnitten konnte aufgezeigt werden, dass ein erhöhter Koordinationsbedarf entlang der Wertschöpfungskette besteht und diesem Aspekt durch die Optimierung der Ablauf- und Aufbauorganisation Rechnung getragen werden muss. Die Koordination der verzahnten Teilsysteme wird zu einem immer wichtigeren Erfolgsfaktor; bestehende, verkrustete Strukturen müssen aufgebrochen und neu gestaltet werden.

Neben dem Handlungsbedarf zur Reorganisation der Wertschöpfungskette wurde auch die Notwendigkeit einer unternehmensindividuellen Wettbewerbsstrategie erläutert. Dabei konnte festgestellt werden, dass der Unternehmenserfolg nur mehrdimensional zu erklären ist und die Porter'sche Theorie durch hybride Wettbewerbsstrategien erweitert werden muss. Ist der Aufstellung einer Wettbewerbsstrategie genüge getan, muss diese im Unternehmenszielsystem verankert werden.

Die strategische Ausrichtung und Führung des Unternehmens kann nicht dem Zufall überlassen werden. Die daraus abgeleitete Aufgabe wird allgemein mit dem Begriff ‚Controlling‘ umschrieben. Nach WARNECKE 1992 (S.180) ist „Controlling das Steuerungsinstrument zum Führen eines Unternehmens“. KÜPPER 1997 definiert den Kern des Controlling als „die Koordinationsfunktion im Führungsinstrument.“ Beide Autoren erweitern den Begriff ‚Controlling‘ über den Gegenstand einer modernen Unternehmensrechnung hinaus, als ein Führungs- und Steuerungsinstrument.

Im Gesamtzusammenhang kann festgestellt werden, dass die Logistik einen entscheidenden Differenzierungsfaktor darstellt [WERTZ 1999, S.46] und die daraus zu generierenden Logistikstrategien im Unternehmenszielsystem eine eindeutige Verankerung finden müssen. Laut CHRISTOPHER 1992 bedarf es einer integrierten Vorgehensweise, um der Komplexität, Vielseitigkeit und Mehrdimensionalität einer Logistikstrategie Rechnung tragen zu können und um die verschiedensten Ansatzmöglichkeiten zu priorisieren. Das von CHRISTOPHER 1992 klar definierte Globalziel der Logistik ist die „Kostenreduzierung bei gleichzeitiger Kundenserviceerweiterung“ (S.20ff.). Auf die lange als indirekter Bereich vernachlässigte Logistik wird in Abschnitt 3.3.6 im Detail eingegangen.

Ziel der Arbeit ist es, einen Ansatz zu entwickeln, mit dem eine zielorientierte und unternehmensindividuelle Vorgehensweise zur Gesamtoptimierung der Wertschöpfungskette und zur Unterstützung der Koordination der Unternehmensführung ermöglicht wird. Die oben angesprochenen Defizite und speziell der Bereich der Logistik sollen hierbei einbezogen werden. LUCZAK ET AL. 2001 weisen an dieser Stelle auf die Notwendigkeit einer strukturierten und standardisierten Vorgehensweise zur Steigerung der eigenen Leistungsfähigkeit auch speziell im Bereich der Logistik hin. Heute reiche den Unternehmen nicht mehr, wie häufig in der Vergangenheit, eine pragmatische Veränderung des Ist-Zustandes durch „scharfes Hinsehen" aus, um mit den Wettbewerbern mithalten zu können. [LUCZAK ET AL. 2001, Vorwort]

Zunächst soll die Anforderung einer klaren unternehmensindividuellen Wettbewerbsstrategie durch ein generisches, d.h. allgemeingültiges und unternehmensindividuell wichtbares Zielsystem umgesetzt werden (s. Abb. 1-4).

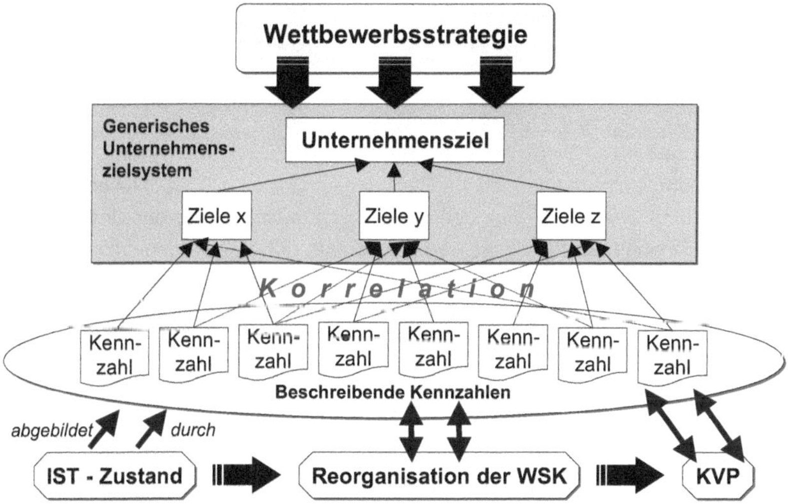

Abb. 1-4: Entwicklungsansatz der Arbeit

Basierend auf den Unternehmenszielen kann dann ein spezifischer Kennzahlenumfang definiert werden, wobei jede einzelne Kennzahl in einer bestimmten Korrelation zu einem Unternehmensziel steht und dieses mit unterschiedlicher Intensität beschreibt. Durch Messung des Ist-Zustandes mittels der definierten Unternehmenskennzahlen kann die aktuelle Situation aufgezeigt und ein Soll-Zustand im Sinne eines Benchmarks abgeleitet, gemessen und dessen Realisierung verfolgt, sowie kontrolliert werden. Darüber hinaus sind ‚Was-wäre-wenn-' und Sensitivitätsanalysen möglich, die eine plan- und kontrollierbare Zielverfolgung zulassen.

In dieser Arbeit wird eine Einschränkung bei der Betrachtung des gesamten Unternehmens vorgenommen. Ausgangspunkt wird die Betrachtung von Produktionsbetrieben sein, deren Kern der Wertschöpfung in der Transformation von Gütern liegt und damit direkt auch der logistische Charakter der physischen Transformationsprozesse angesprochen wird. Betrachtungsgegenstand wird somit der Fertigungsprozess in Verbindung mit der technischen Auftragsabwicklung sein (s. Abb. 1-5).

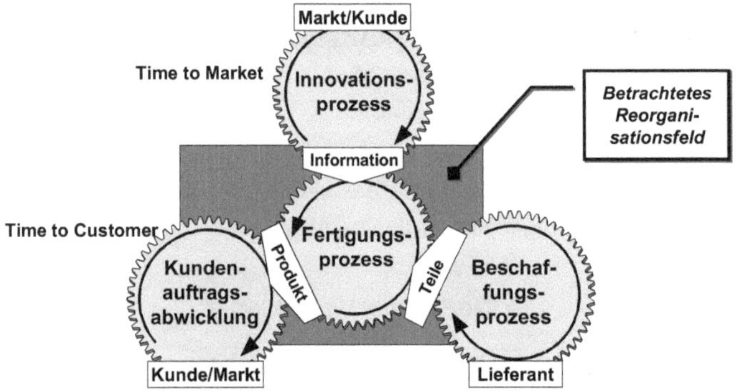

Abb. 1-5: Einordnung der Arbeit (in Anlehnung an: [REINHART 2000b, S.4-2])

Die neben der Gütertransformation (Fertigungsprozess i.e.S., die technische Auftragsabwicklung TAA i.w.S.) maßgeblich an der Wertschöpfung der Unternehmung beteiligten Bereiche der Kundenauftragsabwicklung (KAA), des Innovations- (IP) und des Beschaffungsprozesses (BP) werden bei der umfassenden Zieldefinition in Kapitel 5 als Schnittstellen betrachtet und somit in die Gesamtbetrachtung einbezogen.

1.4. Vorgehensweise

In Kapitel 2 erfolgt eine intensive Auseinandersetzung mit den Potenzialen der Wertschöpfungskette. Neben den Nutzen- und Produktivitätsfaktoren wird speziell auf die wettbewerbsstrategierelevante Eignung der Logistik eingegangen.

Kapitel 3 widmet sich der Reorganisation der Wertschöpfungskette. Neben der Charakterisierung von Reorganisationsprozessen werden Werkzeuge und Hilfsmittel im Umfeld der Reorganisationsprozesse, wie das Controlling, Benchmarking und die Kennzahlensysteme aufgezeigt. Im Weiteren wird auf bestehende Optimierungskonzepte aus dem amerikanischen, asiatischen und europäischen Raum eingegangen.

Eine Zusammenfassung aller an die Arbeit gestellten Anforderungen erfolgt in Kapitel 4. Außerdem wird die Arbeit inhaltlich abgegrenzt.

Kapitel 5 widmet sich der Entwicklung eines generischen Unternehmenszielsystems, das ausgehend vom dort abgeleiteten obersten Unternehmensziel die Unterziele anhand der Betrachtung der Wertschöpfungsaktivität ‚Produktion' herleitet. Das Kapitel wird mit der Gewichtung und der Betrachtung der Einsatzmöglichkeiten des Zielsystems abgeschlossen.

Basierend auf dem Unternehmenszielsystem wird in Kapitel 6 eine Kennzahlenhierarchie aufgebaut, die als instrumentelles Führungs- und Kontrollorgan, sowie als Medium zur konzeptionellen Unternehmenslenkung und Kommunikation der Unternehmensziele systematisiert wird.

In Kapitel 7 werden Zielsystem und Kennzahlenhierarchie zu einem hierarchischen Kennzahlensystem zusammengeführt, das darauf basierende rechentechnische Konzept zur Ermittlung und Kontrolle der Unternehmensleistung erläutert, sowie die anwendungstechnischen Möglichkeiten und die Einsatzbereiche der Methodik in der Praxis näher aufgezeigt.

Kapitel 8 unterzieht die Methodik einer Bewertung und erläutert den Nutzen unter der Beachtung von Aspekten wie dem Benchmarking, dem KVP und dem Reengineering. Eine Zusammenfassung und ein Ausblick schließen die Arbeit in Kapitel 9 ab.

Das Ergebnis der Arbeit ist eine Methodik zur Kontrolle und Steuerung eines Unternehmens und dessen Transformationsprozesse anhand eines unternehmenszielorientierten Kennzahlensystems unter Einbezug der logistischen Aspekte.

2. Potenzialbetrachtung

2.1. Wettbewerbs- und Unternehmensstrategie

Neben den ureigentlichen Potenzialen der Wertschöpfungskette, den **Nutzen- und Produktivitätsfaktoren**, muss die Unternehmensstrategie den **Differenzierungsfaktor**, durch den das Unternehmen einen klaren Wettbewerbsvorteil gegenüber seinen Konkurrenten aufbauen kann, einbeziehen. [WERTZ 1999, S.46]

Die Aufgabe des strategischen Managements wird bei DUERLER 1990 als die Schaffung und Erhaltung von Erfolgspotenzialen verstanden. Dabei muss die Unternehmensstrategie im ‚magischen Dreieck' mit der Unternehmensstruktur und der -kultur stehen (S.107f.). Strategie, Struktur und Kultur sowie deren Interdependenzen führen letztlich zu einer ‚Strategischen Erfolgsposition' (SEP), die es dem Unternehmen erlaubt, im Vergleich zur Konkurrenz langfristig überdurchschnittliche Ergebnisse zu erzielen.

Die Notwendigkeit einer Wettbewerbsstrategie, um sich Wettbewerbsvorteile gegenüber seinen Konkurrenten zu verschaffen, ist in hart umkämpften Märkten unerlässlich. Das in diesem Zusammenhang notwendige Management der Wertschöpfungskette spielt spätestens seit dem Erscheinen von Porters Buch „Wettbewerbsvorteile" eine bedeutende Rolle für das strategische Management von Unternehmen [SEURING 2000]. Die Wettbewerbsstrategie eines Unternehmens ist dabei Teil der Unternehmensstrategie und muss sich im Zielsystem eines Unternehmens manifestieren.

Erfolgreiche Unternehmen sind gegenüber erfolglosen immer in mehreren Dimensionen überlegen. Außerdem betrachtet der Kunde stets das Preis-/Leistungsverhältnis und konzentriert sich nicht einseitig auf eine Position. Den Nachteilen der Konzentrationsstrategien nach Porter kann laut KALUZA 2000b mit den „Hybriden Wettbewerbsstrategien" entgegnet werden.

Da sich ähnliche Produkte in Preis und Qualität immer mehr angleichen bieten sich hier nur wenige Chancen, sich von Wettbewerbern zu unterscheiden. Die Steigerung der logistischen Leistung hingegen stellt ein entscheidendes Differenzierungskriterium dar. „Auf Kundenanforderungen flexibel und angepasst zu reagieren, wird zu einem entscheidenden Kompetenzfaktor der Zukunft" [SPECHT 2000, S.91].

Die Entwicklung von Unternehmensstrategien (s. Abb. 2-1) zeigt, dass in der Vergangenheit erst die isolierte Optimierung technologischer Aspekte (Taylorismus und Automatisierung), später dann Aspekte der Information (Informationstechnik, CIM) und daraufhin menschzentrierte Ansätze (Team-/Centerstrukturen, Entlohnungssysteme, Job-Enlargement/-Enrichment, ...) im Vordergrund standen. In Zukunft werden

Kooperationen, d.h. die Vereinigung von Stärken verschiedener Partner im Fokus der Unternehmen stehen.

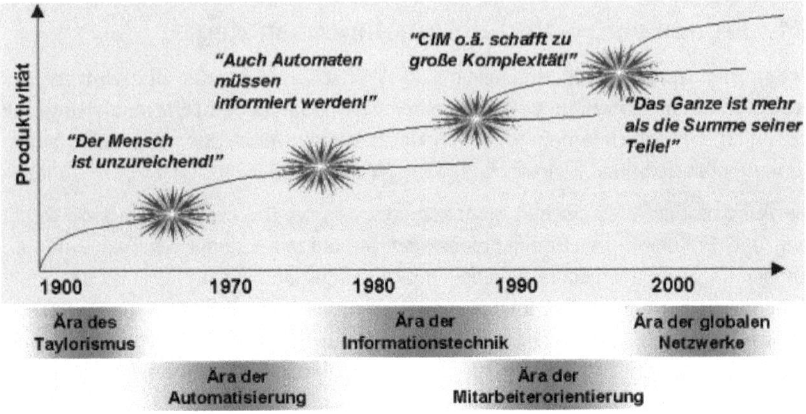

Abb. 2-1: Entwicklung von Unternehmensstrategien [IAO 2000]

Die isoliert optimierten Bereiche Technologie, Information und Mitarbeiter gewinnen neue Schlagkraft, wenn man die einzelnen Bereiche in ein Ganzes zusammenführt. BLECKER 1999 (S33ff.) setzt an dieser Stelle auf wandelbare Wertschöpfungsnetzwerke, bei denen die beteiligten Partner sich auf ihre Kernkompetenzen konzentrieren und in der Kooperation das zur Erschließung der Märkte erforderliche Gesamtpotenzial finden (s. Abb. 2-2). Aus dem gegenwärtigen Entwicklungsstand der Logistikketten werden Logistiknetzwerke, sowie wandelbare, flexible Produktionsnetzwerke entstehen.

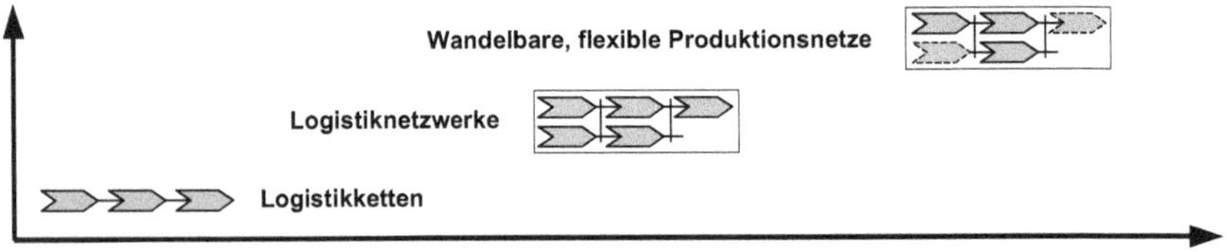

Gegenwärtiger Stand der Entwicklung	Mittelfristige Sicht	Langfristige Sicht
• Ganzheitliche Gestaltung der Kette • Durchgängiger Informationsfluss/ Auftragsabwicklung • Bestandsmanagement entlang d. Kette	• Ausbau von stabilen Netzwerkarrangements • Entwicklung / Implementierung neuer Instrumente des interorganisationalen Managements	• Wandelbare, flexible Netzwerkarrangements ergänzen stabile Netzwerke als Form der Interorganisation

Abb. 2-2: Entwicklungen in der Logistik [KLOTH 1999a, S.11]

2.2. Potenziale der Wertschöpfungskette

Abb. 2-3 zeigt auf, dass die Economies of Scale (Skaleneffekte) an Bedeutung verlieren. Potenziale, die auf die kundenorientierte Erschließung des Marktes ausgerichtet sind, gewinnen zunehmend an Einfluss [CHRISTOPHER 1992, S.179]. In diesem Zusammenhang sind die Economies of Scope (Umfang Produktangebot, -varianten), Economies of Time (time-to-market/customer, cash-to-cash-cycle) und in zunehmendem Maße die Economies of Competence (Konzentration auf Kernkompetenzen durch unternehmensübergreifende Arbeitsteilung) zu nennen [ZAHN 1996, S.283f.].

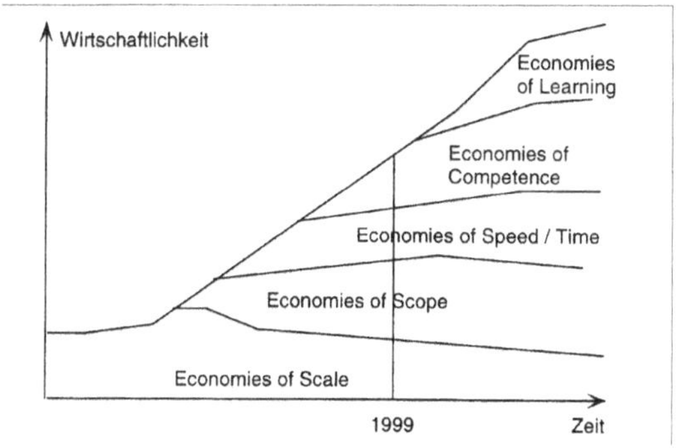

Abb. 2-3: Wandel der Erfolgsfaktoren [ZAHN 1996, S.283]

„Kernkompetenzen werden identifiziert, erworben und entwickelt, um die Produktions- und Logistikstrategie zu unterstützen" [KLOTH 1999a, S.19]. In der Zukunft werden darüber hinaus die Economies of Learning eine große Rolle spielen, da die zu beherrschende Komplexität einhergehend mit der notwendigen Flexibilität nur noch lernende Gebilde mit stark ausgebildetem Wissensmanagement überleben werden.

Die Zeit auch als Parameter zur bewussten Schaffung von Wettbewerbsvorteilen zu sehen, hat nach SCHÄFFER 1999 (S.2) vergleichsweise erst spät größere Beachtung gefunden. Im Vordergrund des Interesses stehen dabei insbesondere die Nutzung der Zeit als knappe Ressource auf der Ebene des Managements, sowie die Zeit als Wettbewerbsfaktor für das Unternehmen mit den Aspekten der Geschwindigkeit, der Erreichung des richtigen Zeitpunktes, sowie als Markteintrittsbarriere.

Dem Faktor ‚Zeit des Management' kann durch die geschickte Kombination verschiedener Steuerungssysteme, die die knappe Ressource Zeit und die Aufmerksamkeit des Managements einer optimalen Verwendung zuführen, begegnet werden [SIMONS 1995, S.55]. Während an dieser Stelle auf die Notwendigkeit dieser Steuerungs- und Controllinginstrumente hingewiesen werden soll, schließen sich hierzu in Abschnitt 3.2.1.2 (s. Seite 35) detaillierte Ausführungen an.

Um darüber hinaus dem Wettbewerbsfaktor ‚Zeit' gerecht zu werden, müssen die umfassenden Möglichkeiten und vielfältigen Aspekte der Logistik im operativen Bereich aufgegriffen und überwacht werden.

Außerdem weist CHRISTOPHER 1992 auf die Tatsache hin, dass die Logistikkosten prozentual an den Gesamtkosten zunehmen, weil der „added value" an den Produkten durch geringere Fertigungstiefe (outsourcing) und höhere Effizienz im produktiven Bereich abnimmt (S.62). Hierdurch wird ein weiterer entscheidender Aspekt, der die Wichtigkeit der Logistik in den Vordergrund stellt und die Notwendigkeit eines Controlling-Instrumentes untermauert, deutlich.

Die Einsparungspotenziale in der physischen Logistik beruhen auf den Dimensionen Zeit und Kosten, die durch die Reduzierung der Aufenthaltsdauer von Material, der Verringerung von Transportwegen und zu hohen Beständen realisiert werden können. Hierbei spielt der Aspekt der Materialflussplanung auf statischer und dynamischer Betrachtungsebene eine große Rolle. LEHMANN 1997 weist in seinem Konzept der integrierten Materialfluss- und Layoutplanung auf die Potenziale gerichteter und strukturierter Materialflüsse sowie deren Auswirkung auf die informationsrelevanten Ablaufprozesse hin. Sein Konzept basiert auf der Kopplung von statischen CAD-Layoutplanungssystemen mit der dynamischen Ablaufsimulation.

Im Zusammenhang mit der Bestandsproblematik sei der bullwhip-Effekt hervorzuheben, der durch die mangelnde horizontale Koordination hervorgerufen wird. Aufgrund unternehmensinterner, lokaler Bestands- und Sicherheitsreserven, verbunden mit einem Zeitverzug bezüglich des Informationsflusses, schaukeln sich Bestellmengen vom Abnehmer zum Zulieferer immer weiter auf. Die entsprechenden Verlaufskurven ähneln einer Bullenpeitsche (bullwhip). D.h. unterschiedliche, nicht synchronisierte Bestellzeitpunkte erzeugen eine zusätzliche Auftragsschwankung, so dass es zu einer Nachfrageverstärkung entlang der Wertschöpfungskette kommt (s. Abb. 2-4), die nicht dem wirklichen Bedarf entspricht. [KLOTH 1999a, S.12f.]

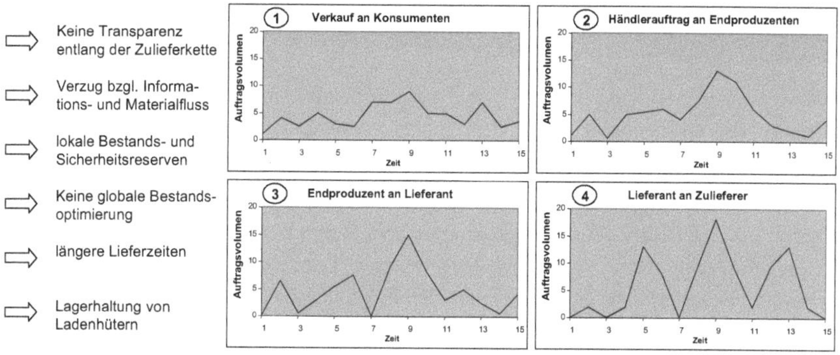

Abb. 2-4: Nachfrageschwankungen entlang der Zulieferkette (Bullwhip-Effekt) [KLOTH 1999a, S.13] - [HELMS & LUTZ 1999, S.96] - IFA Hannover

CHRISTOPHER 1992 macht den Informationsfluss für die schlechte horizontale Koordination der Logistikprozesse verantwortlich. Bestände müssen durch Informationen ersetzt werden: *„From inventory to information"* [CHRISTOPHER 1992, S.212]. Hierbei hebt CHRISTOPHER 1992 hervor, dass der Informationsfluss die Prozesse ausrichtet und nicht umgekehrt, und dass erst durch die neuen Entwicklungen im Bereich der IT-Systeme die Möglichkeiten zur Veränderung der Logistik gegeben sind (S.196ff.).

Einen weiteren **Nutzenfaktor** kann der von KRAMER 1999a und KRAMER 1999b beschriebene Einsatz der Ablaufsimulation bei der Reorganisation der Wertschöpfungskette unter dem Gesichtspunkt der Logistik darstellen. In diesem Zusammenhang wird darauf hingewiesen, dass es zur Bewertung der unterschiedlichen logistischen Konzepte, die durch die Simulation überprüft und validiert werden, eines Controlling-Instrumentes bedarf, das neben den quantifizierbaren Simulationsergebnissen auch die Zielstrategie eines Unternehmens in die Bewertung einfließen lässt. Durch den Einsatz der Simulation und dem in dieser Arbeit entwickelten Kennzahlensystem werden so unterschiedliche Strategien, die sich in der Konzeption der Wertschöpfungskette niederschlagen, quantifizierbar.

DUERLER 1990 stellt fest, dass gerade die Logistik als Querschnittsfunktion in der Vergangenheit vernachlässigt wurde und die organisatorische Kompetenzabgrenzung sowie eine mangelnde Informationsbasis ein Problem darstellten (S.168ff.). Finden diese Faktoren bei der Integration der Logistik als Querschnittsfunktion Beachtung, so können die Potenziale der neuzeitlichen Logistikkonzeption im Sinne des SCM erschlossen werden und die Logistik als Wettbewerbsvorteil Darstellung finden.

In dieser Arbeit wird somit die bereichs- und unternehmensübergreifende Sicht, wie in Abb. 1-2 dargestellt, fokussiert. Detailoptimierungen unter Kosten-, Qualitäts- und Zeitaspekten rücken in den Hintergrund, da diese in der Literatur bereits hinreichend behandelt wurden, in den Unternehmen bekannt sind und eingehend praktiziert werden. In den Vordergrund rutschen an dieser Stelle die Potenziale der Logistik als Querschnittsfunktion im Unternehmen.

Neben den dargestellten Nutzen- und Produktivitätsfaktoren der Logistik soll im Weiteren auf den **Differenzierungsfaktor** ‚Logistik' eingegangen werden.

Die Logistik als ‚competitive strategy' mit ihrer im Vordergrund stehenden Kundenorientierung bildet eine Wettbewerbsstrategie, die Produzenten zum Dienstleister avancieren lässt. Der Serviceaspekt gegenüber dem Kunden steht auch bei den Ausführungen von CHRISTOPHER 1992 im Vordergrund. Dabei müssen die Logistikkosten innerhalb eines Kundensegments dem Profit gegenübergestellt werden und einer speziellen Kontrolle unterzogen werden. Durch die sukzessiv abnehmende Fertigungstiefe steigt der prozentuale Anteil der Logistikkosten und damit die Notwendigkeit speziell das Verhältnis Servicekosten zu Profit zu beherrschen. (S.53ff.)

CHRISTOPHER 1992 stellt außerdem das mit der Logistik im Zusammenhang stehende Marketing als wichtigen Aspekt heraus. Neben dem Kundenservice stellen Marketingaspekte ein Differenzierungsmerkmal im Bereich des Produktes dar. Hier muss der Erhalt des Kunden (-treue) vor der Gewinnung von Neukunden stehen (S.30ff.).

Neben der Tatsache, dass die Logistik als Nutzen-, Produktivitäts- und Differenzierungsfaktor zu einer immer wichtiger werdenden Disziplin bei der Erlangung von Wettbewerbsvorteilen wird, stellt REINHART 2000a (S.19-40) im Sinne der Wandlungsfähigkeit von Unternehmen (= Flexibilität + Reaktionsfähigkeit) die fünf wichtigsten Fähigkeiten heraus: Fähigkeit zu Kooperationen, zum kreativen Gestalten, zur ständigen Veränderung und zum immerwährenden Lernen, zur transparenten Gestaltung der Wirkzusammenhänge, sowie zum Managen von Erfahrungen.

Zur Beherrschung dieser Aspekte wird die stete Überwachung der Unternehmensleistung, sowie die Früherkennung von Leistungs- und Produktivitätsengpässen mit Hilfe von Controllingsystemen notwendig. Das Element ‚Information' rückt in den Vordergrund; die Transparenz im Unternehmen wird zum entscheidenden Überlebensfaktor.

2.3. Aufgaben und Zielsetzung der Logistik

PFOHL 1996 definiert die Leistung der Logistik allgemein wie folgt:

„Die Leistung der Logistik besteht in der Sicherstellung der zeitlichen, räumlichen, art-, mengen-, und zustandsbezogenen Verfügbarkeit von Ressourcen für den Leistungsempfänger."

Dabei umfasst die Logistik inner- und überbetriebliche Material-, sowie die dazugehörigen, meist in entgegengesetzter Richtung verlaufenden Informationsflüsse. Der Logistik kommt innerhalb der Leistungserstellung eines Unternehmens, das als strukturiertes Netzwerk dynamischer Prozesse verstanden wird, eine Querschnittsfunktion zu. Damit weist die Logistik deutliche Unterschiede zu den traditionellen Funktionsbereichen des Unternehmens auf.

Die zu betrachtenden Prozesse konstituieren sich, wie in Abb. 2-5 dargestellt, aus den inner- und zwischenbetrieblichen Materialflüssen (Transport-, Wareneingangs-, Lagerungs-, Versand- und Entsorgungsprozesse) und allen notwendigen Informationsflüssen zu deren Planung, Steuerung und Disposition.

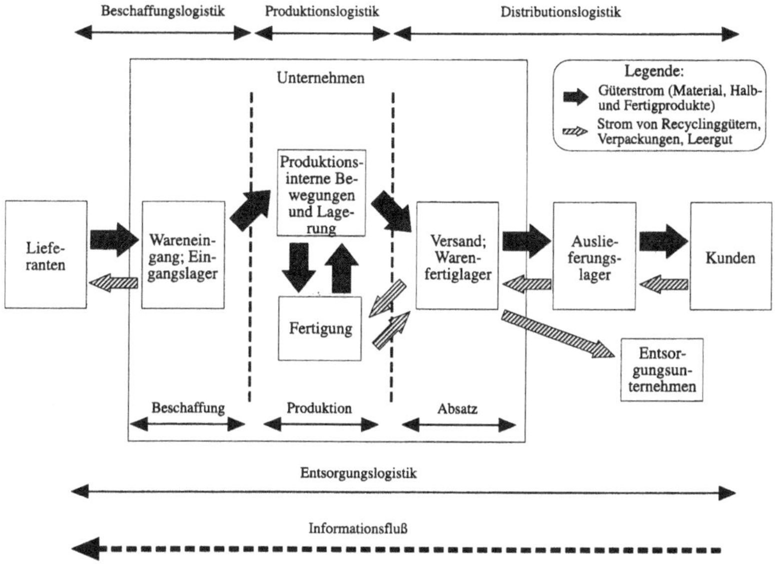

Abb. 2-5: Prozessmodell des Logistiksystems [VEITINGER 1997, S.48]

Die Logistikkette fasst einzelne Prozesse im Unternehmen zusammen und bildet bereichsübergreifende Organisations- und Informationseinheiten in ihrem direkt mit der Leistungserstellung verbundenen Umfeld [THALER 1999, S.41]. In neueren Definitionsansätzen wird speziell die Koordinationsaufgabe der Logistik, d.h. „das Management von Prozessen und Potenzialen zur koordinierten Realisierung unternehmensweiter und -übergreifender Material- und der dazugehörigen Informationsflüsse", betont [VEITINGER 1997, S.47ff.]. Dabei umfasst das Aufgabenfeld neben der horizontalen (Material- und Informationsflüsse) auch die vertikale Koordination, d.h. die Planung, Steuerung, Durchführung und Kontrolle. Die Logistik erfüllt eine zentrale Aufgabe und „soll zeitliche, sowie räumliche Disparitäten überbrücken, Hierarchie- und Funktionsgrenzen überwinden, sowie inter- und intraorganisatorische Prozesse koordinieren" [HADAMITZKY 1995, S.68].

2.4. Zusammenfassung und Fazit

Wettbewerbsvorteile werden durch vielfältige Nutzen- und Produktivitätsfaktoren gebildet, die letztendlich aus einer umfassenden Wichtung und Bewertung einer Vielzahl von Einflussfaktoren entstehen [IML 2000]. Die Logistik kann neben dem Nutzen- und Produktivitätsfaktor darüber hinaus den Differenzierungsfaktor, durch den das Unternehmen einen klaren Wettbewerbsvorteil gegenüber seinen Konkurrenten aufbauen kann, stellen.

Die Logistik kann den Herausforderungen, die sowohl aus dem Umfeld der Wertschöpfungskette (Wettbewerbs- und Kundenorientierung, Flussprinzip, Unternehmenskooperationen), als auch aus der notwendigen Sicht der Wettbewerbsvorteile (Strategien zur Differenzierung durch Einbindung der Logistik) resultieren, Rechnung tragen und die Unternehmensschwachstellen, resultierend aus dem heute eingeschränkten Verständnis der Logistik, beseitigen.

Lagen die Probleme im Produktions- und Logistik-Controlling vor wenigen Jahren noch in den fehlenden Informationen, so sind sie heute in der immer weiter steigenden Datenflut anzusiedeln. Sämtliche Daten, die eine entscheidungsrelevante Informationsbasis bilden können, sind heute in den Unternehmen vorhanden [IML 2000]. Durch die zumeist historisch gewachsene DV-Landschaft ist es für die einzelnen Entscheidungsträger aber nur mit hohem Aufwand möglich diese Daten zu einer zuverlässigen Informationsbasis zusammenzufassen.

Die Strukturierung und Verdichtung der Informationen, sowie die Notwendigkeit zur Bewertung und Wichtung der vielfältigen Einflussfaktoren zeigt den Bedarf einer Systematik auf.

Ähnlich der in Abschnitt 3.3.6 dargestellten SCOR-Philosophie [KLOTH 1999a, S.21] soll die Produktions- und Logistikstrategie anhand von kennzahlgestützten Zielen festgehalten werden. Die in dieser Arbeit aufgestellte Konzeption geht aber über die der SCOR-Philosophie hinaus und generiert die kennzahlgestützten Ziele auf der Basis eines umfassenden Zielsystems, das durch die Unternehmensstrategie, dessen Struktur und Kultur definiert wird und eine markt- und kundenspezifische Zielgewichtung erfährt. Die Einbindung der Logistikansätze in die später entwickelte Methode erfolgt somit über das strategische Unternehmenszielsystem und die aus diesem System generierten Kennzahlen.

3. Reorganisation der Wertschöpfungskette

Nach erfolgter Auseinandersetzung mit dem Themenkomplex der Logistik soll im Folgenden auf die Strukturierung der Reorganisation und deren Konzepte eingegangen werden. Außerdem werden bestehende Gestaltungskonzepte zur Optimierung der Wertschöpfungskette im Sinne des zu steigernden Kundennutzens und der Prozesszentrierung angesprochen. Das Kapitel soll den Stand der Technik aufzeigen und Defizite der bestehenden Konzepte beleuchten, sowie Anforderungen an eine kennzahlgestützte Methodik stellen. Die Ausführungen werden durch eine Eingrenzung der Arbeit auf mittelständische Strukturen und durch ein Fazit abgeschlossen.

Zunächst soll eine Abgrenzung der Begrifflichkeiten ‚Restrukturierung', ‚Reengineering' und ‚Reorganisation' erfolgen:

- *Restrukturierung*: Restrukturierung zielt auf schlankere Strukturen und Funktionen ab, d.h. es werden Hierarchien (vertikale Strukturen) abgebaut [TOMASKO 1987]. Der Ansatz beschäftigt sich verstärkt mit der Aufbauorganisation und wird im Englischen auch oft mit dem Begriff ‚Downsizing' belegt.
- *Reengineering*: Unter dem Begriff des Reengineering wird im Speziellen das Business Process Reengineering (BPR) verstanden, das im Rahmen einer horizontalen Organisation die Schlüsselprozesse neugestaltet [SERVATIUS 1994]. Das BPR möchte von seinen „Erfindern" HAMMER & CHAMPY 1994 nicht mit ‚Restrukturierung' oder ‚Reorganisation' verglichen werden (S.73).
- *Reorganisation*: Bei der Reorganisation steht die Organisationsstruktur des Unternehmens im Vordergrund. Hierbei wird die Veränderung der Organisationsstruktur bei gleichbleibenden Unternehmensprozessen vollzogen.

Unabhängig von der oben vorgenommenen Abgrenzung wird in dieser Arbeit die deutsche Begrifflichkeit der ‚Reorganisation' im erweiterten Sinn, wie auch von VEITINGER 1997 in Abschnitt 3.1.1 postuliert, eingesetzt. Unter der ‚Reorganisation' wird die Veränderung der Unternehmensprozesse selbst und die auf deren Basis definierte Organisationsstruktur verstanden, d.h. es werden die oben genannten Begrifflichkeiten unter dem Dach der gesamtheitlichen Optimierung vereint.

3.1. Reorganisationsprozesse

Im Folgenden soll zunächst auf eine theoretische Auseinandersetzung mit Reorganisationsprozessen eingegangen werden. Auf die Darstellung einer praxisorientierten Systematisierung folgen die Herausforderungen logistischer Reorganisationen in Abschnitt 3.1.4, sowie die Defizite praxisorientierter Reorganisationsansätze in Abschnitt 3.1.5. Abgeschlossen wird „3.1. Reorganisationsprozesse" mit einer Diskussion des Faktors Mensch in der Reorganisation.

3.1.1. Charakterisierung von Reorganisationsprozessen

Reorganisationen zeichnen sich laut VEITINGER 1997 (S.16) als umfassende, tiefgreifende Veränderungen aus, bei denen Merkmale verändert werden, „die das ganze Unternehmen betreffen, mehrere Gruppen von Personen einbezogen sind, die vorgenommenen Eingriffe keinen alltäglichen Charakter zeigen und die Wirkungen der Eingriffe weitreichende Konsequenzen für Beteiligte und Betroffene haben.“ „Anlässe zu Reorganisationen ergeben sich aus der Umweltdynamik - wie etwa durch Marktveränderungen - oder aus Phasenübergängen bei der Unternehmensentwicklung, beispielsweise infolge der Implementierung des Just-In-Time-Konzeptes.“

Laut VEITINGER 1997 (S.16) können Gestaltungsobjekte von Reorganisationsprozessen die Organisationsstruktur, die Aufgabenstruktur, sowie Strukturen und Prozesse des Technik- oder Mitarbeitereinsatzes sein.

Bei den Reorganisationskonzepten haben sich zwei absolut konträre Ausprägungen und weitere Mischformen, die Elemente aus beiden Konzepten übernommen haben, etabliert. Das amerikanische BPR und der japanische Kaizen-Ansatz mit seinen kontinuierlichen inkrementellen Verbesserungen stehen sich in ihren Ausprägungen absolut konträr gegenüber. Beide Ansätze werden in 3.3 genauer beschrieben.

NIPPA & PICOT 1996 klassifizieren das Reengineering-Konzept bzw. die in seinem Umfeld zu lokalisierenden Ansätze als Management-Beratungsprodukt der 90er Jahre. Die Reengineering-Konzepte sind weder an den Universitäten erfunden, noch von der strategischen Planungsabteilung eines Unternehmens entwickelt worden (S.66f.). Trotz der Tatsache, dass die ersten Ansätze und Projekte im Umfeld des MIT-Forschungsprogramms „Management in the 1990's“ entstanden sind, gelten diese als nicht wissenschaftlich oder theoretisch begründet und fundiert.

3.1.2. Systematisierung von Reorganisationsprozessen

Um die Komplexität von Reorganisationsvorhaben zu systematisieren, hat VEITINGER 1997 drei verschiedene Ansätze aufgezeigt, die im Folgenden näher dargestellt werden. Die Komplexität von Reorganisationsvorhaben resultiert aus der großen Anzahl unterschiedlichster Kontexte sowie den relativ wenig ordnenden Interdependenzen und Korrespondenzen zwischen den einzelnen Kontexten. Darüber hinaus ändern sich die Kontexte und ihre Verflechtungen im zeitlichen Ablauf (S.17f.).

Da Reorganisationen bestimmte Intentionen zugrunde liegen, handelt es sich normalerweise nicht um Umgestaltungen nach dem Trial-and-Error Prinzip. Vielmehr wird der Zielzustand geplant, konzipiert und entwickelt, wobei bei der Systementwicklung grundsätzlich zwei Strategien zu unterscheiden sind. Die deduktive und die induktive Strategie, die von Veitinger um einen Mischformen-Ansatz erweitert wurde:

- *Deduktiver Ansatz*: Konzentration der Analyse auf die Ziele und Anforderungen der späteren Benutzer. Orientierung an innovativen Ideen und Konzepten.

- *Induktiver Ansatz*: Erweiterung bzw. Modifikation des bestehenden Systems. Die Zielerreichung ergibt sich aus der Summe der Einzelverbesserungen.
- *Mischformen-Ansatz*: Da der deduktive Ansatz in der Realisierung oftmals Lücken in der Konzeption lässt, kann eine Mischform bevorzugt werden. Der organisatorische Rahmen wird deduktiv hergeleitet und implementiert, während die konzeptionellen Lücken durch eine induktive Vorgehensweise geschlossen werden.

Ein weiterer Globalansatz aus der Planungsforschung [VEITINGER 1997, S.18ff.], der starke Ähnlichkeit zu der Einteilung ‚deduktiv', ‚induktiv' und ‚Mischform' aufweist, beschreibt ebenfalls eine Dreiteilung. Die drei Ansätze erlauben aufgrund ihrer Detaillierung und konzeptionellen Konkretisierung eine prägnante Klassifizierung der in der Praxis vorzufindenden Reorganisationsplanungsformen (s. Abb. 3-1):

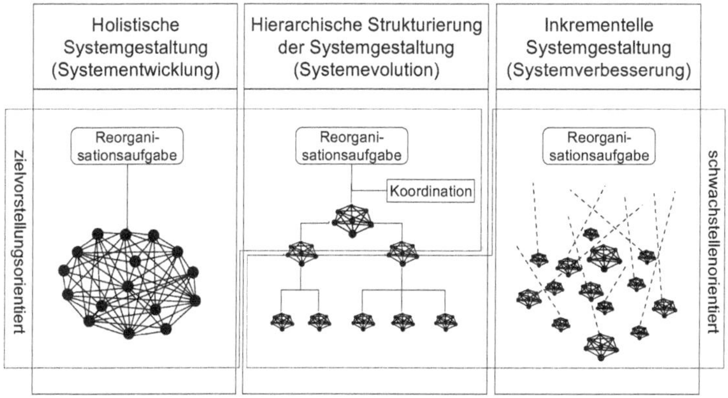

Abb. 3-1: Systematisierung der Reorganisationstypen [VEITINGER 1997, S.19]

- ***Systementwicklung***: Die holistische Systembeeinflussung - ein Synonym des ‚Total Systems Approach' (synoptisches Ideal des Problemlösungsprozesses). Die Veränderung soll hierbei in einem Schritt erfolgen, indem die Komplexität des Planungsproblems in ganzheitlicher Weise ohne Auflösung in Teilprobleme zu handhaben sein soll. Ein idealtypischer Ablauf des ‚Total System Approach' führt letztendlich zur Auswahl der Gestaltungsoption, die nach der sorgfältigen und kompletten Untersuchung aller möglichen Handlungswege sowie der Überprüfung aller auftretenden Konsequenzen die höchste Zielerreichung aufweist.
- ***Systemverbesserung***: Inkrementalismus zur Systemveränderung (induktiver Problemlösungsansatz). Bei der inkrementellen Strategie ist nicht die optimale bzw. perfekte Problemlösung das primäre Ziel. Vielmehr steht die Erzielung eines Fortschritts im Vordergrund. Dabei werden die Ziele der Reorganisation lediglich sehr global formuliert (z.B. „Bestandssenkung" oder „Erhöhung der Kundenzufriedenheit") und es erfolgt nur eine grobe Ausrichtung der Einzelaktivitäten an den

Zielen. Ein typisches Beispiel sind die insbesondere in der Automobilindustrie verbreiteten KVP-Programme zur Effizienzsteigerung der Beschaffungs- und Produktionsprozesse. Während die holistische Systembeeinflussung ein überaus komplexes und aufwendiges Unterfangen darstellt, handelt es sich bei der inkrementellen um ein einfach anzuwendendes Prinzip, das schnelle Verbesserungen in kurzer Zeit herbeiführen kann, leider aber innovative Möglichkeiten ausschließt.

- ***Systemevolution***: Die hierarchische Strukturierung der Systementwicklung (als ‚Piecemeal Engineering' oder ‚Systems Engineering' bezeichnet) bildet den dritten Weg, der sich aus den beiden anderen generiert hat. Ausgehend von der globalen Gesamtsicht der Reorganisationsaufgabe erfolgt eine modulare Aufgliederung in Teilpakete mit zunehmenden Detaillierungsgrad. Während die Bildung und die Ergebniskontrolle der Teilpakete deduktiv verläuft, folgt die Erarbeitung der Detaillösungen überwiegend nach dem induktiven Schema. Die Rückkopplung von Teilpaketen auf höhere konzeptionelle Ebenen zur Ergebniskontrolle bedarf der Koordination, die einen größeren Teil der Planungskapazität in Beschlag nimmt.

Während sich der deduktiv, holistische Ansatz zielvorstellungsorientiert darstellt, ist der induktive, inkrementelle Ansatz schwachstellenorientiert geprägt. Der Ansatz der hierarchischen Strukturierung stellt eine Mischform aus beiden dar (vgl. Mischformen-Ansatz, VEITINGER 1997).

Die *holistische Systementwicklung* wird beispielsweise bei Geschäftsbereichsorganisationen eingesetzt, da hierbei massiv persönliche Interessen tangiert werden. Um eine zu starke Einbeziehung der Betroffenen und eine zu lange Planungsdauer, innerhalb derer die Planungsanstrengungen konterkariert werden und das Erreichen der Reorganisationsziele in Frage gestellt wird, zu vermeiden, wird die holistische Strategie im kleinen Kreis mit schneller Umsetzung gewählt.

Die *hierarchische Strukturierung* der Systemevolution ist besonders häufig in Reorganisationsprojekten anzutreffen, bei denen eine für das Unternehmen innovative Konzeption auf die spezifischen Unternehmensbelange angepasst und unter starker Einbeziehung der Betroffenen eingeführt werden soll.

Die *inkrementelle Systemverbesserung* wird vor allem bei komplexen Unternehmensstrukturen und bei einem mangelnden Konkretisierungsgrad der Reorganisationskonzeption eingesetzt, da aus den globalen Reorganisationszielen kaum konkrete Handlungsempfehlungen für die operative Ebene hergeleitet werden können. Durch die Kommunikation der globalen Reorganisationsziele soll weitgehend selbständig eine zielkonforme Ausrichtung der induktiven Einzelaktivitäten erreicht werden.

Diese drei Formen der Komplexitätsbewältigung zur Systemgestaltung werden aufgrund ihrer zentralen Bedeutung bei Reorganisationsprozessen für den weiteren Argumentationsaufbau innerhalb dieser Arbeit herangezogen. Ihre Praxisrelevanz wird im folgenden Abschnitt aufgezeigt.

3.1.3. Praxisrelevanz der Reorganisationstypen

Im Folgenden soll herausgestellt werden, wie sich die Unterschiedlichkeit der in Abschnitt 3.1.2 dargestellten Reorganisationstypen in der Praxis äußert, in welcher Form das Controlling des organisatorischen Wandels durchgeführt wird und welche Defizite in dieser Aufgabenwahrnehmung bestehen. Die Aussagen basieren auf einer Untersuchung im Bereich der Logistik, die von Univ.-Prof. Dr. Horst Wildemann, Lehrstuhl für Betriebswirtschaft mit Schwerpunkt Logistik der TU München, durchgeführt wurde und die sich auf eine Expertenbefragung von 32 Reorganisationsvorhaben stützt [VEITINGER 1997, S.108ff.].

Die Aktivitäten, die zum Erreichen der Reorganisationsziele im Veränderungsprozess durchgeführt wurden, sind maßgeblich in den beiden Hauptgestaltungsfeldern der Logistikreorganisation - dem Material- und Informationsfluss angesiedelt (s. Abb. 3-2). Von nahezu gleicher Bedeutung werden die Umgestaltung der Produktionsstruktur und die Modifikation der Logistikorganisation eingestuft. Von geringerer Bedeutung sei die Produktstruktur, die jedoch laut VEITINGER 1997 einen großen Einfluss auf die Effizienz von Logistiksystemen nimmt, da sie maßgeblich die Komplexität der Wertschöpfungskette determiniert.

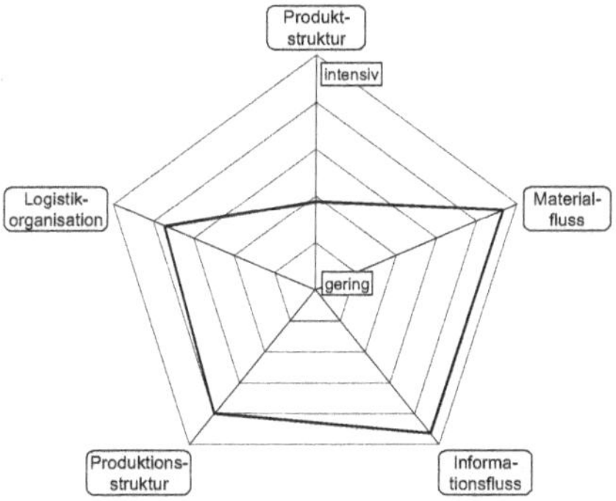

Abb. 3-2: Gestaltungsfelder logistischer Reorganisationen [VEITINGER 1997, S.116]

Untersucht man die Ausprägung der Gestaltungsfelder innerhalb der drei Reorganisationstypen, so stellt man fest, dass die Material- und Informationsflussthematik von allen drei sehr intensiv bearbeitet wird. Die Produktionsstruktur und die Logistikorganisation spielen bei der holistischen und hierarchischen Strategie eine weitaus höhere Bedeutung als bei der inkrementellen. Insgesamt weisen die hierarchisch strukturierten Reorganisationen die umfangreichste Mehrdimensionalität in ihren Optimierungsbestrebungen auf [VEITINGER 1997, Abb.27, S.125f.].

Betrachtet man das Chancen-Risiko-Verhältnis so bildet die inkrementelle Strategie in der Kombination von Chance und Risiko ein Optimum [VEITINGER 1997, S.127f.].

Wenn also Programme wie KVP², PICOS oder GENESIS nicht der große Wurf für eine komplette Neugestaltung sind, so führen diese doch mit deutlich größerer Wahrscheinlichkeit zum angestrebten Erfolg. Außerdem werden bei inkrementellen Reorganisationen geringere Anforderungen an die Qualifikation des an der Reorganisation beteiligten Personals gestellt. Die Unterstützung durch die Geschäftsleitung ist bei allen drei Formen von großer Bedeutung [VEITINGER 1997, Abb.31, S.130].

VEITINGER 1997 hat die Bedeutung der vom Controlling zu verwirklichenden Ziele untersucht (Abb.32, S.132ff.) und nach den Oberbegriffen Planung, Steuerung, Kontrolle, Informationsqualität und Sicherung der Flexibilität strukturiert. Eine Zusammenfassung der Ergebnisse wird im Folgenden und in Abb. 3-3 dargestellt.

Aus der Zusammenfassung der Untersuchungsergebnisse wird ersichtlich, dass das Controlling bei den einzelnen Reorganisationstypen eine unterschiedliche Rolle spielt. VEITINGER 1997 macht deutlich, dass das Controlling bei holistischen Projekten eine Hilfestellung für das Projekt erbringt, bei hierarchischen hingegen unterstützt es die Koordination der Teilprojekte und bei inkrementellen wird die gesamte Koordination mittels der Controlling-Funktion durchgeführt, d.h. das Controlling weist den ausgeprägtesten Aufgabenumfang auf (S.148).

Neben der funktionalen und der institutionellen Dimension des Reorganisationscontrollings wurde von VEITINGER 1997 als dritte Komponente der Instrumenteneinsatz bei Veränderungsprozessen in der Logistik näher betrachtet. Hierbei wurden Instrumente, wie Reorganisationsportfolio, Trendanalysen, Erfolgsfaktorenanalyse, Auditierung, Visualisierung, Investitionsrechnungsverfahren und Prozesskostenrechnung, sowie Benchmarking und Kennzahlen in die Untersuchung einbezogen. Festzustellen bleibt, dass die Erfolgsfaktorenanalyse, das Reorganisationsportfolio und das Benchmarking am häufigsten in der Initiierung und Planung von logistischen Veränderungsprozessen angewendet werden. Investitionsrechnungsverfahren und Prozesskostenrechnung gelangen maßgeblich in den mittleren Abschnitten, Auditierung und Visualisierung in den späteren Perioden zum Einsatz. Als durchgängig relevant sind lediglich Kennzahlensysteme und Trendanalysen zu beurteilen. Ingesamt konnte auch ein klares Defizit bei der Verwendung von Methoden und Instrumenten zur Unterstützung der Reorganisationsprozesse festgestellt werden (S.155).

Außerdem zeigt die Untersuchung auf, dass speziell bei den hierarchisch strukturierten Vorhaben eine umfangreiche Palette an Messparametern aufgrund der weiter gefassten Themenstellungen zum Einsatz kommt und bei inkrementellen Vorhaben geradezu ein Sammelsurium unterschiedlichster Kennzahlen vorzufinden ist (S.151). Sie beziehen neben den zentralen Zeitaspekten der Logistik in höherem Maße Kosten- und Qualitätsparameter in die Bewertung der Reorganisationsergebnisse ein. An dieser Stelle wird die Notwendigkeit eines ordnenden Kennzahlensystems deutlich, da eine hohe Anzahl von Kenngrößen viele und zumeist unterschiedliche Aussagen generiert, die einer aggregierten Interpretation zugeführt werden müssen.

Anforderungen aus den Reorganisationstypen			
Controllingbedarf \ Reorganisationstyp	holistisch	hierarchisch strukturiert	inkrementell
Organisation	○	◒	●
Information und Kommunikation	◒	●	◒
Planung	◒	◒	◒
Koordination	○	●	◒
Steuerung	○	◒	●
Kontrolle	◒	●	●

●	hoher Controlling-Bedarf
◒	mittlerer Controlling-Bedarf
○	geringer Controlling-Bedarf

Abb. 3-3: Controlling-Bedarf der Reorganisationstypen [VEITINGER 1997, S.159]

Zusammenfassend ist anzumerken, dass speziell bei den hierarchisch strukturierten und inkrementellen Reorganisationstypen hoher Controlling-Bedarf besteht (s. Abb. 3-3) und dieser, nebst den anderen hier dargestellten Instrumenten, von einem Kennzahlensystem, das nachgewiesenermaßen durchgängig über alle Perioden des Reorganisationsprozesses (Initiierung, Realisierung und Nutzungsphase) zum Einsatz kommt, abgedeckt werden kann. Neben dem Einsatz als Instrument zur Initiierung eines Reorganisationsprozesses kann es bei der Planung und zum Teil bei der Koordination und Steuerung Unterstützung leisten. Außerdem kann es als Informationspool dienen und die notwendigen Informationen auch dezentral visualisieren. Maßgeblich wird es aber seine Funktion in der Bereitstellung und Kommunikation von Informationen sowie bei der Kontrolle einsetzen können.

Darüber hinaus sind Investitionsrechnungsverfahren und die Prozesskostenrechnung von großer Wichtigkeit [VEITINGER 1997, Abb.64, S.207]. Das Benchmarking, das auf der Basis der in dieser Arbeit konzipierten Methodik eingesetzt werden kann, spielt bei allen drei Reorganisationstypen eine sehr große Rolle und findet gerade bei der Ziel- und Einsatzparameterplanung Anwendung (Abb.63, S.204).

3.1.4. Logistische Prozesse als Reorganisationsobjekt

Reorganisationen in der Logistik gehören zu der Gruppe der prozessorientierten Projekte und können sowohl Leistungs- als auch Verwaltungsprozesse betreffen [VEITINGER 1997, S.8f.]. „Für eine erfolgreiche Durchführung bedürfen Reorganisationsprozesse in der Logistik in gleichem Maße wie andere Unternehmensprozesse der Planung, Steuerung und Kontrolle" [VEITINGER 1997]. Der Controlling-Aspekt bei Reorganisationsvorhaben wurde im Abschnitt 3.1.3 aufgegriffen. Außerdem folgt in Abschnitt 3.2.1 eine ausführliche Darstellung des Themenkomplexes ‚Controlling'.

Bei bestehenden Konzepten aus dem logistischen Bereich, wie z.B. dem Projekt-, oder Logistikcontrolling, oder dem Controlling von kontinuierlichen Veränderungsprozessen wird dem Reorganisationsablauf selbst nur wenig Beachtung geschenkt. Außerdem unterstellen die Konzepte den Reorganisationsproblematiken einen gewissen Grad an Homogenität. Die logistischen Veränderungsprozesse weisen aber durch die Rahmenbedingungen der Unternehmensgröße und der Logistikkomplexität [Veitinger 1997, S.50] einen hohen Grad an Heterogenität auf. Die Logistikkomplexität (s. Abb. 3-4) wird durch die Logistikvariabilität und die Umweltdynamik, die im Gegensatz zur Logistikvariabilität die dynamischen Einflussfaktoren der Logistikkomplexität abbildet, aufgespannt [Veitinger 1997, Abb.18, S.111].

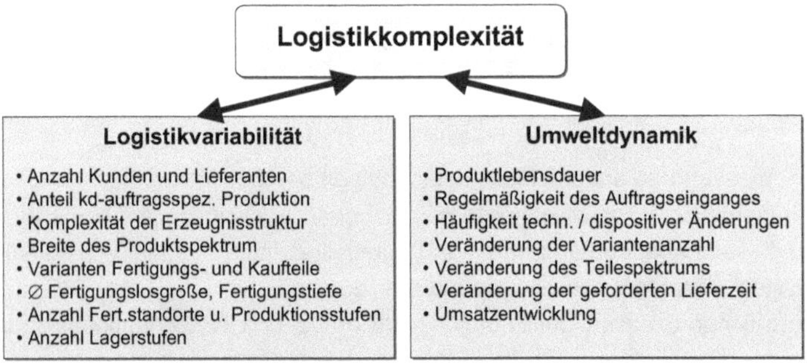

Abb. 3-4: Teilaspekte der Logistikkomplexität [Hadamitzky 1995, S.112ff.]

Ihde 1984 versteht unter der Variabilität die Verschiedenartigkeit des logistischen Aufgabenspektrums, das aus dem bereichsübergreifenden Aufgabenumfang resultiert. Einflussgrößen sind der Absatz- und Beschaffungsmarkt, sowie die Produktion.

Den Reorganisationsprozessen sollte eine unternehmenszielorientierte Produktions- und Logistikstrategie zugrunde liegen, so dass die Zielrichtung für die durchzuführende Reorganisation und für das auf der Unternehmensstrategie basierende Reorganisationskonzept eindeutig ist. Bei dem von Kloth 1999a beschriebenen prozessorientierten SCOR-Modell wird „die Produktions- und Logistikstrategie anhand von kennzahlgestützten Zielen für das Netzwerk festgehalten“ (S.21). Dieser kennzahlgestützten Zielführung werden die oben dargestellten Reorganisationsansätze nur zum Teil gerecht. Die in dieser Arbeit entwickelte unternehmenszielorientierte und kennzahlgestützte Methodik wird diese Anforderungen in ihre Konzeption einbeziehen.

3.1.5. Defizite praxisorientierter Reorganisationsansätze

Nippa & Picot 1996 klassifizieren das Reengineering-Konzept als Management-Beratungsprodukt der 90er Jahre. Im Folgenden wird ein Vergleich der Ansätze, die maßgeblich im Umfeld von Beratungsunternehmen und strategischen Abteilungen von Unternehmen entstanden sind, angestrebt, Defizite aufgezeigt, sowie Fazit gezogen.

Vergleicht man die Ansätze von Arthur D. Little [BOCK 1996], A.T. Kearney [KREUZ 1996], Bain & Company [ZELLER 1996], Boston Consulting Group [HERP & BRAND 1996], Davenport [DAVENPORT 1990], Booz Allen & Hamilton [GERPOTT 1996], Diebold Deutschland GmbH [DERNBACH 1996], Roland Berger Strategy Consultants [CRUX 1996], den Ansatz des ‚Business Process Streamlining' (BPS) nach NIPPA 1996 und praxisnahe Leitfaden von THALER 1999 und CHRISTOPHER 1992, so fällt auf, dass alle Ansätze auf den Kern des ‚Reengineering' zurückzuführen sind [NIPPA & PICOT 1996]. Der Kern des ‚Reengineering' besteht im Wesentlichen aus zwei Komponenten. Erstens, aus dem Primat der Kunden- und Prozessorientierung als inhaltliche Komponente und, zweitens, aus der Abkehr vom Vorhandenen, d.h. der radikale Neubeginn der Organisationsgestaltung als methodische Komponente. Alle weiteren Bestandteile des ‚Reengineering' sind Ingredienzen, die je nach Autor oder Anwender unterschiedlich beigemischt und betont werden. [NIPPA 1996]

So wird von den dargestellten Ansätzen dem Bestandteil Controlling, als planende, steuernde und koordinierende Komponente, unterschiedlich viel bzw. gar keine Aufmerksamkeit gezollt. Im Folgenden sollen nur die Ansätze, die Controlling-Merkmale aufweisen, aufgezeigt werden. Die sich im Detail unterscheidende Vorgehensweise bei den unterschiedlichen Konzepten ist nicht Gegenstand der Darstellung.

Davenport

Bei Davenport [DAVENPORT 1990] wird das Reorganisations-Sollkonzept ausgewählt, das letztendlich in Anbetracht der für die Unternehmensstrategie und -vision definierten Ziele den größten Nutzen verspricht. Eine detaillierte Bewertung z.B. anhand eines Kennzahlensystems bzw. ein Controlling während und nach der Umsetzung wird nicht durchgeführt.

Booz Allen & Hamilton [BA&H 1993]

Bei BA&H werden potenzielle Verbesserungsfelder auf der Ebene des Gesamtunternehmens entwickelt. Dies geschieht losgelöst von organisatorischen Grenzen auf der Basis von Kundenmeinungen, Konkurrentenverhältnissen sowie betriebwirtschaftlichen Kennzahlen. Innerhalb der Umsetzungsphase, eine Kombination aus Top-down- und Bottom-up-Vorgehen, wird ein PC-gestütztes Kennzahlensystem zur **laufenden Kontrolle der Umsetzung** eingesetzt. Derartige Systeme sollen als Fremd- oder Eigenkontrolle von kontinuierlichen Verbesserungen eingesetzt werden. Hierbei wird die Eigenkontrolle als die wesentlich wirksamere Methode angesehen, was ein dezentrales und zeitnahes Datenmanagement voraussetzt. Die Eigenkontrollmöglichkeit ist neben der fortdauernden Unterstützung durch das Topmanagement eine unabdingbare Voraussetzung dafür, dass fundamentale kundenorientierte Prozessverbesserungen im Unternehmen zu einem Dauerthema werden [GERPOTT 1996].

Die in diesem Zusammenhang aufgezeigte Notwendigkeit zur laufenden Kontrolle von kontinuierlichen Prozessverbesserungen im Sinne eines KVP wird als elementare Einheit des in dieser Arbeit beschriebenen Konzeptes aufgefasst.

Diebold Deutschland GmbH

DERNBACH 1996 geht bei der Darstellung seiner in der Praxis erprobten Geschäftsprozessoptimierung, die in ihren Grundzügen nicht wesentlich von dem von HAMMER & CHAMPY 1994 begründeten BPR abweicht, auf folgende Charakteristika ein:

- Unternehmensaufgaben werden nicht funktionell, sondern nach marktorientierten Leistungen strukturiert.
- Die Ausführung der Leistungen orientiert sich an Zielen, die von den spezifischen Marktanforderungen abgeleitetet wurden und die controllingfähig sein müssen.

DERNBACH 1996 stellt somit die Notwendigkeit des zielorientierten Controllings der marktgerecht zu erbringenden Leistung in den Vordergrund und geht dabei stark auf die prozessorientierte Sichtweise ein.

Roland Berger Strategy Consultants

In dem Konzept von Roland Berger Strategy Consultants kommen zur Beurteilung der Prozessabläufe selektive Kennzahlensysteme zum Einsatz [WERNER 2001, S.42]. In dem sich an das BPR-Projekt anschließende KVP-Programm schlägt Roland Berger den Einsatz eines Kennzahlensystems vor, das die Prozessleistung überwacht und auf eventuelle Anpassungserfordernisse hinweist.

Praxisnahe Leitfäden

THALER 1999 weist in seinem sechsphasigen Leitfaden zur Prozessoptimierung der logistischen Kette (S.197ff.) auf die Notwendigkeit der Formulierung eines detaillierten Zielsystems und quantifizierbarer Zielvorgaben hin. Diese Zielvorgaben sind maßgeblich für die am Ende des Projektes erfolgende Ergebnisbetrachtung heranzuziehen. Zur Zielkriterienermittlung setzt der Leitfaden den paarweisen Vergleich ein, was durch die in dieser Arbeit entwickelte unternehmenszielbasierte Methodik weitaus objektiver und fundierter erfolgen kann. Eine konkrete Vorgehensweise zur quantitativen und qualitativen Bewertung der Reorganisationsalternativen wird nicht aufgezeigt. Nach der Maßnahmenumsetzung schließt sich die letzte Phase der Erfolgskontrolle an, deren Durchführung auch nicht näher erläutert wird.

In einem von CHRISTOPHER 1992 beschriebenen Reorganisationsleitfaden wird eine grobe Vorgehensweise zur Optimierung der Supply Chain aufgezeigt. Durch die Installation von objektiven Bewertungsmaßstäben in Form von aussagekräftigen Kennzahlen, die die Leistungen und Kosten der gesamten Supply Chain aufzeigen, soll die Gesamtauswirkung aller Supply Chain-Aktivitäten fokussiert werden können. Die Beschreibung bzw. Ausführung dieses Vorhabens bleibt der Autor schuldig (S.214ff.).

Resümee

Es zeigen sich deutliche Unterschiede bei der Verwendung von Kennzahlensystemen und dem Best-Practise-Benchmarking. Zwar beschreiben alle Ansätze, dass Prozesse hinsichtlich ihres Restrukturierungsbedarfs beurteilt werden müssen, jedoch werden die Hilfsmittel zur Quantifizierung und Orientierung nur teilweise eingesetzt. „Die Schwäche dieser allgemeinen Ansätze liegt in dem reduzierten Einsatz quantifizierender Planungswerkzeuge. So kommen bei der Analyse und Bewertung der Ist-Situation nur teilweise Kennzahlensysteme und Vergleiche mit Best-Practice zum Einsatz“ [WERNER 2001, S.45]. WERNER 2001 und KRAMER 1999a weisen auf den Einsatz von Simulationstechniken zur Analyse der Ist- und der Soll-Situation hin. So können anhand von Simulationsergebnissen fiktive Soll-Prozesse einer quantifizierbaren Beurteilung unterzogen und eine Grundlage für fundierte Entscheidungen sowie Zielwerte für die Realisierung und Realisierungskontrolle erarbeitet werden.

Darüber hinaus beinhaltet keine Vorgehensweise, mit Ausnahme der von Roland Berger, konkrete Hinweise auf die Zeit nach erfolgter Prozessoptimierung. So werden Instrumente, wie Kennzahlensysteme oder das Benchmarking, die zur langfristigen Verankerung der neuen prozessorientierten Strukturen beitragen und die eine Neuausrichtung auf die sich laufend verändernden Prozessanforderungen gewährleisten, nicht bereitgestellt [WIK 1999, S.33].

3.1.6. Der Faktor Mensch bei Reorganisationen

HAMMER & CHAMPY 1993 postulieren, dass 50 bis 70 Prozent der Unternehmen bei ihren Reorganisationsvorhaben gescheitert sind (S.200). Ähnliche Aussagen können auch durch deutsche Erfahrungsberichte aufgezeigt werden, so z.B. bei MIESBACH 1999, der die Produktivitätszuwächse nicht dem Reengineering zuschreibt, sondern vielmehr technischen Innovationen und schweißtreibender Arbeit.

LAY 1993 bestätigt, dass in Reorganisationsprojekten auftretende Schwierigkeiten letztlich vor allem durch die Unternehmenskultur und die Mitarbeiterführung geprägt sind. Eine moderne, teamorientierte Mitarbeiterführung und eine offene Unternehmenskultur machen es einem Unternehmen grundsätzlich leichter die Prozessoptimierung „zu leben“. Der kooperative Führungsstil verhilft zur Motivation der Mitarbeiter, zur Entfaltung der Kreativität, zur Entwicklung von Eigeninitiative und fördert die Selbstverwirklichung des Mitarbeiters [WARNECKE 1993, 163ff.].

So setzt vor allem ein bereichs- oder auch unternehmensübergreifender Optimierungsansatz voraus, dass alle operativen Prozesse hinsichtlich ihrer Wirkung und Durchführung aufeinander abgestimmt werden. Der Kontakt mit den Mitarbeitern sollte frühzeitig erfolgen, um Ziele, Vorgehensweise und Maßnahmen zur Prozessoptimierung rechtzeitig bekannt zu geben, um darüber hinaus laufend Anregungen und Vorschläge seitens der Mitarbeiter zu sammeln und um somit den Grundstein für eine aktive Beteiligung der Mitarbeiter bei der Vorbereitung und Durchführung von Maßnahmen in der Realisierungsphase gewährleisten zu können [THALER 1999, S.197ff.]. Weitere Defizite bei der erfolgreichen Durchführung von Reorganisationsvorhaben sind eine unzureichende Unterstützung seitens des Managements, unklare Zielvorgaben, zu eng gesteckte Handlungsspielräume, Nachlässigkeit beim Aufbau von selbststeuernden Teams und Gruppen, sowie eine zu langsame und unkoordinierte Umsetzung von Verbesserungsmaßnahmen [BREMER 1999] [THALER 1999].

Durch die Einbindung der Mitarbeiter können auf deren Seite ebenfalls Visionen und daraus Motivation und Eigeninitiative geschaffen werden [THALER 1999, S.37f.]. Um die Erfahrung und das Wissen der Mitarbeiter einbinden zu können, und darüber hinaus KVP-Programme am Laufen zu halten, ist eine wirksame Informationspolitik unumgänglich. Die Informationstransparenz ist sehr oft ein ausgeprägtes Defizit.

Interessanterweise belegt eine Studie von HADAMITZKY 1995, dass direkte Anregungen und die Notwendigkeit zu Reorganisationsanlässen vor allem von den betroffenen Mitarbeitern selbst erkannt werden. Zur Anreizgestaltung in Reorganisationsprozessen zählt VEITINGER 1997 interessante Aufgabenstellungen, Qualifizierungsmöglichkeiten, monetäre und nicht-monetäre Belohnung, Beachtung durch das Management und berufliche Perspektiven.

Die Einbindung der Mitarbeiter in die Kommunikation der Unternehmensziele wird somit als ein sehr wichtiger Ansatz zur effektiven Reorganisation der Wertschöpfungskette erachtet. Das zu entwickelnde unternehmenszielorientierte Kennzahlensystem muss diesem Aspekt gerecht werden.

3.2. Werkzeuge im Umfeld der Reorganisationsprozesse

Nachdem im vorangegangenen Abschnitt eine umfassende Darstellung der Einzelmerkmale effizienter Reorganisationen erfolgte, wird in diesem Abschnitt auf die wichtigsten Werkzeuge im Umfeld von Reorganisationen, wie das Controlling, das Benchmarking und die Kennzahlensysteme, eingegangen.

3.2.1. Controlling

Im Weiteren soll ein Einblick in den Themenkomplex ‚Controlling' als Werkzeug zur Unternehmensführung und damit auch als Anstoß von Reorganisationsvorhaben gegeben werden. Nach der Einführung in die modernen Theorien zum Controlling in 3.2.1.1, soll im Folgenden die Unternehmensführung und -steuerung mit einem geachteten Unternehmensführungskonzept, dem ‚Return on Management', das einen wichtigen Meilenstein auf dem Weg zu einer einheitlichen Theorie der Unternehmenssteuerung [Schäffer 1999, S.9] darstellt, aufgezeigt werden. Abschnitt 3.2.1.2 „Unternehmensführung und -steuerung durch Controlling“ kann in seinem Kern als Anstoß für Reorganisationsprozesse gesehen werden. Abgerundet wird das Thema ‚Controlling‘ durch eine Darstellung von Controlling-Konzepten aus der Logistik und von Kostenrechnungsverfahren.

3.2.1.1. Einführung

Die strategische Ausrichtung und Führung des Unternehmens kann nicht dem Zufall überlassen werden. Die daraus abgeleitete Aufgabe wird allgemein mit dem Begriff ‚Controlling‘ umschrieben. Zwei in der Wissenschaft hoch angesehene Ansätze wurden von Horváth 1998 und Küpper 1997 entwickelt. Sie haben den Aspekt **Koordination** zum zentralen Thema des Controlling erhoben. Beide Autoren erweitern den Begriff ‚Controlling‘ über den Gegenstand einer modernen Unternehmensrechnung hinaus als ein Führungs- und Steuerungsinstrument.

Während die strategische Ausrichtung des Unternehmens weitgehend an zentraler Stelle von wenigen definiert wird, ergeben sich die Bereichsziele in einem iterativen Abstimmungsprozess, an dem alle Beteiligten partizipieren. Führungsmethoden, die im Wesentlichen auf der Vorgabe von Zielen und anschließender Erfolgskontrolle beruhen, haben sich unter ihrer angelsächsischen Bezeichnung ‚Management by Objectives‘ einen Namen gemacht. Sie stellen einen bedeutsamen Meilenstein auf der langen Wegstrecke der Organisationsentwicklung dar, weil sie den Betroffenen Freiräume bei der Wahl des Weges zum Ziel einräumen [Warnecke 1992, S.174].

Zusammenfassend ist anzumerken, dass in dieser Arbeit die Steuerung der Leistungserbringung des Unternehmens in den Vordergrund gestellt wird. Diese Hauptaufgabe des Controlling geht einher mit den vielfältigen Optimierungsbestrebungen, bestehende Strukturen, Prozesse und Abläufe eines Unternehmens zu optimieren. An diesen grundlegenden Gedanken der Steuerung der Leistungserbringung schließt sich somit sehr eng die Thematik der Reorganisations- und Gestaltungsprozesse an. In gleicher Weise wie die Leistungsprozesse des Unternehmens, bedürfen die innerhalb eines Veränderungsprozesses ablaufenden Gestaltungsprozesse einer bewussten Lenkung und Steuerung [Veitinger 1997, S.2].

Bei der Einschränkung der Controlling-Aufgabe gibt es zwei verschiedene Ansätze: Der Ansatz von Horváth 1998, der Controlling als „dasjenige Subsystem der Führung“ versteht, „das Planung, Kontrolle sowie Informationsversorgung systembildend und systemkoppelnd ergebniszielorientiert koordiniert“ und der Ansatz von Weber 1995 und Küpper 1997, der eine Erweiterung des Ansatzes von Horváth 1998 darstellt und alle Führungsteilsysteme einbezieht (s. Abb. 3-5). Weber & Schäffer 1999c (S.15) begründen dies wie folgt: Durch die Anpassungserfordernisse der Unternehmen, an die in den 80er Jahren zunehmende Dynamik der Märkte, bildeten sich neue grundlegende „Managementmethoden“, wie Lean Production, TQM oder Systems Reengineering. Ihnen ist die Notwendigkeit gemeinsam, alle Bereiche der Führung neu zu gestalten, was im Umkehrschluss bedeutet, dass die Koordination von Planung, Kontrolle und Informationsversorgung nicht mehr isoliert von der „restlichen Führung“ vollzogen werden kann. Das vom Controlling betrachtete Koordinationsfeld muss um das Personalführungs- und Organisationssystem erweitert werden.

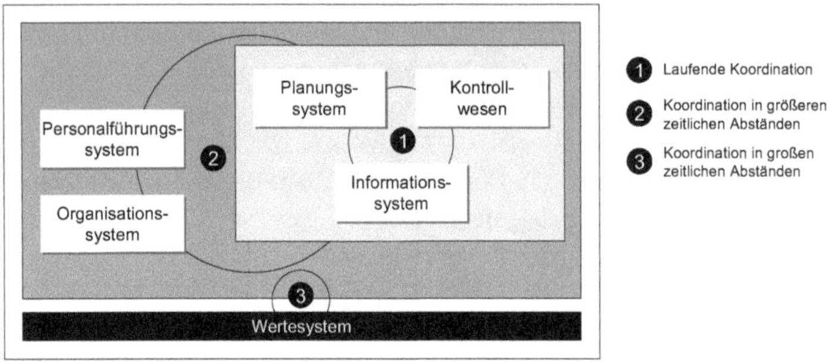

Abb. 3-5: Zyklen der koordinationsbezogenen Controllingkonzeption [WEBER & SCHÄFFER 1999C, S.15]

Grundsätzlich kommen sich beide Positionen aber dadurch sehr nahe, dass erstere auf die Bedeutung der anderen Teilsysteme hinweist[9] und letztere den Fokus und Schwerpunkt bei ihrer alle Teilsysteme umfassenden Ausrichtung auf den Koordinationszyklus 1 legt (s. Abb. 3-5). In der, in dieser Arbeit vorgestellten Gesamtkonzeption stehen vor allem die von HORVÁTH 1998 als praxisrelevant erachteten Führungsteilsysteme (Planungs-, Kontroll- und Informationssystem) im Vordergrund.

Koordination durch Pläne / Planen - ein primärer Koordinationsmechanismus

Nach Kieser/Kubicek in WEBER & SCHÄFFER 1999c (S.16) können strukturelle Koordinationsmechanismen wie folgt typisiert werden: Koordination durch Pläne, durch Programme, durch persönliche Weisung und durch Selbstabstimmung. WEBER 1995 schränkt die Koordinationsaufgabe des Controlling auf die dominante Primärkoordination durch Pläne ein und begründet dies wie folgt: „Schließlich findet man schwerlich Controllerstellen im dominant durch persönliche Weisung geführten mittelständischen Unternehmen und in der öffentlichen Verwaltung haben sich Controllerstellen bislang nur dort als effizient erwiesen, wo an Stelle dominanter Koordination durch Programme zielorientierte Planung trat.“

9 HORVÁTH 1998, S.90: „Controlling wird in der Praxis immer wieder auch als eine Führungsaufgabe angesehen ... und umgekehrt impliziert Führen Organisationsprobleme.“

Die Koordinationsaufgabe des Controlling wird primär also auf die dominante Koordination durch Pläne eingeschränkt. Bei der Beschreibung des Planungssystems betont Küpper vor allem das Problem, die Auswirkung der Planung auf die Ziele der Unternehmung gedanklich vorwegzunehmen. „Über gedankliche Vorwegnahme, das Durchdenken künftiger Handlungsmöglichkeiten, der sie begrenzenden Rahmenbedingungen, ihrer Wirkungen auf die eigenen Ziele und andere Größen will man **Handlungsalternativen finden, analysieren und eine zielentsprechende auswählen**." [KÜPPER 1997, S.59]

Auf den oben aufgezeigten Ansatz baut sich die Argumentationskette der Arbeit auf:

- Notwendigkeit der Unternehmensführung und -entwicklung
- Controlling als „die Koordinationsfunktion im Führungsinstrument"
- Koordinationsaufgabe des Controlling ist primär die Koordination durch Pläne
- Zielorientierte Analyse, Planung und Auswahl von Handlungsalternativen

Das Kontrollsystem

Das Kontrollsystem bzw. die Kontrolle wird nach HORVÁTH 1998 (S.160ff.) als Ergänzung zur Planung benötigt, da sie zur Reduktion der Planungsungewissheit erforderlich ist. Er unterscheidet zwischen ergebnisorientierten Kontrollen, welche Informationen über das Ergebnis betrieblichen Handelns liefern, und verfahrensorientierten Kontrollen, die den Vergleich zwischen tatsächlich angewandten und vorgeschriebenen Planungsprozessen zum Gegenstand haben. Die ergebnisorientierten lassen sich weiter untergliedern in:

- Prämissenkontrollen (Grundannahmen kontrollieren)
- Planfortschrittskontrollen (Soll-Wird-Vergleiche)
- Ergebniskontrollen (nach der Realisierung der Planung)

Die Unterscheidung Küppers zwischen drei verschiedenen Informationsarten, dem Soll-, dem Wird- und dem Ist-Wert deutet die Vielfalt der möglichen Kontrollen an. Der Soll-Wert entspricht hierbei der gewünschten, der Wird-Wert der prognostizierten und der Ist-Wert der realisierten Zielausprägung [KÜPPER 1997, S.170f.].

Die Kontrolle hat, neben der reinen Feststellung von Abweichungen, auch zur Aufgabe diese zu analysieren und Anpassungsmaßnahmen zu entwickeln. Somit bietet die Kontrolle wiederum wertvolle Informationen für die Planung. Diese Rückmeldungen, z.B. über die Zuverlässigkeit der verwendeten Prognosen, fördern auch den Lernprozess zur Verbesserung der verwendeten Planungsinstrumente und -methoden. Darüber hinaus unterstützt die Kontrolle die Umsetzung der Planung, da Abweichungen erkannt werden. Dies fördert ein am Plan orientiertes Handeln.

Das Informationssystem

Das Informationssystem ist das letzte hier angesprochene Führungsteilsystem. Die Weitergabe von Information ist nach Küpper die häufigste Ausprägung von Führung im Unternehmen. Diese ist als zielorientierte Einflussnahme auf Personen definiert.

Nach KÜPPER 1997 fungiert das Informationssystem als Basissystem für sämtliche Führungsteilsysteme. Die entstehenden Abhängigkeiten erfordern eine Ausrichtung des Informationssystems am Informationsbedarf der anderen Führungsteilsysteme. Die in dieser Arbeit erstellte Gesamtkonzeption kann durch ihre zielsystemorientierte Ausprägung diesen Bedarf umfassend decken. „Der Informationsbedarf der Unternehmung ist primär durch deren Zielsystem vorgegeben." [KÜPPER 1997, S.138]

Ergebnis- bzw. Wertorientierung versus Zielorientierung

WEBER & SCHÄFFER 1999c (S.18) machen bei Horváth und Hahn ([HAHN 1996, S.182]) eine Einschränkung der Controllingaufgabe auf die Ergebnis- bzw. Wertzielausrichtung aus. Das Controlling dient damit dem Ziel der optimalen Ergebniserwirtschaftung und Ergebnisoptimierung in der Unternehmung. WEBER & SCHÄFFER 1999c sehen in der Koordinationsausrichtung auf das Ergebnisziel selbstverständlich auch eine Koordination der Sachziele. Mit dieser erweiterten Sicht hat Controlling insofern eine Ausstrahlung auf alle Unternehmensziele, wobei die Priorisierung der Ergebnisziele von wesentlicher Natur ist. Das grundlegende Postulat, dass alle Sachziele der Unternehmung in letzter Instanz auf das Ergebnisziel auszurichten sind, wird aktuell auch im Rahmen der ‚Balanced Scorecard', die in Abschnitt 3.2.3.3 näher ausgeführt wird, nachhaltig propagiert [KAPLAN & NORTON 1997, S.46ff.].

Eine eingehende Diskussion von allgemeinen Unternehmenszielen wird in Abschnitt 5.2.1 vorgenommen. Außerdem soll das oben genannte Postulat in Abschnitt 5.2.2 widerlegt werden. Die reine Auslegung auf das Ergebnisziel hält den Anforderungen aller im Unternehmensumfeld agierenden Interessensgruppen nicht Stand.

Controlling ist auch Leistungsmessung

Im weiteren Sinne zählen auch die Systeme zur Leistungsmessung und -bewertung zu den Steuerungsinstrumenten. Laut WARNECKE 1992 (S.209) ergibt sich die Leistung aus dem Grad der Zielerreichung, wobei die Leistungsmessung und -bewertung bei Warnecke immer für ein gesamtes Fraktal erfolgt. Dieser Gedanke entspricht dem Aspekt der Gruppenarbeit und der Gruppenentlohnung, die sich in der Praxis immer mehr durchsetzen, weil die individuelle Leistungsmessung zu aufwendig ist und die Leistung einzelner Individualeinheiten aufgrund der steigenden Automatisierung nicht mehr vom einzelnen Mitarbeiter beeinflussbar ist. Hier steht die Gruppe, die ihre Leistungskurve selbst steuert und das Leistungsvermögen der Gruppenmitglieder entsprechend ihrer Fähigkeiten optimal einsetzt, im Vordergrund.

3.2.1.2. Unternehmensführung und -steuerung durch Controlling

Die Rolle des Leistungssystems

Unter dem Leistungssystem wird der Güter- und der Geldkreislauf zur Transformation von Sachgütern und/oder Dienstleistungen verstanden [KÜPPER 1997, S.13]. Dabei ist die Hauptaufgabe des Führungssystems die Harmonisierung aller Leistungsprozesse einer Unternehmung [BLEICHER 1991, S.372].

Aus dem Koordinationsaspekt heraus können nach Küpper die Zwecksetzung der Anpassungs- und Innovationsfunktion, die Zielausrichtungsfunktion und die Servicefunktion abgeleitet werden. Die **Anpassungsfunktion** kann als „Koordination der Unternehmensführung mit ihrer Umwelt" [KÜPPER 1997, S.17] interpretiert werden. Während die Anpassung eine passive Reaktion auf Änderungen im gesellschaftlich wirtschaftlichen Unternehmensumfeld ist, stellt eine **Innovation** eine Weiterentwicklung und den Versuch „die Umwelt zu beeinflussen" dar. Die **Zielausrichtungsfunktion** richtet sich auf eine bessere Erreichung der Unternehmensziele. Ermöglicht wird dies, durch eine am Zielsystem orientierte Koordination [KÜPPER 1997, S.18]. Die **Servicefunktion** besagt, dass das Controlling eine Führungshilfe darstellt [KÜPPER 1997, S.19], wodurch die Führungspersonen entlastet werden sollen.

Auch andere Autoren schließen sich im Wesentlichen der wegweisenden Auffassung von Küpper an. „Das Ziel des Controlling besteht darin, Effizienz und Effektivität der Führung zu erhöhen und die Anpassungsfähigkeit an Veränderungen in der Um- und Innenwelt des Unternehmens zu steigern" [WEBER 1995, S.50].

Die Effizienz und Effektivität der Unternehmensführung muss sich letztendlich immer am Ergebnis messen lassen. Ihre zielorientierte soziale Einflussnahme steuert die Bewältigung der Aufgaben des Unternehmens. Die tatsächliche Bewältigung dieser Aufgaben geschieht im Leistungssystem. Demnach ergibt sich hinsichtlich des Leistungssystems für das Controlling folgende Aufgabe:

Mittels Koordination der Führungsteilsysteme, muss das Controlling die Unternehmensführung - unter Berücksichtigung der Anforderungen von deren Umwelt - darin unterstützen, die Leistungsprozesse der Unternehmung entsprechend den gesetzten Zielen zu optimieren.

Managementzeit als Engpass - Kern einer Theorie der Unternehmenssteuerung ?

Die Zeit des Managements ist eine knappe Ressource und ein wesentlicher Engpass im Rahmen einer rationalen Unternehmensführung. Damit ist der Engpass ‚Zeit des Managements' von entscheidenden Einfluss auf den Erfolg der Unternehmung. Es besteht die Gefahr, dass befristete und dringliche, aber eben nicht wesentliche Aufgaben diejenigen verdrängen, die für den Erfolg der Unternehmung außerordentlich bedeutsam sind, deren Erledigung jedoch als weniger dringend empfunden wird.

Ziel ist es daher, die Zeit des Managements mit Hilfe von geeigneten Steuerungsmechanismen optimal zu alloziieren, d.h. der kritische Engpass in der Unternehmensführung bedarf der Optimierung und der bewussten Steuerung.

Optimiert werden weiterhin vor allem finanzielle Größen, obwohl diese zunehmend weniger den kritischen Engpass darstellen [HORVÁTH 1998] [KÜPPER 1997]. Eigenartigerweise wurde aber die Zeit von Managern als Engpass und damit zu optimierende Größe bislang in der betriebswissenschaftlichen Steuerungsliteratur nicht explizit thematisiert. SIMONS 1995 (S.17f.) in [SCHÄFFER 1999, S.4] postuliert somit, dass die Gestaltung und Verwendung von Steuerungssystemen im Unternehmen auf die Maximierung des **‚Return on Management'** abzielen sollte.

In dem Zusammenhang ist das erklärte Ziel von SIMONS 1995 (S.55), durch die geschickte Kombination verschiedener Steuerungssysteme die knappe Ressource Zeit und Aufmerksamkeit des Managements einer optimalen Verwendung zuzuführen. Hier wird der **Ansatz des Zusammenspiels von diagnostischen und interaktiven Steuerungssystemen** verfolgt [SCHÄFFER 1999, S.9].

Diagnostische Steuerungssysteme geben dem Unternehmen Sicherheit, ohne dass stetige Aufmerksamkeit des Management gefordert ist. WEBER & SCHÄFFER 1999a gehen davon aus, dass eine Selbstregelung über Rückkopplungsschleifen stattfindet (S.11). In einem diagnostischen Steuerungssystem wird eine ausgewogene und vergleichsweise breite Abbildung durch Kennzahlen favorisiert. Beim Prozess des Fehlerentdeckens und ihrer Korrektur geht es letztlich um die Frage, wie schnell und effizient lassen sich Fehler beseitigen [WEBER & SCHÄFFER 1999b, S.4].

Interaktive Steuerungssysteme stehen nach ihrer Definition im Zentrum der organisationalen Aufmerksamkeit und sind stetig im Bewusstsein des Managements. Sie treiben die Unternehmung voran und generieren die notwendige Spannung, um Aktionen zur Prozessoptimierung auszulösen. Interaktive Steuerungssysteme haben zum Ziel, mit wenigen Kennzahlen konsequent auf die Treiber bzw. Engpässe des Geschäfts hinzuweisen. Hierbei werden inkompatible Organisationsnormen in Frage gestellt, neue Prioritäten gesetzt und die bestehenden Normen auf der Basis von Strategien und Annahmen neu ausgelegt [WEBER & SCHÄFFER 1999b, S.3f.].

Der Ansatz des ‚Return on Management' ist laut SCHÄFFER 1999 (S.9) in STEINMANN & KUSTERMANN 1996 als ein „wichtiger Meilenstein auf dem Weg zu einer einheitlichen Theorie der Unternehmenssteuerung" anzusehen. In diesem Zusammenhang werden zwei Kennzahlensysteme *‚Balanced Scorecard'* und *‚Selektive Kennzahlen'* angesprochen die in 3.2.3.3 näher erläutert werden sollen.

Während das Konzept der *‚Balanced Scorecard‘* als diagnostisches Steuerungssystem genutzt werden kann, können die *‚Selektiven Kennzahlen‘* Anwendung als interaktives Steuerungssystem finden. Aus der Notwendigkeit heraus, Bestehendes einerseits zu optimieren und andererseits komplett zu hinterfragen, um den notwendigen Wandel nicht zu verschlafen, wird von SIMONS 1995 (S.158f.) die Forderung gestellt, dass beide Steuerungsformen von Unternehmen kultiviert werden müssen.

Neben den beiden Kennzahlensystemen sind laut DEHLER ET AL. 1999 weitere Instrumentarien zur Steuerung des internen und externen Unternehmensnetzwerkes in Zusammenarbeit mit Hochschulinstitutionen in der Entwicklung, „da die bisher zur Verfügung stehenden Instrumente ... nicht mehr ausreichen“ [DEHLER ET AL. 1999].

Hierbei kommen folgende Komponenten zum Einsatz:

- Kennzahlensystem zur Unternehmens- bzw. Netzwerksteuerung
- Prozessorientierte Kostenrechnung zur Bestimmung von Verrechnungspreisen
- Erweitertes Kennzahlensystem als Grundlage eines Anreizsystems

Die Unternehmensführung und -steuerung kommt einem Prozess des sich steten Wandelns, Optimierens, Verbesserns gleich, was wiederum Anstoß für vielerlei Reorganisationsprozesse ist. Hierbei ist die Unternehmensführung auf das Controlling, das durch die Koordination der Führungsteilsysteme, die Leistungsprozesse gemäß den gesetzten Zielen optimieren soll, angewiesen. Das Controlling muss sich gegebenermaßen der aufgezeigten Instrumentarien annehmen, um die Komplexität, die durch die Mehrdimensionalität der Ziele und der in diesem Zusammenhang stehenden Kennzahlen beherrschen zu können.

Die Unternehmensführung i.w.S. und die im Unternehmen stattfindenden Reorganisationsprozesse i.e.S. können demnach über den Einsatz von Controllingsystemen und speziell von Kennzahlen- und Kostenrechnungssystemen bewerkstelligt werden. Zur Thematik der Kennzahlensysteme folgen detaillierte Ausführungen in 3.2.3.

Das Controlling von Reorganisationsprozessen wurde bereits in den Abschnitten 3.1.3 und 3.1.4 im Zusammenhang mit der Untersuchung der Praxisrelevanz der drei Reorganisationstypen aufgegriffen und wird an dieser Stelle nicht näher ausgeführt.

3.2.1.3. Controlling-Konzepte im Bereich der Logistik

Lagen die Probleme im Logistik-Controlling vor wenigen Jahren noch in den fehlenden Informationen, so sind sie heute in der immer weiter steigenden Datenflut anzusiedeln. Sämtliche Daten, die eine entscheidungsrelevante Informationsbasis bilden können, sind heute in den Unternehmen weitgehendst vorhanden [IML 2000]. Durch die zumeist historisch gewachsene DV-Landschaft ist es für die einzelnen Entscheidungsträger aber nur mit hohem Aufwand möglich diese Daten zu einer zuverlässigen Informationsbasis zusammenzufassen.

Ziel der Logistik-Controllingsysteme ist vornehmlich die Versorgung der Führungsebene eines Unternehmens mit entscheidungsrelevanten Informationen, die diese in Führungsziele umsetzt und an die beteiligten Abteilungen weitergibt. Darüber hinaus sollen derartige Systeme die direkten Funktionsabteilungen mit Informationen versorgen, die zur Steuerung und Kontrolle der Logistikaktivitäten beitragen. Ein gemeinsam verfolgtes Ziel ist die Optimierung der logistikrelevanten Spitzenkennzahlen Durchsatz, Bestand, Durchlaufzeit und Termintreue [LUTZ & HELMS 1999, S.79ff.]. Dabei darf die Einzelprozessoptimierung nur als Beitrag zur Gesamtprozessoptimierung gesehen werden, d.h. das Gesamtoptimum steht vor dem Bereichsoptimum [EVERSHEIM 1995, S.19].

Im Folgenden sollen bestehende Logistik-Controlling-Systeme aufgezeigt werden:

- Der Ansatz des ***SCOR-Modells*** aus den USA zur Standardisierung der Terminologie und der Prozesse von Unternehmen und Logistik. Innerhalb des SCOR-Modells dienen Kennzahlen zur Festlegung der Kernprozesse im Netzwerk. [WEBER & DEHLER 1999, S.9ff.]
- ***LogiBEST*** [WERTZ 1999, S.55f.] [LUCZAK ET AL. 2001], ein Logistik-Controlling-System zur Standardisierung von Logistikprozessen und Kennzahlen, sowie Aufbau einer einheitlichen Datenbank und eines Leitfadens zur Lenkung des Benchmarking-Prozesses und zur Beachtung weiterer Erfolgsfaktoren. Die Logistik wird im herkömmlichen Sinn des Güter- und Warentransports betrachtet und deckt somit nicht die Anforderungen einer übergreifenden Wettbewerbsstrategie ab.
- ***loco*** [IML 2000], ein kennzahlgestütztes, prozessorientiertes und DV-basiertes Logistik-Controlling-System mit den folgenden Funktionalitäten: Datenschnittstelle zu DV-Systemen, Aufbau von anwenderspezifischen Analysen und Kennzahlen durch *LogiChain* und Report-Manager zur Zusammenfassung der Analysen und Kennzahlen zu anwenderspezifischen Berichten.

Während der SCOR-Ansatz eine gesamtheitliche Sicht auf die Wertschöpfungskette unterstützt, dominiert bei den beiden anderen Ansätzen nur der Logistikaspekt. Der einseitige Einbezug der Logistikeffizienz verhindert eine gesamtheitliche Unternehmenssicht. Bei beiden Konzepten steht das operative Benchmarking mit anderen Unternehmen stark im Vordergrund. Die Einbindung von Unternehmensstrategien in ein gesamtheitliches Zielsystem wird ebenso vernachlässigt wie die Möglichkeit eine Verrechnung der Kennzahlen zu einem Gesamtergebnis vornehmen zu können.

3.2.1.4. Kostenrechnung und Prozesskostenrechnung

Im Folgenden soll keine tiefergehende wissenschaftliche Auseinandersetzung mit der Thematik der „Prozesskostenrechnung" erfolgen, sondern nur deren Notwendigkeit aufgezeigt sowie Verweise auf einschlägige Literatur gegeben werden.

Bereits 1985 postuliert Weber den Aufbau einer geordneten, prinzipiell gleichberechtigten Leistungsrechnung neben der Kostenrechnung, die u.a. als Basis für nichtmonetäre Kennzahlen verwendet werden kann [Weber & Schäffer 1999a, S.5]. Diese Forderung unterstreicht den Aspekt, dass sich Kennzahlen- und Kostenrechnungskonzepte bei der Unternehmensführung ergänzen müssen. In diesem Zusammenhang weist auch Wildemann auf die Logistikkostenrechnung innerhalb seiner Konzeption der ‚produktionssynchronen Beschaffung' als wesentliche Grundlage für die Messung der Wirtschaftlichkeit derselben hin [Wildemann 1988, S.131].

Christopher 1992 (S.53ff.) zeigt die Notwendigkeit der Prozesskostenrechnung zur Gesamtkostenanalyse von Missionen (‚mission costing') auf. Die herkömmliche Kostenstellenrechnung kann die prozessorientierte Sichtweise nicht unterstützen, fördert das klassische Budget- und Bereichs-Denken und kann keine outputbezogene Kostenbeurteilung von Unternehmensleistungen bewerkstelligen. Die missionsbezogene Kostenrechnung unterstützt die von Christopher geforderten kundenbezogenen Rechnungssysteme, um eine Analyse des kunden- und nicht des produktbezogenen Profits durchführen zu können [Christopher 1992, S.65ff.].

Während Dehler et al. 1999, Veitinger 1997 und Luczak et al. 2001 einen grundsätzlichen Überblick über die Kosten- und Prozesskostenrechnung geben, liefern Weber 1987 und Weber 1991 (S.103ff.) spezielle Ausführungen in Bezug auf die Prozesskostenrechnung im Bereich der Logistik und des Logistik-Controllings.

3.2.2. Benchmarking

Benchmarking - der Vergleich mit anderen Unternehmen - ist eine Methode, die in der Praxis entstanden ist. Die Ursprünge des Konzeptes gehen dabei auf die XEROX Corp. zurück, die als Reaktion auf gestiegenen Wettbewerbsdruck insbesondere durch japanische Konkurrenten im Jahr 1979 ihr Lagerhaltungs- und Vertriebssystem mit dem des Sportartikelherstellers L.L.Bean verglich. Die dort erzielten Erfolge legten die Grundlage für eine schnelle Verbreitung des Konzepts in den USA und später in Europa. [Christopher 1992, S.81ff.] [Luczak et al. 2001, S.5ff.]

Das Logistik-Benchmarking wie auch Benchmarking allgemein hat im Vergleich zu anderen, insbesondere den angelsächsischen Ländern, in Deutschland noch erheblichen Nachholbedarf. Eine internationale Studie hat belegt, dass die Methoden zwar bekannt und als wichtig erachtet werden, Umsetzungserfahrungen allerdings bisher nur in beschränktem Maße gesammelt wurden [Weber & Wertz 1999, S.38ff.].

„In Deutschland wird bis heute von vielen Unternehmen unter dem Begriff des Benchmarking nur ein reiner Kennzahlenvergleich verstanden, der die Leistung eines Unternehmens im Vergleich zu Wettbewerbern analysiert." Benchmarking stellt aber mehr als nur einen reinen Kennzahlenvergleich dar. Die Abweichung von Kennzahlenwerten dienen im Rahmen des Benchmarking lediglich als Indikator beziehungsweise als Ansatzpunkt für mögliche Verbesserungsmaßnahmen. Die Abweichungen („gaps") werden im Benchmarkingprozess aufgegriffen und sind im Rahmen weiterer Analyseschritte der Ausgangspunkt für die Ursachenforschung. Die besondere Bedeutung des Benchmarking als praxistaugliche Managementmethode wird durch die Aufnahme in den Kriterienkatalog des Malcom Baldrige National Quality Award deutlich, der einer der begehrtesten amerikanischen Auszeichnungen für herausragende Leistungen im Bereich des Qualitätsmanagement ist. [LUCZAK ET AL. 2001, S.5]

In den USA existiert bereits seit 1992 das International Benchmarking Clearinghouse (IBC), das mit der *LogiBEST*-Methode vergleichbare Servicedienstleistungen anbietet. So existieren seit geraumer Zeit spezielle Datenbanken, mit denen sowohl die Positionierung des eigenen Unternehmens im Vergleich zu anderen Unternehmen, sowie die Auswahl eines geeigneten Benchmarking-Partners erleichtert wird.

Mit der Unterstützung durch Projekte, wie das IBC in den USA oder das durch das BMBF geförderte *LogiBEST*-Projekt, wird die Entwicklung des Benchmarking in Deutschland, wo es laut WERTZ 1999 noch ein erhebliches Wachstumspotenzial aufweist, weiter gefördert. Darüber hinaus wird die Erkenntnis in den Unternehmen wachsen, dass **Benchmarking ein wichtiges Instrument der Unternehmensführung** darstellt, das Unternehmen eine Marktsicht verordnet und gleichzeitig die Grundlage für konkrete Verbesserungspotenziale legt. Im Rahmen des Controllings von Reorganisationsprozessen ist die Benchmarking-Methodik insbesondere in holistischen und hierarchisch strukturierten Projekten geeignet [VEITINGER 1997, S.188f.].

Neben dem externen wettbewerbsorientierten Benchmarking, das sich entweder auf Märkte (= Marktanalyse) oder Branchen (= Trendforschung) bezieht, oder auch markt- und branchenunabhängig durchgeführt wird und sich somit an Geschäftsprozessen orientiert, kann ebenso ein auf das eigene Unternehmen bezogenes, internes Benchmarking ausgeführt werden. Beim Benchmarking werden sowohl Produkte und Dienstleistungen als auch Prozesse verglichen [WERTZ 1999, S.46].

3.2.2.1. Verfahrensbeschreibung und Ziele

Unter Benchmarking (BM) wird nicht nur der Vergleich mit dem jeweils Besten verstanden, sondern ein Prozess, der mehrere Bausteine umfasst. Dabei wird das Benchmarking als kontinuierlicher Prozess gesehen und ist in fünf Phasen mit dem Ausgangspunkt ‚Zielvereinbarung' einteilbar (vgl. Abb. 3-6). Durch die Zielsetzung soll der Fokus des Projektes festgelegt werden und während allen Phasen als Orientierungshilfe dienen. In der zweiten und sehr wichtigen Phase wird die interne Analyse der eigenen Abläufe durchgeführt.

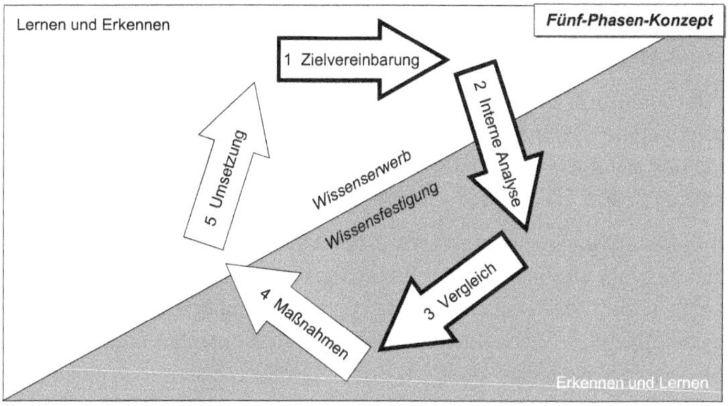

Abb. 3-6: Der Benchmarking-Prozess in fünf Phasen [MERTINS ET AL. 1995, S.17]

Erst die Kenntnis der eigenen Prozesse ermöglicht einen Vergleich und die Interpretation der Vergleichsergebnisse. Nach der Phase des Vergleiches, die die Bewertung der Ergebnisse und die Ermittlung der Ursachen einschließt, folgt die zielorientierte Entwicklung von Maßnahmen in Phase vier. Bei der fünften Phase, der Umsetzung der entwickelten Maßnahmen, sollte nicht das Kopieren von gefundenen Lösungen im Vordergrund stehen, sondern eine individuelle Anpassung an die eigenen unternehmensspezifischen Belange angestrebt werden. Um die Zielerreichung zu überprüfen, müssen die Leistungssteigerungen kontrolliert werden und gegebenenfalls Korrekturen erfolgen.

Die ständig notwendige Anpassung eines Unternehmens an die veränderten Bedürfnisse des Marktes bedingt einen kontinuierlichen BM-Prozess, wobei die Zielsetzungen regelmäßig überprüft und den Anforderungen angepasst werden müssen.

3.2.2.2. Best-in-Class-Leistungen

Ein großer Vorteil des Benchmarking ist die Orientierung an der Methode des Best-Practices, der ihre Durchführbarkeit in der täglichen Anwendung unter Beweis stellt. Dieser Praxisbeweis kann dazu beitragen, dass die Akzeptanz bei der Abbildung der Best-Practice-Methode auf das eigene Unternehmen gesteigert wird. Ziel dabei ist nicht die Adaption der Best-Practice-Prozesse, sondern deren weitere Optimierung.

KLOTH 1999a zeigt unter dem Gesichtspunkt der SCOR-Philosophie Beispiele von Best-in-Class-Leistungen auf. Dabei stützt er sich auf die fünf entscheidenden Faktoren innerhalb des SCOR-Modells zur optimalen Gestaltung und zum Betrieb einer Supply Chain (S.19ff.): Kernprozesse, Produktions- und Logistikstrategie, Organisation und Entscheidungsfindung, Systeme und Hilfsmittel (IuK) sowie Kennzahlen.

Innerhalb des Faktors „Kernprozesse“ ist die Nachfrageverfolgung über die gesamte Kette hinweg, eine verkleinerte und auf die Lieferleistung optimierte Lieferantenbasis, sowie JIT auf der Basis von hierarchisch flachen Produktstücklisten und ablaufoptimierten Fertigungsprozessen von großer Wichtigkeit.

Die „Produktions- und Logistikstrategie" als Teil der Unternehmensstrategie soll zu einer Kernkompetenz werden, die sowohl einen hohen Fremdanteil an der Gesamtwertschöpfung als auch eine globale, kapazitätsausgleichende Produktionsstrategie nach sich ziehen soll. Die Logistik wird als Querschnittsfunktion gesehen.

Bei dem Faktor „Organisation und Entscheidungsfindung" obliegt dem Unternehmen die Ausrichtung der Organisation nach Managementprozessen und nicht nach Abteilungen. Mittels des Teamgedanken und der damit einhergehenden Hierarchieabflachung sollen ablaufbezogene Prozesse etabliert und optimiert sowie kontinuierliche Veränderungsprozesse beschleunigt werden. Die Entwicklung der einzelnen Teammitglieder erfolgt nach deren Kenntnisse und Fähigkeiten und nicht aufgrund von Verantwortung und Zuständigkeit.

Im Bereich der „Systeme und Hilfsmittel (IuK)" wird die prozessdurchgängige und kettengliederübergreifende Informationstransparenz und -bereitstellung gefordert. DV-gestützte Entscheidungshilfen sollen in Managementprozesse integriert werden.

Anhand des fünften und letzten Faktors „Kennzahlen" wird die Produktions- und Logistikstrategie für das Netzwerk festgehalten, sowie die Kernprozesse, indem der Ist-Zustand gemessen und der Soll-Zustand abgeleitet wird, festgelegt. Außerdem unterstützt dieser Faktor die IuK als Informationslieferant. Zur Erleichterung der Kommunikation entlang der logistischen Kette sind einheitliche Kennzahlen unabdingbar.

Die Best-in-Class-Leistungen dienen der Orientierung und letztendlich der Zieldefinition innerhalb eines Benchmarking-Projektes. CHRISTOPHER 1992 versteht unter dem wettbewerbsorientierten Benchmarking den Vergleich mit dem Besten - „best of a breed". Wobei der ultimative Maßstab der Kunde ist und die Bewertung der Unternehmensleistung anhand von Kennzahlen als Anstoß zur Überprüfung der damit in Zusammenhang stehenden Prozesse genutzt werden muss (S.80ff.).

3.2.2.3. Benchmarking-Konzepte im Bereich der Logistik

„Ein Großteil der in Angriff genommenen Benchmarking-Projekte betreffen dabei Logistik-Aktivitäten" [WERTZ 1999, S.46]. Dies liegt zum einen sicher darin begründet, dass in der lange als indirekter Bereich vernachlässigten Logistik vielfältige Verbesserungspotenziale gefunden werden können, spiegelt zum anderen aber auch die wachsende Bedeutung der Logistik als Differenzierungsfaktor wider.

In Abschnitt 3.2.1.3 wurde bereits auf Logistik-Controlling-Systeme eingegangen deren Ziel das Benchmarking der Logistikeffizienz ist. So hat das aufgezeigte Benchmarking-Konzept *LogiBEST* durch die Standardisierung der Beschreibungssprache der Logistikprozesse und der Kennzahlen eine Basis für den objektiven Leistungsvergleich mit anderen Unternehmen geschaffen. In ähnlicher Art und Weise hat das in den USA entwickelte SCOR-Modell eine einheitliche Beschreibungssprache aufgestellt. Mit *LogiBEST* kann darüber hinaus der Leistungsvergleich durch den Aufbau einer einheitlichen Benchmark-Datenbank erleichtert werden.

Das kennzahlgestützte und DV-basierte Logistik-Controlling-System *loco* unterstützt den Aufbau von anwenderspezifischen Analysen und Kennzahlen, die in individuellen Berichten zusammengefasst werden können.

3.2.2.4. Fazit

„Was man nicht messen kann, kann man nicht verbessern“ [LUCZAK ET AL. 2001, S.23]. Neben LUCZAK ET AL. 2001 stellen weitere Autoren die Informationstransparenz in den Vordergrund und fordern die Definition geeigneter Kennzahlen zur Messung und Visualisierung von Prozessleistungen. Beurteilt man die in dieser Arbeit verfolgte unternehmenszielorientierte und kennzahlengestützte Methodik nach den von CHRISTOPHER 1992 aufgestellten Kriterien (S.103), so wird diese die Benchmark-Methode durch ihre strukturierte Aufstellung der Kennzahlen übertreffen. Hierbei zielt diese Arbeit weniger auf den absoluten Vergleich ab, sondern fasst die Kennwerte anderer Unternehmen als Richtlinien auf und stellt die eigene strukturelle Verbesserung der miteinander verzahnten Prozesse anhand des individuellen Unternehmenszielsystems in Verbindung mit der entwickelten Kennzahlensystematik in den Vordergrund. Das Unternehmen wird seine Verbesserungen und die Entwicklung der Leistungen und Kosten über die Zeitleiste verfolgen und strukturelle Verlustleistungen aufdecken und eliminieren können. So kann eine zielgewichtete Einflussnahme von Effizienz und Effektivität die Gesamtleistung des Unternehmens objektiver ausrichten als einzelne Benchmarks [CHRISTOPHER 1992, S.103].

In diesem Zusammenhang weist VEITINGER 1997 darauf hin, dass die Interdependenzen zwischen der Unternehmensausgangssituation, dem Reorganisationskonzept und dem Zielzustand durch den Benchmarking-Standardablauf vernachlässigt werden (S.189). Demzufolge wurde bereits in 3.2.1.3 angedeutet, dass dem Benchmark-Konzept der Einbezug von Unternehmensstrategien als Basis für ein gesamtheitliches, pluralistisch ausgerichtetes Zielsystem und die Gewichtung, sowie Zusammenführung von einzelnen Benchmark-Kennzahlen zu einem Gesamtbild fehlt.

3.2.3. Kennzahlen und Kennzahlensysteme

3.2.3.1. Theoretische Grundlagen von Kennzahlen

„Kennzahlen lassen sich als quantitative Daten definieren, die als bewusste Komplexitätsreduktion über zahlenmäßig erfassbare betriebswirtschaftliche Sachverhalte informieren sollen. Sie besitzen in der Betriebswirtschaftslehre bereits eine lange Tradition.“ [DEHLER ET AL. 1999, S.61]

Ihre Aufgabe bestand ehemals in der prägnanten Information über das Formalziel des Unternehmens. In der Folgezeit wurden die formalzielbezogenen Kennzahlen (z.B. Gewinn, Umsatz) in kaum noch überschaubarer Breite durch sachzielbezogene Kennzahlen (z.B. Produktivitätskennziffern) ergänzt. Die Kennzahlen ergaben sich dabei nicht nur durch eine Verdichtung vorhandener Datenmenge, sondern führten auch häufig zu Bedarf an zusätzlicher Datenerfassung. Hierdurch ergaben sich Sammlungen an unverbundenen Kennzahlen, die den Charakter von unstrukturierten Zahlenfriedhöfen annahmen.

„Die mangelnde Strukturiertheit, fehlende Anreizwirkung sowie unsachgemäße Verwendung von Kennzahlen (z.B. bei Kennzahlenvergleichen) führten zu Ineffizienz, mangelnder Akzeptanz und im schlimmsten Fall sogar zu unternehmerischen Fehlentscheidungen." [DEHLER ET AL. 1999, S.61f.]

Mit Hilfe von Kennzahlen kann der betriebliche Zustand eines Unternehmens dargestellt werden. Gleichzeitig sind Kennzahlen geeignet, Informationen zu aggregieren und Potenziale aufzuzeigen [LUTZ & HELMS 1999, S.76]. Den Kennzahlen kommt damit auch eine stetig wachsende Bedeutung für die Steigerung und Verbesserung von Prozessen zu. „Vor dem Hintergrund einer fortschreitenden Vernetzung der Unternehmen und einem damit einhergehenden Anstieg der Komplexität werden Kennzahlen zu wichtigen Instrumenten der Planung und Steuerung von Prozessen über traditionelle Unternehmensgrenzen hinweg." [LUTZ & HELMS 1999, S.93]

Allgemeine Definition

Der Begriff der Kennzahl hat sich fortentwickelt. SIEGWART 1992 fasst den Begriff der Kennzahl sehr weit und subsumiert darunter jegliche betriebliche relevante, numerische Information. Ein speziellerer Kennzahlenbegriff wird von VOLLMANN 1992 gefasst: Kennzahlen erfüllen eine Funktion zur Kontrolle von Prozessen und benötigen notwendigerweise einen Vergleichswert. Eine weitere Einschränkung des Kennzahlenbegriffes kommt von NELLY ET AL. 1995. Demnach müssen echte Kennzahlen eine Aussage über die Effektivität und/oder Effizienz eines Prozesses im Hinblick auf das Erreichen eines Zielwertes oder Plans erlauben. [LUTZ & HELMS 1999, S.76f.]

In dieser Arbeit wird auf die von SIEGWART 1992 weit gefasste Begriffsdefinition zurückgegriffen, da durch die anderen Definitionen bereits starke Einschränkungen vorgenommen werden, die dem gesamtheitlichen Ansatz nicht gerecht werden können. Im Folgenden wird eine Bestandsaufnahme der Systematisierung und Strukturierung von Kennzahlen vorgenommen. Die Erkenntnisse fließen in Abschnitt 6.3 (Abb. 6-9, S.132) in die Entwicklung einer Kennzahlensystematik ein.

Systematisierung nach Funktions-, Nutzungs- und Aufgabenaspekt

Nach LUTZ & HELMS 1999 gibt es drei verschiedene ***Funktionen*** von Kennzahlen:

- **Informationsfunktion**: reine betriebliche quantitative Information
- Instrument der **sachlichen Führung**: oft für die Kontrolle von Prozessen
- Instrument der **organisatorischen Führung**: direkte oder indirekte Lenkung

Über die traditionelle Aufgabe, der Bereitstellung von allgemeinen betrieblichen Informationen hinaus, haben Kennzahlen die Funktion der sachlichen und organisatorischen Führung übernommen. Dabei kommt den Kennzahlen eine wichtige Rolle durch die mögliche Definition von Zielen zu, die den Führungsaspekt auf sachlicher und organisatorischer Ebene unterstützen.

Unter dem Gesichtspunkt der ***Nutzung*** von Kennzahlen und Kennzahlensystemen als Managementkonzept beschreibt SCHÄFFER 1999 (S.5f.) den ‚Return on Management'-Ansatz von SIMONS 1995 (ausführliche Erläuterungen in Abschnitt 3.2.1.2) und belegt die Kennzahlen mit verschiedenen Arten der Nutzung:

- **Instrumentelle** Nutzung der Kennzahlen zur Fundierung spezieller Entscheidungen, die unmittelbar Handlungen der Manager auslösen.
- **Konzeptionelle** Nutzung der Kennzahl. Die Informationen durch die Kennzahlen führen nicht zu konkreten Entscheidungen, sondern fördern das allgemeine Verständnis des Geschäfts und der Situation.
- **Symbolische** Nutzung der Kennzahl, wenn die Entscheidung an sich getroffen wurde, die Informationen aber zur Durchsetzung eigener Entscheidungen und zur Beeinflussung anderer Manager angewandt wird.

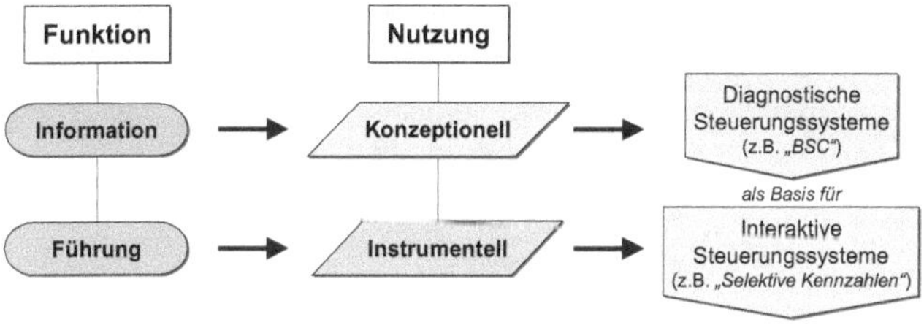

Abb. 3-7: Funktions- und Nutzungsaspekt von Kennzahlensystemen

Abb. 3-7 fasst die beiden Aspekte „Funktion" und „Nutzung" von Kennzahlensystemen zusammen. Neben der informationstechnischen Komponente zur rein konzeptionellen Nutzung in Form von diagnostischen Steuerungssystemen zeichnet sich als zweite, die instrumentelle Komponente zur führungstechnischen Nutzung der Kennzahlen in Form von interaktiven Steuerungssystemen ab.

Ein aus dem operativen Controlling entwickelter Funktionsansatz für Kennzahlen stammt von WEBER 1991 (s. Abb. 3-8).

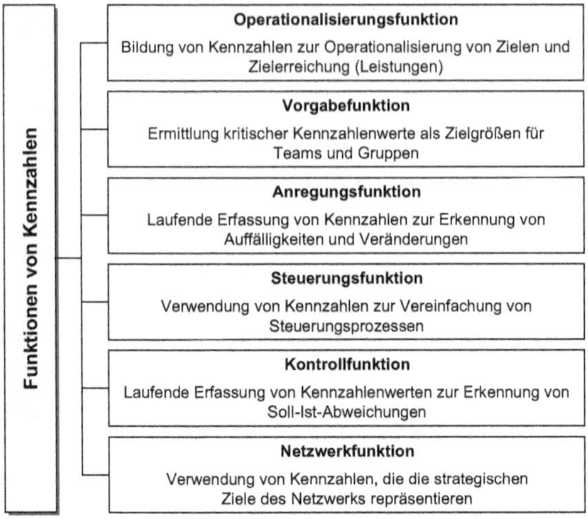

Abb. 3-8: Überblick über die Funktionen von Kennzahlen [WEBER 1991, S.208]

Dieser Ansatz verfeinert die oben aufgezeigten Ansätze bezüglich den in der Unternehmensführung relevanten Planungs-, Steuerungs- und Kontrollprozessen und erweitert diese um den Bereich der Personalführung (*Vorgabe*- und *Anregungsfunktion*) und der *Netzwerkfunktion* zur Abbildung der strategischen Ziele des Unternehmens in Bezug auf die Netzwerkbildung. Damit wird der Ansatz der Forderung von WEBER 1999 gerecht, dass die **Funktion von Kennzahlen** allgemein die **Bereitstellung führungsrelevanter Informationen für die Führungsaufgaben** ist.

Die in Abb. 3-9 aufgezeigte Kategorisierung erweitert den betrachteten Funktions- und Nutzungsaspekt der Kennzahlen um den Aspekt der hierarchischen Gliederung bezüglich der **Aufgaben** innerhalb der Unternehmensführung.

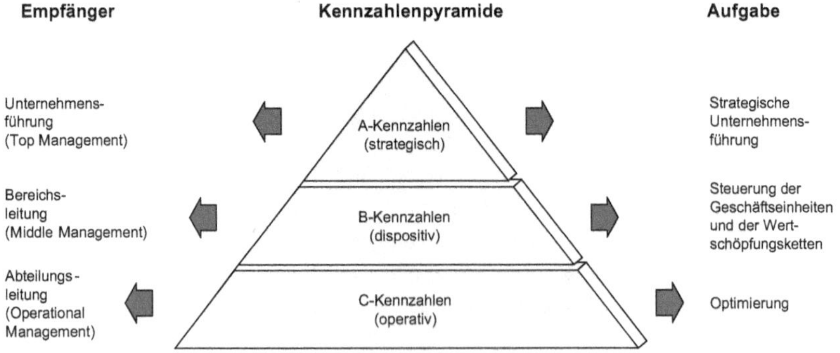

Abb. 3-9: Kategorisierung Kennzahlen nach Aufgaben [LUTZ & HELMS 1999, S.78]

Während in der obersten Hierarchie die **strategische** Komponente der Unternehmensführung dominiert, ordnen sich unterhalb **dispositive** Belange zur Steuerung der Geschäftseinheiten und der Wertschöpfungsketten, sowie **operative** Aspekte zur kurzfristigen Einflussnahme, wie z.B. die Optimierung von Geschäftseinheiten. Bei den operativen Kennzahlen ist die Vorgabe von Zielgrößen und Vergleichswerten eine wesentliche Voraussetzung für die Optimierung [LUTZ & HELMS 1999, S.78f.].

Strukturierung von Kennzahlen

LUCZAK ET AL. 2001 unterteilen die Kennzahlen in *Leistungs-*, *Kosten-* und *Strukturkennzahlen* (S.20ff.). Leistungs- und Kostenkennzahlen dienen zur Bewertung der Effizienz eines Unternehmens und können zum Benchmarking eingesetzt werden. Strukturkennzahlen beschreiben demgegenüber die Rahmenbedingungen für Leistungen und Kosten und spielen damit eine zentrale Rolle bei der Interpretation von Leistungs- und Kostenlücken im Benchmarking-Prozess [WERTZ 1999, S.55].

Kennzahlen sind dabei generell absolute oder in Relation gesetzte verdichtete Mengen- oder Wertgrößen, die für eine zeitpunkt- oder eine zeitraumbezogene Betrachtung der Unternehmenssituation herangezogen werden. Grundsätzlich unterscheidet man bei Kennzahlen *absolute Zahlen* und *Verhältniszahlen*, wobei diese beiden Gruppen, wie in folgender Abbildung aufgezeigt, weiter unterteilt werden können.

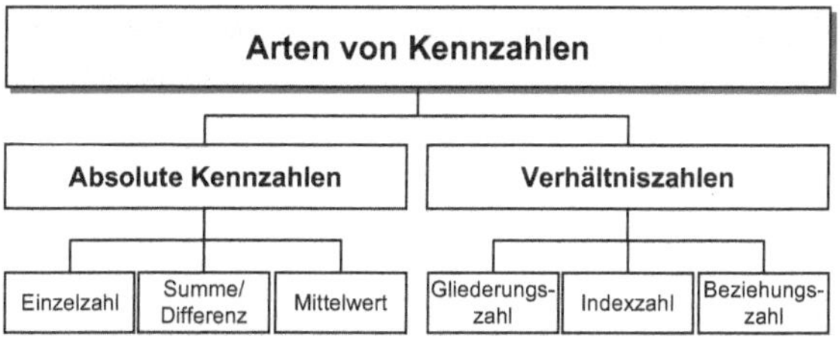

Abb. 3-10: Formaler Aufbau von Kennzahlenarten [STAUDT ET AL. 1985]

Während die absoluten Kennzahlen selbsterklärend sind werden die Verhältniszahlen im Folgenden erläutert. Die Gliederungszahlen stellen das Verhältnis einer Teilmenge zur Gesamtmenge dar (z.B. Anteil Personal- an den Herstellkosten). Die Indexzahlen beziehen gleichartige, aber zeitlich verschiedene Größen auf eine bestimmte Basisgröße (z.B. Logistikkosten des Jahres 2001 bezogen auf die Logistikkosten des Jahres 1995) und die Beziehungszahlen setzen die Größen unterschiedlicher Dimension zueinander ins Verhältnis (z.B. Logistikkosten pro Wareneingangsposition).

Für den überbetrieblichen Vergleich im Benchmarking sind insbesondere Verhältniszahlen, und hier speziell Beziehungszahlen geeignet. Dies ist darin begründet, dass mit dieser Kennzahlenart am ehesten überbetriebliche Vergleichbarkeit durch einheitliche Bezugsgrößen gewährleistet werden kann.

Kennzahlenermittlung und Folgerungen

„Kennzahlen dienen der Identifikation von Verbesserungspotenzialen, der Zieldefinition und der Kontrolle der Zielerreichung" [LUTZ & HELMS 1999, S.79]. In der Vergangenheit und auch noch heute werden Kennzahlen überwiegend nach finanziellen Gesichtspunkten erhoben. Da sich die rein finanziellen Kennzahlensysteme als zunehmend ungeeignet erweisen (siehe auch Kapitel 5. „Entwicklung eines generischen Unternehmenszielsystems"), werden auch nichtfinanzielle Kennzahlen, die Einflussgrößen auf den Unternehmenserfolg hinreichend abbilden, betrachtet.

Die Idee einer nicht-monetäre Werte enthaltenden Kennzahlenbasis ist nicht neu. So forderten Eccles/Noriah bereits in den fünfziger Jahren die Einbeziehungen von nicht-monetären Werten, was sie in einem 1951 für General Electric durchgeführten Kennzahlenprojekt durch die Einbeziehung von acht verschiedenen Kennzahlentypen vorschlagen: Profitabilität, Marktposition, Produktivität, Produktführerschaft, Personalentwicklung, Mitarbeitereinstellung, öffentliche Verantwortung und Balance zwischen lang- und kurzfristigen Zielen [WEBER & SCHÄFFER 1999a, S.4]. WEBER & SCHÄFFER 1999a weisen auf weitere Entwicklungen hin, die die Transparenz der wirtschaftlichen Vorgänge und des Unternehmenserfolges nicht nur auf finanzwirtschaftlicher Sphäre erfassen wollen. So postuliert WEBER 1985 den Aufbau einer geordneten, prinzipiell gleichberechtigten Leistungsrechnung neben der Kostenrechnung (S.4).

Insbesondere unter logistischen Gesichtspunkten gewinnen die nichtfinanziellen Faktoren an Bedeutung, da oftmals gerade diese die Leistungsfähigkeit eines Unternehmens aus Kundensicht beschreiben [CHRISTOPHER 1992]. Eine ausgewogene Logistikleistung verschafft im Allgemeinen den Kunden und den Lieferanten Nutzen. „Dieser Nutzen entsteht letztlich aus einer umfassenden Wichtung und Bewertung einer Vielzahl von Einflussfaktoren." [IML 2000]

„Die Kennzahl bildet mit der ihr verknüpften Zielgröße ein Lenkungs- und Steuerungssystem. Mit Hilfe von Kennzahlen werden Ziele und Zielgrößen definiert, die wiederum durch Kennzahlen über verschiedene Ebenen im Unternehmen kommuniziert werden können" [LUTZ & HELMS 1999, S.78]. So können auch gemeinsame Ziele von Kooperationspartnern über ihre Schnittstellen hinweg durch den Einsatz von Kennzahlen vermittelt werden. Dabei müssen die Kennzahlen von allen Partner mit realistischen Zielgrößen versehen werden, um bei der Führung und Kontrolle von Produktionsnetzen geeignet zum Einsatz zu kommen. Durch eine einheitliche Abgrenzung der Prozesse wird sichergestellt, dass die für den inner- und überbetrieblichen Vergleich definierten Kennzahlen vergleichbar erfasst werden.

Ihre Aussagekraft erhalten Kennzahlen erst im Vergleich. Neben dem direkten Vergleich unternehmensintern oder -extern (Benchmarking), ist ein Periodenvergleich von Kennzahlen möglich. Der Periodenvergleich dient der Analyse der Entwicklung der Unternehmensleistung, also den Veränderungen gegenüber zurückliegenden Perioden und kann Tendenzen für die Zukunft aufzeigen.

Beim zeitlichen und direkten Vergleich sind unterschiedliche Voraussetzungen zu erfüllen, um die Vergleichbarkeit von Betrachtungsgegenständen herzustellen. Während bei der Betrachtung der zeitlichen Entwicklung einer Kennzahl nur die zeitliche Konstanz der Ausgangsbedingungen vorauszusetzen ist, ist beim direkten Kennzahlenvergleich die Ähnlichkeit der zu vergleichenden Objekte Bedingung für die Objektivität der Analyse. Dabei muss sich die Ähnlichkeit auf alle Sachverhalte, die die Basisdaten der Kennzahlen beeinflussen, beziehen. [KRAMER 1996, S.12]

3.2.3.2. Theoretische Grundlagen von Kennzahlensystemen

„Im Allgemeinen haben einzelne Kennzahlen nur eine sehr geringe Aussagekraft, da sie die komplexe Realität von Unternehmen in extremer Form verdichten." [LUCZAK ET AL. 2001, S.20]

Aus diesem Grund und aus dem Grund der gegenseitigen Beeinflussung - so wird beispielsweise mit einer Erhöhung des Lagerbestandes meistens eine höhere Lieferbereitschaft gewährleistet - ist es sinnvoll, mehrere Kennzahlen nebeneinander zu betrachten und im Kontext innerhalb eines Kennzahlensystems zu bewerten. SYSKA 1990 sieht die Einsetzbarkeit von Kennzahlen für einen bestimmten Verwendungszweck (Vergleich, Analyse) erst durch das Zusammenspiel mit anderen Kennzahlen in einem Kennzahlensystem gegeben (S.29). Kennzahlensysteme können somit einen Sachverhalt aus unterschiedlichen Gesichtspunkten bewerten und durch eine differenzierte Beurteilung Fehlinterpretationen vermieden werden.

Das bekannteste Beispiel für ein Kennzahlensystem ist das ROI-Kennzahlensystem, (s. Abb. 3-11) entwickelt von der Firma DuPont, das bereits auf das Jahr 1919 zurückgeht [DEHLER ET AL. 1999, S.61] [SCHOTT 1981, S.289]. Hierbei handelt es sich um ein rein finanzielles Kennzahlensystem. Diese Art von Kennzahlensystemen erweist sich als zunehmend ungeeignet, da sie nichtfinanzielle Kennzahlen, die Einflussgrößen auf den Unternehmenserfolg (insbesondere logistische und kundenorientierte Gesichtspunkte) abbilden, nicht einbeziehen.

Kennzahlensystematiken

Mittels einer Kennzahlensystematik, die die Beziehungen der Kennzahlen untereinander festlegt, wird aus einer ungeordneten Menge von Kennzahlen ein Kennzahlensystem. SYSKA 1990 weist die Existenz von drei verschiedenen Kennzahlensystematiken nach (S.31ff.): Die Rechen-, die Ordnungs- und die Zielsystematik.

Rechensystematik: „Bei der rechentechnischen Verknüpfung von Kennzahlen entsteht ein Kennzahlensystem im Allgemeinen durch Zerlegung einer sogenannten Spitzenkennzahl in ihre Komponenten" [SYSKA 1990, S.31]. Typische Beispiele für rechentechnisch verknüpfte Kennzahlensysteme sind das „Du-Pont-System of Financial Control“ zur Darstellung des ROI (s. Abb. 3-11) und das „ZVEI-System“, das auf dem ROI aufbauend, die Einzelkomponenten weiter detailliert [SCHOTT 1981, S.289].

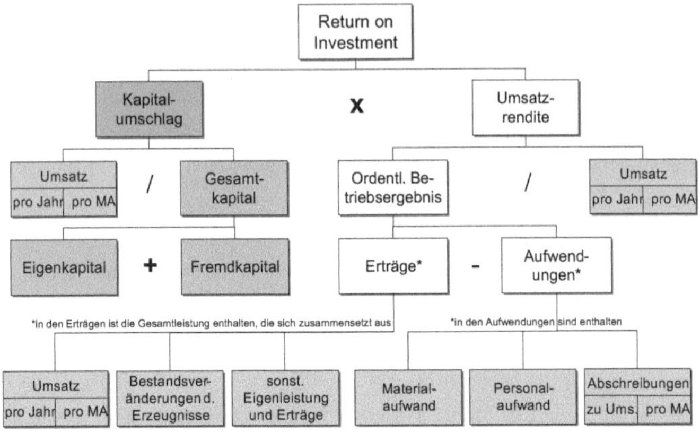

Abb. 3-11: „Du-Pont-System of Financial Control“ - ROI [SCHOTT 1981, S.289]

Durch die rechentechnische Verknüpfung werden jedoch nur Kennzahlen einbezogen, deren Beziehungen zueinander quantifizierbar sind. Diese Einschränkung bedeutet, dass diese Art von Kennzahlensystemen nur auf eine begrenzte Anzahl von Sachverhalten anwendbar ist, während in der Praxis relativ viele qualitative Einflüsse, die für unternehmerische Entscheidungen unabdingbar sind, zu beachten sind. Die Anwendungsmöglichkeit derartiger Kennzahlensysteme ohne den Einbezug von qualitativen Einflüssen ist somit stark eingeschränkt und nicht praxisnah.

Ordnungssystematik: Die Ordnungssystematik stellt sowohl eine Methode zur Verknüpfung von rein rechentechnisch verknüpfbaren Kennzahlen, als auch von Kennzahlen dar, die eine rein sachliche Beziehung zueinander haben. Ziel der Ordnungssystematik ist die systematische und vollständige Erfassung eines Betrachtungsgegenstandes durch Anwendung von verschiedenen Ordnungskriterien, was zur Folge hat, dass eine kaum noch handhabbare Flut von Kennzahlen entsteht. Die Datenbeschaffung und Datenaktualisierung spielt beim Einsatz eines solchen Systems eine große Rolle und darf nicht vernachlässigt werden. In der Praxis steht dieser Ordnungssystematik die Forderung gegenüber, nur solche Kennzahlen zu verwenden, die in ihrer Gesamtzahl und Aussage überschaubar bleiben. Diese Forderung wird nach SYSKA 1990 von einer zielorientierten Systematik erfüllt.

Abb. 3-12 zeigt den Aufbau eines Ordnungssystems. Die anfallenden Basisdaten (‚Primary Data‘) werden Unternehmensteilbereichen wie Produktion, Verkauf und Finanzwirtschaft zugeordnet und durch eine geeignete Verdichtung über mehrere Stufen (‚Elementary Ratios', ‚Advanced Ratios' und ‚Tertiary Ratios') im ‚Total Integration Tertiary Ratios' kombiniert. In der letzten Stufe der Verdichtung sind die Daten aus den drei Teilbereichen so verdichtet, dass „ ... Wirkzusammenhänge zwischen den Funktionsbereichen und Auswirkungen von Entscheidungen in einem Unternehmensbereich auf andere Bereiche ..." [STAUDT ET AL. 1985, S.38] transparent werden.

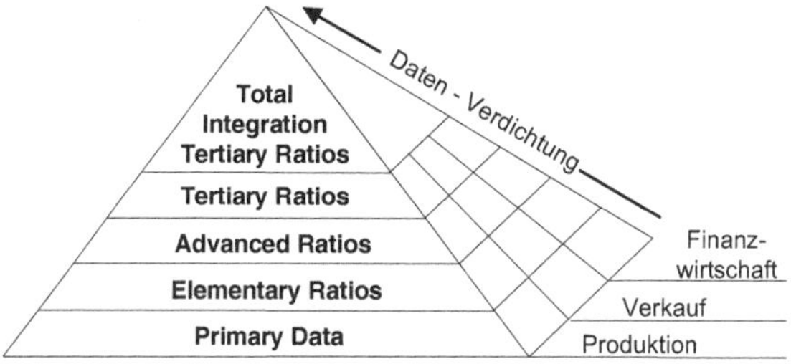

Abb. 3-12: Managerial Controls System - Ordnungssystematik [STAUDT ET AL. 1985]

Zielsystematik: Bei der zielorientierten Formulierung von Kennzahlensystemen gehen nur Kennzahlen ein, die ein bestimmtes Ziel beschreiben. Kennzahlen, die bei der Ordnungssystematik aufgrund der Vollständigkeit der Systematik aufgenommen wurden, entfallen hier. Als Nachteil der Zielsystematik ist die eingeschränkte Operationalität des Kennzahlensystems gegenüber der Rechensystematik zu werten.

SYSKA 1990 hat ausgehend von den Defiziten bestehender Kennzahlensysteme und den in der Praxis gestellten Anforderungen an Kennzahlensystemen drei Hauptforderungen separieren können: Erstens „Übersichtlichkeit", zweitens „auf Benutzerkreis individuell zugeschnittene unternehmensspezifische Kennzahlensysteme" und drittens „Verwendung von möglichst wenigen Kennzahlen bei gleichzeitiger Verwirklichung eines objektiven und umfassenden Kennzahlensystems" (S.49ff.).

Die Verwendung von möglichst wenigen Kennzahlen unter Aufrechterhaltung der Objektivität und des Anspruches ein ganzheitliches Kennzahlensystem konzipieren zu wollen stellt einen Zielkonflikt dar. Dieser Konflikt kann aber durch die Zielsystematik gelöst werden, da hier die Aufstellung und Gewichtung eines ganzheitlichen Unternehmenszielsystems verfolgt wird, was zur Folge hat, dass die Objektivität der Kennzahlenauswahl, der -bewertung und des -umfangs gewährleistet ist.

Während bei der Rechensystematik keine der drei Anforderungen erfüllt wird, erfüllt die Ordnungssystematik nur die Forderung nach „Übersichtlichkeit". Die Zielsystematik erfüllt als einzige alle drei Hauptanforderungen, die an ein allgemeines Kennzahlensystem in der Praxis gestellt werden. Mit diesem Ergebnis wird die **Überlegenheit der Zielsystematik** deutlich [SYSKA 1990, S.52].

Syska empfiehlt bei der Entwicklung eines Kennzahlensystems die Zugrundelegung mehrerer Systematiken, da es nicht möglich ist nur die Vorteile einer Systematik zu nutzen ohne gleichzeitig die entsprechenden Nachteile in Kauf nehmen zu müssen. Dabei ist von der Zielsystematik hauptsächlich der Vorteil des zielgerichteten Einsatzes von Kennzahlen und die Möglichkeit der parallelen Nutzung mehrerer Zielsysteme erwünscht. Durch die Ordnungssystematik soll die systematische und vollständige Beschreibung des Betrachtungsgegenstandes gewährleistet werden. „Um die für Analysezwecke notwendige Operationalität eines Kennzahlensystems in höchstmöglichem Maße herzustellen, sollten Kennzahlensysteme soweit wie möglich mittels der Rechensystematik rechentechnisch verknüpft werden“ [SYSKA 1990, S.39].

Ausgehend von den in diesem Abschnitt aufgezeigten Vorteilen der Zielsystematik wird die Grundlage für die Erstellung eines praxisgerechten Kennzahlensystems geschaffen. Die in dieser Arbeit entwickelte und in Kapitel 6 beschriebene Methodik baut auf SYSKAs Erkenntnisse auf: Ein Zielsystem, das auf dem in Kapitel 5 herzuleitenden obersten Unternehmensziel aufbaut, stellt die Basis der entwickelten kennzahlgestützten Methodik dar. Ebenso finden die beiden anderen Systematiken, wie später gezeigt, Anwendung bei der Konzeption des Kennzahlensystems.

Entwicklung von zielorientierten Kennzahlensystemen

Bei der Vorgehensweise zur Entwicklung von zielorientierten Kennzahlensystemen gibt es zwei grundlegende Ansätze [LUCZAK ET AL. 2001, S.26f.] [SYSKA 1990]. Den Bottom-up (induktiv-empirisch) und den Top-down Ansatz (deduktiv-heuristisch).

Bei induktiv-empirisch abgeleiteten Kennzahlensystem wird der Bottom-up Ansatz gewählt, bei dem einzelne Kennzahlen ausgehend von den Prozessen (aus empirisch beobachtbaren Sachverhalten werden verallgemeinerte Aussagen abgeleitet) über mehrere Stufen hinweg zu Spitzenkennzahlen aggregiert werden. Dabei entstehen individuelle, auf die Gegebenheiten eines Unternehmens ausgerichtete Zielsysteme, die zu verallgemeinern sind. Kritisch anzumerken ist jedoch die in der Praxis kaum handhabbare Fülle an Kennzahlen, die einen enormen Erfassungs- und Verarbeitungsaufwand sowie eine Datenflut für die Nutzer nach sich zieht [SYSKA 1990.]

Die deduktive Methode folgt der heuristischen Strukturierung von primären Unternehmenszielen und folgt dem Top-down Ansatz. Ausgehend von einem zu verfolgenden primären Ziel werden definitionslogische Unterziele abgeleitet. Dabei entstehen qualitative sowie quantitative Beziehungen zwischen und innerhalb der Zielebenen selbst. Die vertikalen Verbindungen stehen in einem Mittel-Zweck-Verhältnis zueinander und können somit als **Ursachen-Wirkungskette** verstanden werden.

Allgemeingültige Kennzahlensysteme, die auf Basis der Zielsystematik heuristisch entwickelt wurden, können auf die individuelle Unternehmenssituation durch Streichung von irrelevanten Zielen und damit verknüpften Kennzahlen zugeschnitten werden. Die gezielte Erweiterung um neue, im allgemeingültigen System nicht vorhandene Aspekte ist natürlich ebenso möglich.

3.2.3.3. Konzepte im Bereich der Kennzahlensysteme

Kennzahlensysteme sind in der Unternehmenspraxis bereits sehr lange im Einsatz. „Ihre Wertschätzung als Instrument der Unternehmensführung ist allerdings nicht ungetrübt", was im Wesentlichen auf zwei Problemfelder zurückzuführen ist. Zum einen orientieren sich die gebräuchlichen Kennzahlensysteme häufig an vorhandenen Daten, ohne auf Führungsengpässe zu fokussieren. So besteht die Gefahr, „Zahlenfriedhöfe" mit geringem Informationsnutzen hervorzubringen. Zum anderen sind die traditionellen Ansätze, wie z.B. das DuPont-Schema, häufig einseitig auf monetäre und vergangenheitsbezogene Größen beschränkt [WEBER & SCHÄFFER 1999b, S.2].

Im Folgenden soll ein Einblick in einige Konzepte im Bereich der Kennzahlensysteme gegeben werden:

Logistik-Benchmarking *LogiBEST*

Das von LUCZAK ET AL. 2001 beschriebene Konzept des Logistik-Benchmarking *LogiBEST* leitet seine Kennzahlen aus Logistikzielen ab, strukturiert diese aber nicht in einem Kennzahlensystem, das den oben beschriebenen Anforderungen der Zielsystematik unter Einbezug der Ordnungs- und Rechensystematik gerecht wird. Die aus den Logistikzielen abgeleiteten Kennzahlen stellen Leistungs- und Kostenkennzahlen dar, die zur Bewertung der Logistikeffizienz eines Unternehmens dienen und damit zum Benchmarking eingesetzt werden können. Die dritte Gruppe der Kennzahlen, die Strukturkennzahlen, beschreibt demgegenüber die Rahmenbedingungen für Logistikleistung und -kosten und spielt damit eine zentrale Rolle bei der Interpretation von Leistungs- und Kostenlücken im Benchmarking-Prozess [WERTZ 1999, S.55]. An der Spitze der Zielsystematik steht die Logistikeffizienz, die sich aus der Logistikleistung und den Logistikkosten zusammensetzt. Damit greift *LogiBEST* das allgemeingültige Zielsystem der Produktionslogistik (s. Abb. 5-13, S.99) nach WIENDAHL 1997 auf.

Produktivitäts-Benchmarking von Fertigungen

Dem von KRAMER 1996 beschriebenen Produktivitäts-Benchmarking liegt ein Zielsystem zugrunde, das die Produktivität zur Messung der Leistungsfähigkeit von Fertigungen als oberstes Ziel beinhaltet. Die Produktivität im technischen und wirtschaftlichen Sinn wird innerhalb der von KRAMER 1996 beschriebenen Methode als oberstes Ziel des Unternehmenszielsystems aufgestellt und das Zielsystem nach der deduktiv-heuristischen Methode hergeleitet. Die untersten Ziele werden dabei durch Kennzahlen beschrieben.

Die Philosophie des beschriebenen Benchmarking-Tools soll in dieser Arbeit aufgegriffen werden. Das bei KRAMER 1996 hergeleitete Zielsystem soll eine Neudefinition erfahren, die auf das gesamte Unternehmen angewandt werden kann und somit die Effektivität des Gesamtsystems einbezieht. Darüber hinaus wird die, auf dem Zielsystem aufbauende Kennzahlenhierarchie einer Strukturierung unterworfen, die den

Funktionen des operativen Controllings folgt. Somit soll eine Basis für ein Management-Werkzeug gelegt werden, das das im Folgenden dargestellte Zusammenspiel von diagnostischen und selektiven Kennzahlensystemen verfolgt.

Konzept der ,Balanced Scorecard' (,BSC')

Die *,Balanced Scorecard'* (,BSC') ist das Resultat eines Forschungsprojektes, das Anfang der 90er Jahre unter der Leitung von Robert S. Kaplan und David P. Norton unter Beteiligung von 12 US-amerikanischen Unternehmen durchgeführt wurde.

Die ,BSC' ist ein Instrumentarium, womit die Unternehmensvision und -strategie in ein ausgewogenes Bündel von Kennzahlen (Kunden, Mitarbeiter, Prozesse und Finanzen) zur Leistungsmessung einer Organisation übertragen werden kann (s. Abb. 3-13). In 3.2.1.2 auf S.35 wurde bereits auf die ,BSC' innerhalb der Managementtheorie von SIMONS 1995 als diagnostisches Steuerungssystem hingewiesen. Sie zwingt die Führungskräfte, Balance zwischen einer langfristigen wertsteigernden Strategie und den entsprechenden kurzfristigen Maßnahmen zu finden. Außerdem werden bei der ,BSC' finanzielle Kennzahlen vergangener Leistungen um die treibenden Faktoren zukünftiger Leistungen ergänzt [KAPLAN & NORTON 1997, S.8]. Während durch die finanzielle Perspektive das Interesse an kurzfristig orientierter Leistung aufrecht erhalten wird, können Werttreiber aus den Bereichen Kunde, Mitarbeiter und Prozesse für wichtige, langfristige und wettbewerbsfähige Leistungen definiert werden. Damit bildet die ,BSC' ein Bindeglied zwischen operativem und strategischem Geschäft.

Die vier „Pfeiler" bzw. Blickwinkel der ,BSC' sind:

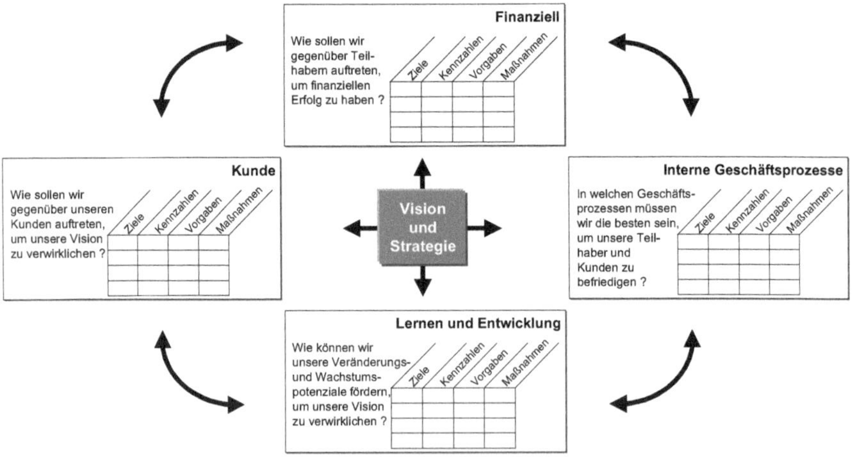

Abb. 3-13: Die vier Perspektiven der ,BSC' [KAPLAN & NORTON 1997, S.9]

- **Finanzwirtschaftliche Perspektive**: Zeigt wirtschaftliche Konsequenzen früherer Tätigkeiten anhand von Periodengewinn, Cash Flow, Kapitalrendite, Return on Capital Employed (ROCE) und Economic Value Added (EVA) auf.
- **Kundenperspektive**: Zeigt die Kunden- und Marktpositionierung anhand von Kundenzufriedenheit, -treue, -akquisition und Marktanteilen auf.
- **Interne Prozessperspektive**: Zeigt die internen Stärken und Schwächen der Unternehmensprozesse anhand von Time-to-Market, Time-to-Customer, Liefertreue und Bestandkosten auf, um Ziele der Finanz- und Kundenperspektive abzubilden.
- **Mitarbeiterperspektive**: Zeigt die Lern- und Entwicklungspotenziale für den zukünftigen Unternehmenserfolg anhand von Veränderungsbereitschaft, Anteil neuer Marktleistungen, Fluktuation und Einsatz neuer Technologien auf. Die drei Hauptkategorien sind: Qualifizierung der Mitarbeiter, Motivation und Zielausrichtung der Mitarbeiter sowie Leistungsfähigkeit des Informationssystems.

Die ‚BSC' soll auch als Informationssystem für Mitarbeiter aller Organisationsebenen eingesetzt werden, so dass ausführende Bereiche die finanziellen Konsequenzen ihrer Handlungen und Entscheidungen überprüfen können. Grundsätzlich werden die Kennzahlen in einem „Top-down"-Prozess hergeleitet, wobei der treibende Faktor die Mission und Strategie des Unternehmens oder einer Geschäftseinheit ist.

Konzept der ‚Selektiven Kennzahlen'

Das System der *‚Selektiven Kennzahlen'* ist Anfang der 90er Jahre, zeitgleich mit dem Konzept der ‚BSC' im Zuge eines umfangreichen Arbeitskreises, der sich mit der Entwicklung einfacher, fokussierter Kennzahlensysteme an der WHU befasste, entstanden. Ziel war ein Kennzahlensystem, das breit gefasste Leistungsgrößen der Logistik sinnvoll verdichten kann [WEBER & SCHÄFFER 1999a, S.8]. In 3.2.1.2 wurde bereits auf die ‚Selektiven Kennzahlen' innerhalb der Managementtheorie von SIMONS 1995 als interaktives Steuerungssystem hingewiesen. Im Gegensatz zum Konzept der ‚BSC' orientieren sich die ‚Selektiven Kennzahlen' an den besonders wichtigen Engpässen und reduzieren somit die Anzahl notwendiger Kennzahlen.

Auf der Basis abgeleiteter Logistikstrategien werden zum einen strategiegerichtete Kennzahlen „Top-down" ermittelt, womit **Erfolgspotenziale**, die direkt aus den Unternehmensstrategien abgeleitet werden, operationalisiert werden können. Zum anderen bedarf es der „Bottom-up" Kennzahlengenerierung aus den Material- und Warenflüssen, um Kennzahlen als Instrument zur **Identifikation von** Fähigkeiten oder **Engpässen in logistischen Prozessen** einzusetzen (s. Abb. 3-14) [WEBER ET AL. 1995, S.22ff.]. D.h., die Kennzahlen werden aus koordinationsrelevanten Merkmalen des operativ zu betrachtenden Leistungssystems abgeleitet.

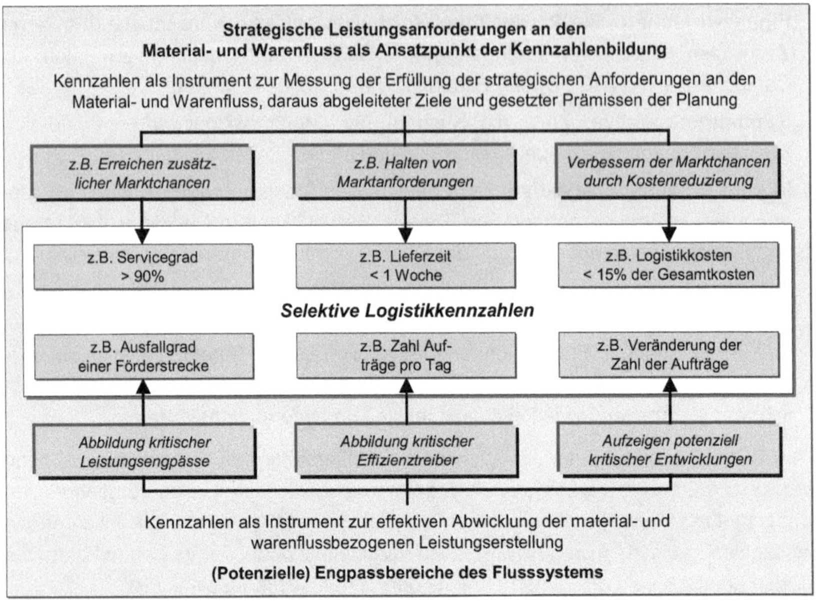

Abb. 3-14: Selektive Logistik-Kennzahlen [WEBER 1998, S.203]

Die Erfordernis zur Anwendung beider Methoden ergibt sich aus den unterschiedlichen Verwendungszwecken von Kennzahlen: Einerseits der Operationalisierung von Erfolgspotenzialen und andererseits zur Identifikation von Fähigkeiten oder Engpässen in logistischen Prozessen. Sechs bis acht Kennzahlen sollen gewährleisten, dass die Aufmerksamkeit des Managements konsequent auf operative und strategische Engpässe fokussiert wird. Dieses Limit resultiert aus der kognitiven Begrenzung der Datentransformationsfähigkeit des Menschen, d.h. die bewusste Unterscheidung, Aufnahme und Verarbeitung gleichzeitig eintreffender Daten ist auf sieben (plus minus zwei) Einheiten begrenzt [WEBER & SCHÄFFER 1999a, S.13].

Anzumerken ist, dass die strategischen Kennzahlen entsprechend dem Horizont logistischer Strategien längerfristige Gültigkeit besitzen. Die engpassbezogenen Kennzahlen aus dem operativen Bereich sind eher laufenden Veränderungen unterworfen, da der Engpass einer stetigen „Wanderschaft" [GOLDRATT & COX 1995] unterliegt.

Die Motivation für dieses Vorgehen, das Kennzahlensystem von der strategischen und operativen Seite zu entwickeln, basiert auf der Erkenntnis, dass sich bei der Strategierealisierung unerwartete Probleme einstellen können. Solche den Material- und Warenfluss störende operative Engpässe analytisch durch Kennzahlen zu bestimmen und die Aufmerksamkeit des Managements auf diese zu lenken, bietet laut WEBER & SCHÄFFER 1999a die beste Gewähr ihr Gefahrenpotenzial zu beherrschen.

Zusammenführung der Konzepte ‚BSC' und ‚Selektive Kennzahlen'

Die beiden Kennzahlensysteme ‚BSC' und ‚Selektive Kennzahlen', die sich gegenseitig zum Zweck der Unternehmensführung ergänzen und nach WEBER & SCHÄFFER 1999b (S.5) als Einheit eingesetzt werden sollen, unterstreichen sehr gut das in 3.2.1.2 „Unternehmensführung und -steuerung durch Controlling" aufgezeigte Konzept zur Unternehmenssteuerung, basierend auf dem Ansatz des ‚Return on Management' - Managementzeit als Engpass. Während das Konzept der ‚BSC' eine ausgewogene Abbildung der Kernfaktoren der Wertschöpfungskette gewährleistet, richtet das Konzept der ‚Selektiven Kennzahlen' seinen Fokus auf wenige Engpässe und Treiber [WEBER & SCHÄFFER 1999a, S.2]. D.h. beide Arten von Steuerungssystemen finden in der Managementtheorie von SIMONS 1995 Anwendung, ergänzen sich durch ihre diagnostische und interaktive Wirkungsweise (s. Abb. 3-15) und bilden somit eine optimale Basis für die betriebliche Steuerung [WEBER & SCHÄFFER 1999b, S.6].

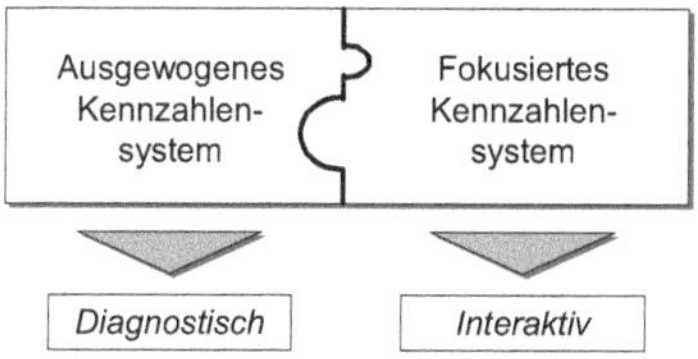

Abb. 3-15: Diagnostisches und interaktives Kennzahlensystem in Ergänzung

Das Konzept der ‚Selektiven Kennzahlen' setzt laut WEBER & SCHÄFFER 1999b (S.2) an den in Deutschland stärker ausgeprägten Problem der ungenutzten Zahlenfriedhöfe der Controller an (während im angelsächsischen Raum eher das Problem der zu starken Fixierung auf rein monetär geprägte Kennzahlsysteme vorliegt). Der Bekanntheitsgrad des Konzepts ist außerhalb des Logistik-Controlling im deutschsprachigen Raum noch gering.

3.3. Konzepte zur Optimierung der Wertschöpfungskette

Ausgelöst durch das ‚Lean Management' [WOMACK ET AL. 1991] und das ‚Total Quality Management' [HAMMER 1997] begannen Anfang der 90er Jahre viele Unternehmen aufgrund der wirtschaftlichen Notwendigkeit und der sich verändernden Umweltbedingungen, ihre Geschäftsprozesse an die Veränderungen im Markt anzupassen und effizienter zu gestalten. Der Ansatz des ‚Reengineering' folgte im Jahr 1993 durch Hammer & Champy und stellte durch seinen radikalen Ansatz eine Revolution bei der Restrukturierung von Unternehmen dar [HAMMER & CHAMPY 1994] [NIPPA & PICOT 1996]. Außerdem wurde der Gedanke des ‚Lean Management' durch das ‚Lean Thinking' fortgeführt [WOMACK & JONES 1996]. ‚Lean Thinking' geht in seiner Betrachtungsweise sogar noch einen Schritt über den des ‚Business Process Reengineering'

(BPR) von Hammer & Champy hinaus und reißt alle Bereichsgrenzen, selbst die Grenzen des Unternehmens ein und fokussiert den gesamten ‚Value Stream' - die Wertschöpfungskette ohne Schnittstellen und Bereichsgrenzen.

In den letzten 20-30 Jahren hat sich eine unzählige Vielfalt von Reorganisationskonzepten und Management-Tools etabliert. ZELLER 1996 zeigt die unterschiedliche Popularität der Management-Tools als Resultat einer Untersuchung von 500 US-Unternehmen im Jahre 1993 auf (S.110). An der Spitze stehen ‚Unternehmensleitbild', ‚Customer Surveys', ‚Total Quality Management', ‚Competitor Profiling', ‚Leistungsabhängige Bezahlung', ‚Benchmarking', ‚Reengineering', u.v.a.

Im Folgenden sollen nur Ansätze aufgegriffen werden, die innerhalb der Vielfalt an Konzepten „tragende Säulen" zur Optimierung der Wertschöpfungskette darstellen. So können Ansätze wie „Customer Surveys" nicht als umfassendes Reorganisationskonzept oder Management-Tool gewertet werden, sondern sind in diesem Fall als obligatorischer Teil einer ganzheitlich kundenorientierten Konzeption zu verstehen.

3.3.1. Toyota Production System

Das ‚Toyota Production System' (TPS) hat sich die Eliminierung von ‚muda' (= Ressourcenverschwendung jeglicher Art) als oberstes Ziel gesetzt [MONDEN 1998] [BLACK 1991] [SHINGO 1993] [KAIZEN 1998]. Die in Japan in den 50er Jahren von Eiji Toyoda und Taiichi Ohno, den damaligen „Machern" der Toyota Motor Corporation, geprägte Philosophie wurde in den folgenden Jahrzehnten weiterentwickelt und hat den japanischen Automobilisten zu ungeahnter Stärke verholfen [WOMACK ET AL. 1991]. Die Philosophie beruht auf vielfältigen Konzepten und soll die Profitabilität durch kostensenkende bzw. produktivitätssteigernde Maßnahmen erhöhen. Über dem Kosten- und Produktivitätsaspekt steht aber vor allem der Kundenfokus. Die folgende Darstellung soll sich auf ein paar wichtige Prinzipien des TPS reduzieren:

‚Just-In-Time Produktion' (JIT)

Die JIT-Produktion oder auch ‚Lean Production' verfolgt die drei r's: Es soll genau die richtige Menge zum richtigen Zeitpunkt in der richtigen Ausprägung und Qualität produziert, sowie geliefert werden. Dabei spielt die Reduzierung der Durchlaufzeiten und der Bestände über die gesamte Liefer- und Produktionskette eine große Rolle. Hinter der JIT-Philosophie verbergen sich folgende Charakteristika [KAIZEN 1998, S.27]:

- Kontinuierliches Flussprinzip
- Pull-System (KANBAN)
- ‚Takt Time' - Produktion
- Gruppenarbeit & Flexibilität

JIT zielt auch auf eine Abstimmung innerhalb der gesamten Liefer- und Produktionskette ab, um den hinlänglich bekannten bullwhip-Effekt (s. Abb. 2-4, S.15) zu vermeiden.

Die JIT-Philosophie beinhaltet Steuerungskonzepte wie **‚KANBAN'** und die **‚produktionssynchrone Beschaffung'** (siehe [Christopher 1992, S.158ff.] [WILDEMANN 1988]), die auf die Durchlaufzeit- und Bestandreduzierung in der Versorgungskette abzielen. KANBAN stellt eine Produktionssteuerung nach dem Pull-Prinzip [WILDEMANN 1995b] dar, die den Steuerungs- und Dispositionsaufwand durch eine nahezu vollständige Selbststeuerung auf ein Minimum reduziert. Bestände generell stellen erstens eine Verschwendung durch Bindung von Kapital (‚muda') dar und sind zweitens dafür verantwortlich, wenn Fehler zu spät aufgedeckt werden. Bestände sind oft auch ein Indiz für Überproduktion. Eine zentrale Forderung des TPS ist eine Produktionsrate entsprechend der Absatzrate. Voraussetzung für die Verwirklichung der JIT-Philosophie ist eine konsequente Informationsweitergabe im gesamten Wertschöpfungsnetzwerk. Bestände sollen letztendlich durch Informationen ersetzt werden. Diese Anforderungen sind durch die Möglichkeiten im IT-Bereich zu lösen.

Die **‚Takt Time'** - Philosophie zielt auf die zentrale Forderung des TPS, die Produktions- entsprechend der Absatzrate anzupassen, ab [KAIZEN 1998, S.36ff.]. Im Vordergrund steht dabei nicht die jahrelang durch die REFA-Philosophie verfolgte Optimierung einzelner Prozessteilschritte, z.B. die Minimierung der Taktzeiten, um Skaleneffekte zu erzeugen, sondern die Abtaktung der in der Wertschöpfungskette beteiligten Kapazitäten aufeinander und die Anpassung an die Absatzrate [VARIAN 1999, S.406].

Die extreme Konzentration auf die Minimierung der Taktzeiten hat meist zur Zentralisierung von Produktionskapazitäten, um hocheffektive Maschinenkapazitäten maximal auszulasten, und dementsprechend zur Abkehr von der Flexibilität kleinerer und weniger auf eine hohe Produktionsrate ausgelegte Maschinen geführt.

Zur Erhöhung der Flexibilität des gesamten Produktionssystems ist neben der Minimierung der Rüstzeiten (z.B. SMED in der Automobilindustrie [CHRISTOPHER 1992, S.179]), die Maximierung der MA-Flexibilität durch Qualifizierungsmaßnahmen und Gruppenarbeit anzustreben. Außerdem soll eine Entkopplung von Mensch und Maschine stattfinden, um produktivitätsmindernde Effekte zu vermeiden.

‚Total Quality Management' (TQM)

Eine Schule der Prozessverbesserung die im Gegensatz zum BPR den bottom-up-Ansatz wählt und weniger radikal vorgeht. Bei dem TQM steht ebenso der Ansatz der Prozessorientierung, sowie die Kundenzentrierung im Vordergrund. TQM ist aber in erster Linie ein Problemlösungsansatz, der eine Vielzahl von Verfahren, wie Pareto- oder Ursache-Wirkungs-Diagramm (siehe [LUCZAK ET AL. 2001, S.95ff.]) nach Ishikawa einsetzt [HAMMER 1997, S.102]. Zum Beispiel dient die Pareto-Analyse dazu, vorhandene Daten nach Häufigkeiten zu analysieren und daraus Prioritäten abzuleiten.

Die Verfahren zielen im Wesentlichen darauf ab, Prozessprobleme zu isolieren und in gesunden Prozessen Leistungsschwächen zu eliminieren. Damit zielt TQM auf die Verschwendung von Ressourcen in Form von Betriebsmitteln, Arbeitern und Material (durch Minimierung des Ausschusses = Null-Fehler-Produktion) ab. TQM verfolgt dabei die Symptome ungenügender Prozessleistung rigoros bis an die „Wurzel des Übels" und setzt dabei auf Konzepte wie das Poka Yoke. Poka Yoke stellt eine integrierte Maßnahme dar, die das Auftreten eines Fehlers verhindern soll. So sollen z.B. einfache Vorrichtungen und Vorgehensweisen gefunden werden, die das Auftreten von Fehlern verhindern bzw. die Fehler sofort beim Entstehen aufdecken sollen.

TQM geht davon aus, dass das Design des Prozesses im Grundsatz in Ordnung ist und lediglich einer geringfügigen Verbesserung bedarf. Ist das Prozessdesign grundlegend aufgrund von veränderten Umwelt-Randbedingungen anzupassen, so ist in einer solchen Situation BPR das Mittel der Wahl. BPR verbessert nämlich nicht einfach nur die einzelnen Schritte des Prozesses, sondern beinhaltet ein Überdenken des Gesamtdesigns [HAMMER 1997, S.102f.]. Hier zeigt sich der in Abschnitt 3.3.3 und 3.3.4 beschriebene unterschiedliche Ansatz des amerikanisch geprägten BPR zu dem Konzept des Kaizen, das durch seine inkrementellen Schritte geprägt ist.

3.3.2. Ansätze aus dem Umfeld des MIT-Forschungsprogramms „Management in the 1990's"

Im Grunde bezieht sich der Anfangs der 90er Jahre im Umkreis des MIT entstandene Ansatz des ‚Lean Management' auf die TPS-Philosophie, die oft auch als ‚Lean Production' bezeichnet wird. Die zu Beginn der 90er Jahre aufgegriffenen japanischen Produktionsmethoden wurden somit in Managementmethoden „verpackt" und fanden dadurch eine dieser Zeit entsprechende Erweiterung.

‚Lean Management' stellt das organisatorische Lernen in den Mittelpunkt des Interesses und zielt auf eine innovative Unternehmenstransformation ab, die es sich zum Ziel gesetzt hat, nicht nur in einer Zieldimension führend zu sein. Strategie, Organisation, Informationssysteme und die Unternehmenskultur müssen auf eine ganzheitliche Verbesserung des magischen Vierecks Innovation, Zeit, Kosten und Qualität ausgerichtet sein.

‚Lean Thinking' geht in seiner Betrachtungsweise sogar noch einen Schritt über den des BPR hinaus und reißt alle Bereichsgrenzen, selbst die Grenzen des Unternehmens ein und fokussiert den gesamten ‚Value Stream'. WOMACK & JONES 1996 kombinieren in ihrem ‚Lean Thinking'-Konzept (S.27) die radikalen Verbesserungen (kaikaku, vergleichbar mit dem BPR) mit dem darauffolgenden Ansatz der kontinuierlichen inkrementellen Verbesserungen (kaizen).

3.3.3. Reengineering und Business Process Reengineering

Die Erfindung bzw. die Verbreitung des Begriffes des Reengineering bzw. des Business Process Reengineering wird Michael Hammer, einem ehemaligen Professor des MIT und jetzigen Präsidenten einer der am schnellsten wachsenden Reengineering-Beratungsfirmen zugeschrieben. Reengineering ist eine amerikanische Kreation, die speziell im Umfeld des Einsatzes von Informationstechnologien entstanden ist und insbesondere von Unternehmensberatern propagiert wird [NIPPA 1996, S.62f.]. Das Konzept des Reengineering ist entstanden, als die Diskussion um Lean Management, TQM oder Benchmarking als Methoden zur Effizienzsteigerung und zur Erreichung von Wettbewerbsvorsprüngen noch in vollem Gang war. NIPPA 1996 nimmt eine umfassende Bestandsaufnahme des Reengineering-Konzeptes vor und stellt Kernbestandteile, sowie die konzeptionellen Merkmale des Ansatzes heraus.

Bevor der durch HAMMER & CHAMPY 1994 im Detail beschriebene Ansatz des BPR ausgeführt wird, soll im Folgenden in kurzer Zusammenfassung der Reengineering-Ansatz von Bain & Company [ZELLER 1996, S.112], vorgestellt werden:

1. Ein fundamentales Überdenken der Art und Weise, wie Arbeit erledigt wird (Ablauforganisation) mit dem Ziel deutlicher Verbesserungen bei Produktivität und Durchlaufzeiten.
2. Eine strukturelle Reorganisation (Aufbauorganisation), die typischerweise funktionale Hierarchien aufbricht und sie zum Teil in multifunktionale Teams überführt.
3. Neue Planungs-, Steuerungs- und Kontroll-, sowie Informationssysteme, wobei durch einen Einsatz höherwertiger Technologie eine Verbesserung von Datenverfügbarkeit und eine Vereinfachung der Entscheidungsfindung angestrebt wird.
4. Ein neues Wertesystem, das typischerweise die Kunden des Unternehmens in den Vordergrund rückt.

Das amerikanische **Business Process Reengineering** kann per Definition eigentlich nicht als Reorganisationsprozess verstanden werden, da es auf die komplette Neukonzeption der Unternehmensprozesse setzt und Veränderungen der bestehenden Organisationsstruktur als Flickschusterei verurteilt [HAMMER & CHAMPY 1994, S.68].

Das BPR setzt - unter Nutzung des IT-Potenzials - auf radikale Veränderungen und ist dabei auf wenig Schlüsselprozesse fokussiert. Durch die Neugestaltung der ausgesuchten Schlüsselprozesse verspricht das BPR eine radikale Senkung der Kosten, Verkürzung der Zeiten und Steigerung der Qualität. Neben der Tatsache, dass neue, einfache Strukturen für die Unternehmensprozesse gefunden werden sollen, die den Strukturen vergangener Zeiten wenig oder gar nicht ähneln, werden konsequent alle Tätigkeiten eliminiert, die nicht zur Wertschöpfung beitragen. Die Informationstechnik soll dabei die Lösungsvielfalt, Dinge neu zu tun, erweitern. Die Nutzung der Technologie wird zu einer Kernkompetenz des Unternehmens.

Grundsätzlich sind alle Aktivitäten der einzelnen Mitarbeiter, die ihre eigenen Regeln aufstellen und in Prozessteams nach Zielvorgaben arbeiten, von einem Verständnis des Gesamtprozesses geprägt [HAMMER & CHAMPY 1994, S.94ff.]. Dabei sollen die ehemals fragmentierten Unternehmensprozesse, die zu einer massiven Bürokratisierung von traditionell gewachsenen Unternehmen geführt haben, wieder zu einer Gesamtheit zusammengeführt werden. HAMMER & CHAMPY 1994 vertreten die Meinung, dass „Verbesserungen um Größenordnungen nur durch die Zerstörung des Alten und den Aufbau von etwas Neuem" zu erreichen sind (S.50).

HAMMER & CHAMPY 1994 berufen sich dabei auf Eigenschaften, die seit jeher in der Wirtschaft zu großartigen Innovationen geführt haben: Individualität, Eigenständigkeit, Risikofreudigkeit und Wandlungsfähigkeit und setzen auf die vorhandenen Begabungen, sowie die menschliche Kreativität. Die Schwierigkeit bei der Umsetzung wird immer der Faktor Mensch bleiben, der plötzlich von allen bisherigen Strukturen und den bisherigen Arbeitsweisen Abschied nehmen und mit dem Aufbau neuer kohärenter Unternehmensprozesse von Anfang beginnen soll. Das bisherige Wertesystem wird in Frage gestellt, bisherige Positionen und Strukturen werden aufgelöst.

Diese Philosophie stößt gerade bei älteren Mitarbeitern, die jahrelang gewohnt waren in einer bestehenden Struktur zu arbeiten, auf massive Gegenwehr. Ein derartig revolutionärer Ansatz ist unter Umständen nur im Umfeld von jungen, flexiblen Mitarbeitern realisierbar. Die von „hire and fire" geprägte amerikanische Unternehmenskultur kann hier entsprechend ihren Beitrag leisten, weil hier die Betriebszugehörigkeit in keinem Verhältnis zu manchen europäischen Unternehmen steht.

3.3.4. Kaizen

Kaizen hingegen zielt auf kontinuierliche Verbesserungen im Rahmen der vorhandenen Struktur ab, verändert aber nicht die Schlüsselprozesse [IMAI 1994]. So wird Kaizen sehr stark in Qualitätsverbesserungsprogrammen eingesetzt, in denen eine stetige, allmähliche Verbesserung der Prozessleistung und Qualität angestrebt wird.

IMAI 1994 beschreibt in seinen Ausführungen sehr gut die Grundphilosophie des auf inkrementelle Schritte basierenden Ansatzes. Im Grunde befindet sich hinter dem Kaizen-Ansatz die gesamte Philosophie des TPS mit seinen in der angewandten Praxis verfeinerten Theorieansätzen und unterschiedlichen Ausprägungen.

3.3.5. Fehler-Möglichkeits- und Einfluss-Analyse

Die Fehler-Möglichkeits- und Einfluss-Analyse (FMEA) zur präventiven Fehlervermeidung im Planungsstadium, wodurch laut LUCZAK ET AL. 2001 eine kostenoptimale Schwachstellenbeseitigung gewährleistet werden kann, stellt ein weiteres Reorganisationswerkzeug dar. Die FMEA findet in den frühen Planungsphasen Anwendung, da dort die Fehlerbeseitigungskosten noch gering und die Entwurfsbeeinflussbarkeit groß ist. Die Anwendung der FMEA bezieht sich hier speziell auf die „System-FMEA Prozess“ und nicht auf die „System-FMEA Produkt“, die ihre Anwendung in der Produktentwicklung findet [LUCZAK ET AL. 2001, S.99ff.].

Die FMEA geht über die reine Suche nach Best-Practices hinaus, da sie dazu bestimmt ist, auf mögliche Probleme aufmerksam zu machen, die Risiken der Probleme abzuschätzen und gegebenenfalls erarbeitete Lösungen für die Probleme zu beurteilen [LUCZAK ET AL. 2001, S.102]. Teilweise nimmt die FMEA die Umsetzungsplanung vorweg, indem bereits eine Vorstellung von Verbesserungsstrategien bei der Aufbereitung der Analyse-Ergebnisse erfolgt.

3.3.6. Konzepte aus logistischer Sicht

Pladerer stellt die Logistik als Managementphilosophie dar und greift in diesem Zusammenhang speziell den Flussgedanken auf. Ein Logistikkonzept, dessen vordergründiges Ziel die Fluss- und nicht die Funktionsoptimierung ist, wird laut Pladerer maßgeblich durch die Kultur des Unternehmens beeinflusst [DUERLER 1990, S.45]. Gerade die funktionalen und verrichtungsorientierten Aufbauorganisationen stehen einer flussorientierten Auftragsabwicklung im Wege. Es entstehen Verzögerungen im Informations-, Material- und Fertigungsfluss. So muss auch bei der Betrachtung von Produktionsnetzwerken vorausgesetzt werden, dass die Durchsetzung der Flussorientierung bei Material und Information im Netzwerk Vorrang genießt. In diesem Zusammenhang wird in der Literatur von „logistischen Ketten“ oder von der „supply chain“ gesprochen [BOWERSOX 1996] [CHRISTOPHER 1992] [THALER 1999, S.41ff.].

In diesem Umfeld entstand in den 80er Jahren der Gedanke der Wertschöpfungskette - „value chain“, der auf Porter zurückgeführt werden kann [CHRISTOPHER 1992, S.8ff.]. Porter zielt auf eine umfassende und übergreifende Prozess-Optimierung der „value chain“ ab, um Zeit und Kosten in allen Gliedern der Kette zu reduzieren und um sich eine nachhaltige Wettbewerbsposition gepaart mit einer offensiven Kundenorientierung zu erarbeiten [PORTER 1999a]. Hier muss maßgeblich die Ablauf- und Aufbauorganisation ihren Beitrag leisten.

Darüber hinaus gibt es von BLECKER 1999 umfangreiche Ausführungen zur „Unternehmung ohne Grenzen“, d.h. Kooperationsnetzwerke von Unternehmen, die sich auf ihre Kernkompetenzen konzentrieren und individuell projektspezifische „virtuelle Unternehmen“ bilden, die nur für die Zeitdauer des aktuellen Projektes Bestand haben (S.33f.). Außerhalb eines Projektes ruhen die unternehmensübergreifenden Beziehungen und werden erst im Falle eines Projektes aktiviert (s. Abb. 3-16).

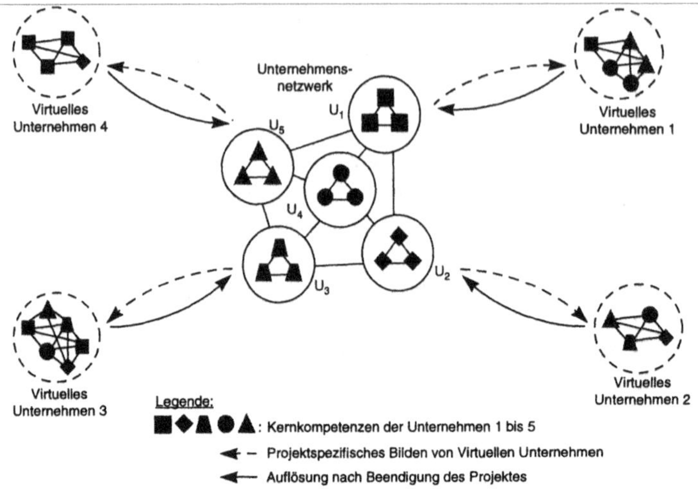

Abb. 3-16: Das Konzept der Unternehmung ohne Grenzen [BLECKER 1999, S.34]

Neuartige Informations- und Kommunikationstechnologien bilden dabei intelligente Schnittstellen, eine Voraussetzung in wandelbaren Netzwerken [BLECKER 1999, S.122]. KLOTH 1999b stellt die herkömmlichen ERP-Systeme, die auf dem MRP / MRP II-Konzept basieren, den neuen APS-Systemen gegenüber und zeigt die wesentlichen Vorteile in Bezug auf deren Netzwerkfähigkeit auf. Die Integration und Kooperation aller Kettenmitglieder rückt durch die rasante Entwicklung im IT-Bereich und die dort entstehenden integrierten Kommunikationssysteme immer näher.

So werden in betriebswirtschaftlichen Schriften und in der unternehmerischen Praxis immer häufiger Konzepte für kleine und flexible Unternehmenseinheiten (KMU), die gleichzeitig die Schlagkraft großer, internationaler Konzerne aufweisen, gefordert und entwickelt. Diese Konzepte basieren zum einen auf der Wirkung modernern IuK und zum anderen auf dem „Paradigma der neuen Dezentralisation". Hier kommt das Konzept der „Unternehmung ohne Grenzen", das beiden Aspekten entspricht, nach BLECKER 1999 zum Tragen. Die aufgezeigten Veränderungstreiber für die Logistik haben nach Wildemann in ihrer Entwicklung zum Konzept des Supply Chain Management (SCM) geführt, das die Entwicklung von Unternehmenskooperationen umfasst [WILDEMANN 2000a].

SCM wird als modernes Verbindungselement der einzelnen funktionalen Abteilungen gewertet, das die systematische Verzahnung aller logistischen Wertschöpfungsprozesse beinhaltet (s. Abb. 3-17) und als eine Form des integrierten Logistikmanagements aufgefasst werden kann [PFOHL 1997] [IHDE 1999] [POIRIER 1996].

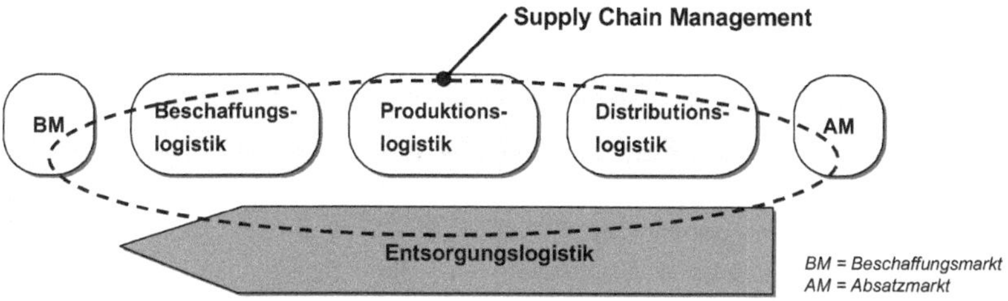

Abb. 3-17: Eingliederung von SCM in das funktionale Logistikverständnis [IHDE 1999]

Definitionstechnisch kann man unter SCM die

- Planung, Steuerung und Kontrolle
- des gesamten Material- und Dienstleistungsflusses, einschließlich der damit verbundenen Informations- und Geldflüsse,
- innerhalb eines Netzwerkes von Unternehmungen und deren Bereiche verstehen,
- die im Rahmen von aufeinanderfolgenden Stufen der Wertschöpfungskette an der Entwicklung, Erstellung und Verwertung von Sachgütern und/oder Dienstleistungen partnerschaftlich zusammenarbeiten,
- um Effektivitäts- und Effizienzsteigerungen zu erreichen.

SCM ist streng endkundenorientiert. Die externen Kunden-Lieferanten-Beziehungen beruhen auf vertraglichen Vereinbarungen. Außerdem sind nicht nur die operativen Prozesse, die direkt den Materialfluss bestimmen, Teil des Netzwerkes, sondern auch vorbereitende strategische Prozesse Gegenstand des SCM. So z.B. unternehmensübergreifende strategische Prozesse wie die Produktentwicklung, die, wie in der Autoindustrie praktiziert, über verteilte Kapazitäten gemanagt wird [HAHN 2000].

Eindeutiges Ziel von SCM ist die Schaffung von Wettbewerbsvorteilen zur Erhöhung der Endkundenzufriedenheit. Für die Kettenmitglieder stellen sich die Kundenziele, ausgehend von dem Zielkomplex des Endkunden, in spezifischen Ausprägungen im Hinblick auf Qualitäts-, Zeit- und Kosten- bzw. Preis-, sowie Serviceziele dar [HAHN 2000, S.13, Abb.2]. Vor allen Dingen verspricht die größere Reaktionsfähigkeit auf die sich verändernden Marktbedingungen höhere Marktanteile und steigende Umsätze bei gleichzeitig besserer Rendite.

Ausschlaggebend für diese Ergebnisse sind folgende Leitgedanken:

- Ganzheitliche prozessorientierte Planung und Steuerung aller Flüsse von Informationen, Produkten und Finanzen in der Wertschöpfungskette,
- veränderte organisatorische Rahmenbedingungen der Kooperation, d.h. Integration aller Partner der Wertschöpfungskette in diese Aufgaben,

- Abbau der Informationsbarriere zwischen den angestammten Planungs- und Steuerungsbereichen durch moderne IuK-Technologien, die einen durchgängigen, reibungslosen und bedarfsgerechten Informationsfluss sicherstellen.

Um diese Leitgedanken umsetzen zu können, ist es unumgänglich, dass ein gemeinsames Verständnis der zugrundeliegenden Prozesse und deren Bewertung vorliegt. Hierzu wurde von dem Supply Chain Council (SCC), eine 1996 aus US-amerikanischen Unternehmen gebildete Initiative, ein Standard-Prozess-Referenz-Modell (SCOR: Supply Chain Operations Reference) entwickelt [KLOTH 1990a, S.15]. Das SCOR-Modell soll Produktionsnetzwerke beim Informationsaustausch unterstützen und eine einheitliche Prozesssprache etablieren, die unternehmensübergreifend entlang der gesamten Prozesskette Gültigkeit besitzen soll und den Aufwand bei der Implementierung des SCM reduziert. [KLOTH 1999a, S.20] [SPECHT 2000, S.105]

Die integrierte Supply Chain wird bei der Anwendung des SCOR-Modells, das in der unternehmerischen Praxis weite Verbreitung findet [KALUZA 2000a, S.134], in leicht abgrenzbare Teilprozesse zerlegt. Dadurch sind die in der Abb. 3-18 dargestellten vier Managementprozesse zu identifizieren: Planen, Beschaffen, Herstellen und Liefern.

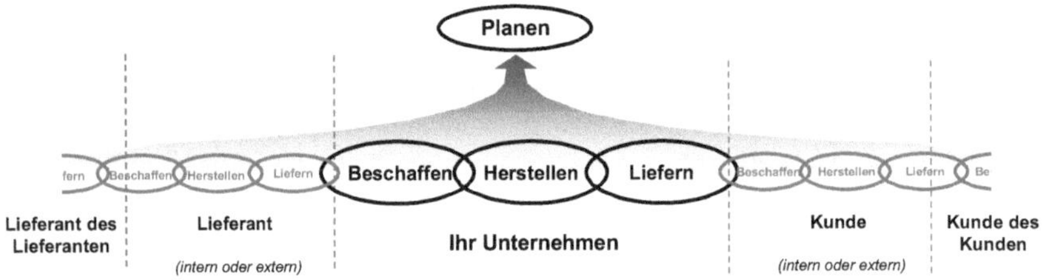

Abb. 3-18: Managementprozesse im SCOR-Modell [SCC 1998]

Das Modell basiert auf Prozessstandards, die auf vor- und nachgelagerte Zulieferbeziehungen anzuwenden sind, d.h. das gesamte Wertschöpfungsnetzwerk umfassen. Teilprozesse können über vier Detaillierungsstufen in weitere Teilprozesse aufgespalten werden. Das Referenzmodell ermöglicht damit eine hohe Planungstiefe und ist Basis für die Leistungskoordinierung im gesamten Netzwerk [SPECHT 2000,S.105].

„Bei dem SCOR-Referenz-Modell wird die Produktions- und Logistikstrategie anhand von kennzahlgestützten Zielen für das Netzwerk festgehalten" [KLOTH 1999a, S.21]. Die Kennzahlen können dann zur Leistungsmessung und zur Überprüfung der gesteckten Ziele herangezogen werden.

Zusammenfassend versteht man unter SCM eine strategische, kooperationsorientierte und unternehmensübergreifende (=integrationsorientierte) (Logistik-) Managementkonzeption, die zu einer Verbesserung der Logistikleistung auf allen Stufen der Supply Chain führt. [KOTZAB 2000, S.27]

Bei der Analyse der Voraussetzungen für die Implementierung des SCM in einem Unternehmensnetzwerk wurde jedoch festgestellt, dass das SCM erhebliche Ansprüche an die Infrastruktur stellt. Dabei kommt dem Internet eine besondere Bedeutung zu, da es die wesentliche informations- und kommunikationstechnische Basis der Unternehmung ohne Grenzen und des SCM darstellt [BLECKER 1999] [BLOME 2000].

Insgesamt betrachtet, beurteilt KALUZA 2000a das SCM als einen vielversprechenden Ansatz, um die intensive Zusammenarbeit und den hohen Grad der interorganisationalen Arbeitsteilung in den virtuellen Unternehmen zu unterstützen. KALUZA 2000a und WILDEMANN 2000a gehen davon aus, dass das Beherrschen des SCM zu einer erfolgskritischen Kompetenz der Unternehmen und damit eine Kernkompetenz zur Differenzierung im Wettbewerb wird.

3.3.7. Aufbau - und Ablauforganisation

Ein prominentes Beispiel im Bereich der Aufbau- und Ablauforganisation ist das *fraktale Unternehmen*, das sich auf die sehr schnell ändernden Umfeldanforderungen in einem ständigen Wandlungsprozess anpassen soll. Dabei sind Fraktale eigenständige Organisationseinheiten eines Unternehmens, die in einem unternehmensinternen Kunden-Lieferanten-Verhältnis stehen. Sie organisieren und optimieren sich selbst und folgen widerspruchsfrei den Zielen des Unternehmens als Ganzes (selbstähnliche Zielausrichtung). Dabei soll der Zielfindungsprozess alle Beteiligten einbeziehen und den Charakter eines Regelkreises, unter Beachtung aller relevanten Unternehmensrandbedingungen aufweisen [WARNECKE 1992, S.175].

Über die dargestellten unternehmensbezogenen Integrationskonzepte (‚Lean Thinking', ‚Reengineering' und ‚BPR', ‚Kaizen', ‚Lean Production', fraktales Unternehmen, ...) hinaus findet man bei THALER 1999 Ausführungen zu bereichsbezogenen Integrationskonzepten, wie Fertigungssegmente, -inseln und Montagegruppen (S.25ff.).

3.3.8. Evolutionäres Reengineering - ein europäischer Ansatz

SERVATIUS 1994 vertritt die Auffassung, dass weder das revolutionäre BPR - Made in USA, noch der an die typisch japanische Konsenskultur gebundene Kaizen-Ansatz für europäische Unternehmen der richtige Weg ist. So mehren sich in Europa Stimmen, die über Umsetzungsprobleme des BPR klagen. Neben der Überforderung der Mitarbeiter wird ein wachsender Widerstand gegenüber Veränderungen angeführt.

SERVATIUS 1994 schlägt einen eigenständigen europäischen Weg vor, der die Stärken dieser beiden Ansätze verbindet, die spezifischen Schwächen vermeidet und europäischen Kernkompetenzen, Kreativität, kulturelle Vielfalt und ein mittelständisch geprägtes Unternehmertum, berücksichtigt. SERVATIUS 1994 bezeichnet den Mittelweg zwischen amerikanischer „Cowboy-Mentalität" und japanischen Harmoniestreben als evolutionäres Reengineering (s. Abb. 3-19).

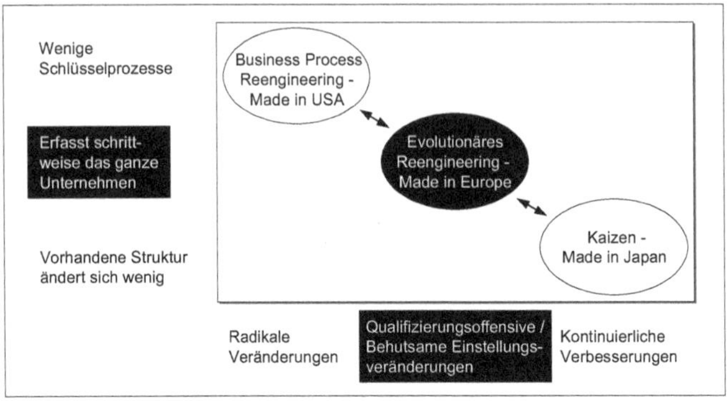

Abb. 3-19: Evolutionäres Reengineering [SERVATIUS 1994, S.12]

So werden zu starke Veränderungen auf einmal, weil sie von den handelnden Personen nicht akzeptiert werden, vermieden und der Wandel behutsam als kontinuierlicher Prozess über eine längere Zeitdauer mit sozialer Verantwortung betrieben. Dabei wird das inkrementelle Vorgehen in Form einer gelenkten Selbstorganisation nur von außen moderiert und gecoacht, aber nicht autoritär erzwungen. Die Mitarbeiter sind dabei in einer Qualifizierungsoffensive integriert und erhalten dadurch die Chance zur Mitgestaltung und persönlichen Weiterentwicklung [SERVATIUS 1994, S.40f.].

SERVATIUS 1994 beschreibt sein Konzept des evolutionären Reengineering unter Einbezug der soziotechnischen Komponente ausführlich und praxisnah. Aufgrund seines Umfangs kann es in dieser Arbeit nicht weiter vertieft werden.

3.4. Betriebstypologische Zielrichtung - KMUs

Zur Abgrenzung der mittelständischen Betriebe von Großunternehmen gibt das Bundesministerium für Wirtschaft für kleine und mittlere Unternehmen (KMU) als Obergrenze 500 Beschäftigte und 100 Mio. DM Jahresumsatz an. Dabei nehmen mittelständische Unternehmen in unserer Wirtschaft eine Schlüsselrolle ein, da sie 52% der bundesweiten Bruttowertschöpfung erwirtschaften [BMWi 1993].

Gerade KMUs müssen auf die erhöhten Anforderungen im globalen Wettbewerb unter anderem durch die Konzentration auf ihre Kernkompetenzen und der damit verbundenen Verringerung der Leistungstiefe reagieren [SPECHT 2000, S.91]. Durch diesen Schritt bewahren sich diese Unternehmen die notwendige Schlagkraft durch schlanke Strukturen. Zudem verbinden solche Unternehmen ihr Spezialistentum mit der Flexibilität und Reaktionsfähigkeit zu der im heutigen Unternehmensumfeld geforderten Wandlungsfähigkeit. In der Praxis werden immer häufiger Konzepte für kleine und flexible Unternehmenseinheiten, die gleichzeitig die Schlagkraft großer, internationaler Konzerne aufweisen, gefordert und entwickelt. Diese Konzepte basieren zum einen auf der Wirkung modernern IuK und zum anderen auf dem „Paradigma der neuen Dezentralisation". [BLECKER 1999, S.34]

Ihre Flexibilität, auf spezifische Kundenbedürfnisse eingehen zu können, stellen die KMUs durch die Tatsache, dass z.B. 70% aller Produkte in den metallverarbeitenden Unternehmen kundenindividuell gefertigt werden, unter Beweis [SCHWARZ 1993].

In den neunziger Jahre wurde offenkundig, dass die KMUs durch die Einbußen der Rezession, dem Umgang mit finanzwirtschaftlichen, kostenorientierten Instrumentarien zu wenig Bedeutung beigemessen und produktivitätssteigernde Maßnahmen nur halbherzig oder zu spät angegangen haben. So ist auch beim Benchmarking festzustellen, dass der Durchdringungsgrad gerade unter mittelständischen Unternehmen eher unterdurchschnittlich ist, was auf die nicht unerheblichen Kosten bei einer richtigen Anwendung des Benchmarking zurückzuführen ist [WERTZ 1999, S.46].

Oft fehlt es an umfassenden und durchgängigen Informationen über die aktuelle Leistungs- und Ertragsituation. Strategische Entscheidungen werden auf verzerrten oder falschen Aussagen getroffen. Die Ursachen hierfür sind zum großen Teil auf den Umfang und die Qualität des EDV-Einsatzes zurückzuführen, der im Mittelstand seinen Schwerpunkt im kaufmännischen Bereich hat [DEUTSCHLE 1994]. Werkzeuge für das technische Controlling sind nur in Ausnahmefällen im Einsatz, die Datenbasis bietet oftmals keine Möglichkeit zu objektiven Analysen und Aussagen. Außerdem ist der Integrationsgrad und die Durchgängigkeit von EDV-Lösungen äußerst gering.

LUCZAK ET AL. 2001 postuliert darüber hinaus, dass insbesondere in KMUs eine Orientierung schwer fällt, um sich anspruchsvolle und zugleich realistische Ziele für Veränderungsprozesse zu setzen und Ratiopotenziale und Umstrukturierungsbedarfe gezielt aufzudecken. SERVATIUS 1994 weist in seinem Konzept des evolutionären Reengineering auf das mittelständisch geprägte Unternehmertum hin, das gerade mit dem radikalen amerikanischen BPR Umsetzungs- und Akzeptanzprobleme hat.

Den Schwächen von KMUs in der formalen Organisation und der vorhandenen EDV-Landschaft stehen oftmals Stärken in der informalen Organisation, durch wenig Hierarchieebenen und der Möglichkeit zu unbürokratischen Entscheidungen, gegenüber.

3.5. Fazit

Durch eine Führungskräftebefragung kann WILDEMANN 1998 belegen, dass in den Bereichen der Prozessorganisation, dem KVP und Kaizen, dem Benchmarking und der Restrukturierung bzw. dem Reengineering noch massive Potenziale bestehen (S.8). Um diese zu nutzen bedarf es einer strukturierten und kontrollierten Methodik.

SPECHT 2000 stellt den Bereich der Managementwerkzeuge, die dynamische Produktionsstrukturen in geeigneter Weise unterstützen sollen, und den Bereich der Kontroll- und Controllingwerkzeuge als Entwicklungsbedarf heraus (S.109). Im Bereich der Kontroll- und Controllingwerkzeuge sollen die aus dem operativen Geschäft erhobenen Daten zum Zwecke des Controlling genutzt und in Optimierungsstrategien zur Verbesserung der Wertschöpfungskette umgesetzt werden.

Im Bereich der methodischen Standards empfiehlt SPECHT 2000 Instrumentarien zur Vereinfachung der Führungsaufgabe. Die Kooperationspartner sollen entsprechend des Prinzips des „Führen nach Kennzahlen" langfristig an übergeordneten Zielen des Verbundes ausgerichtet werden. An dieser Stelle bedarf es eines zielorientierten Kennzahlensystems zur zentralen und dezentralen Koordinierung der Führungsaufgabe im gesamten Kooperationsnetzwerk (S.110).

Leider fehlt eine integrierte Methodik zur Einbindung von logistischen Konzepten in ein gesamtheitliches Unternehmenssystem. Bei den in 3.2.1.3 und 3.2.2.3 beschriebenen Konzepten wird die Logistik eigenständig als funktionale Einheit und nicht gesamtheitlich als Querschnittsfunktion betrachtet. Die Gesamtsicht kann nur über ein das ganze Unternehmen umfassendes Zielsystem realisiert werden. Die Methode muss neben der horizontalen Koordination (Material und Information) speziell auch die vertikale Koordination, d.h. die Ebenen der Planung, Steuerung, Durchführung und Kontrolle umfassen.

VEITINGER 1997 erweitert die obige Aussage auf Reorganisationsvorhaben und den Bereich der Logistik: „Für eine erfolgreiche Durchführung bedürfen Reorganisationsprozesse in der Logistik in gleichem Maße wie andere Unternehmensprozesse der Planung, Steuerung und Kontrolle" (S.211). Das Unternehmenszielsystem muss in transparenter und strukturierter Weise die Umsetzung der Ziele innerhalb eines Führungs- und Steuerungsinstrumentes als auch innerhalb von Reorganisationsvorhaben unterstützen können. Bereits in Abschnitt 1.2 wurde auf den kontinuierlichen Charakter von Reorganisationsprozessen und den daraus resultierenden Anforderungen an ein Kontrollinstrument hingewiesen.

Bevor in Kapitel 5 mit der Konzeption der Methodik begonnen wird, sollen im Folgenden die aufgearbeiteten Aspekte zusammengefasst und eine Überleitung zur Konzeption der Methodik geschaffen werden.

4. Anforderungen und Abgrenzung der Arbeit

4.1. System der strategischen Erfolgsposition

In Kapitel 2 wurde auf die Mehrdimensionalität des Unternehmenserfolges, die Notwendigkeit einer eigenständigen Unternehmensstrategie mit einem ausgeprägten Kundenfokus und auf die ‚Hybriden Wettbewerbsstrategien' hingewiesen, wobei speziell Defizite bei der Einbindung von Logistikstrategien offenbar wurden. Letztendlich muss sich ein Unternehmen eine ‚Strategische Erfolgsposition' (SEP), die auf den drei Hauptsäulen Strategie, Struktur und Kultur basiert (s. Abb. 4-1), aufbauen:

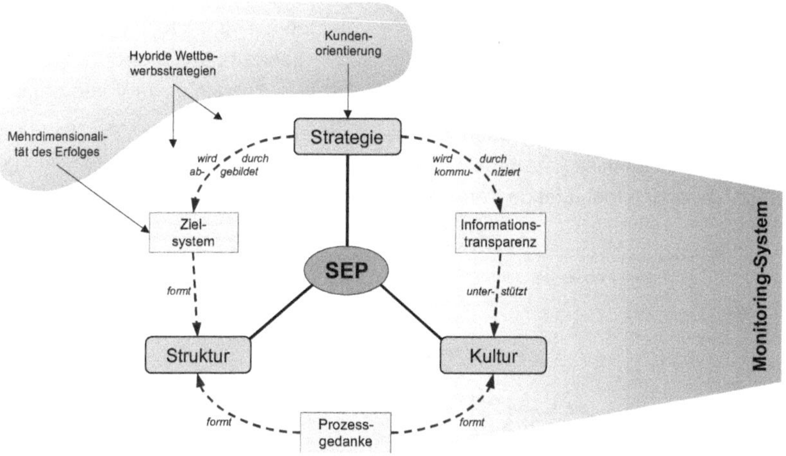

Abb. 4-1: Hauptmerkmale einer ganzheitlichen Methodik

Um die Strategien umzusetzen bedarf es eines auf die unternehmungsspezifischen Belange abgestimmten Zielsystems, das die Strategien in transparenter Form aufzeigt. Die Notwendigkeit der Einbindung der betroffenen Mitarbeiter speziell bei den inkrementell geprägten Reorganisationsprozessen wurde deutlich. Die Kommunikation der Strategien und Ziele über das Zielsystem muss durch die Informationstransparenz unterstützt und gelebt sowie Verantwortung bei den MA geweckt werden.

4.2. Reorganisations-Charakteristika

Die in 3.1 aufgezeigten Einzelmerkmale effizienter Reorganisationen stellen Anforderungen an einen gesamtheitlich aufgebauten Controlling-Ansatz, die von den dort dargestellten Ansätzen, Instrumenten, Werkzeugen und Hilfsmitteln zum Teil nur ausschnittsweise umgesetzt werden. Die in dieser Arbeit vorgestellte Konzeption wird sich an den im Folgenden zusammengefassten Merkmalen ausrichten.

Im Folgenden werden die Merkmale, getrennt nach Aspekten des örtlichen und zeitlichen Umfangs, sowie inhaltlichen Aspekten, erläutert.

Charakteristika örtlichen und zeitlichen Umfangs (s. Abb. 4-2)

1. Die **Reorganisationen betreffen das ganze Unternehmen**, d.h. es werden mehrere Gruppen von Personen einbezogen und die Veränderungen haben übergreifenden Charakter (s. Abb. 4-2). Lokaloptima müssen vermieden werden.
2. Unabhängig von der Begrifflichkeit ‚Reorganisation' oder ‚Reengineering', geht es um die Veränderung von Organisations- und Aufgabenstrukturen, sowie um Strukturen und Prozesse des Technik- und Mitarbeitereinsatzes, d.h. es geht sowohl um die **Unternehmensprozesse** als auch um die **Organisationsstruktur**.
3. Ausweitung des Optimierungsfeldes auf unternehmensübergreifende Einheiten. Hier steht die Supply Chain-Philosophie, die die **gesamte Wertschöpfungskette** unter dem Aspekt des ‚Value Stream' (Fokus Kunde) betrachtet, im Vordergrund.
4. Die Reorganisation eines Unternehmens ist nie abgeschlossen (**KVP**). Die Initiierung von Reorganisationsvorhaben ist stets von Neuem notwendig, was voraussetzt, dass eine fortlaufende Kontrolle aller relevanten Kennzahlen stattfindet.

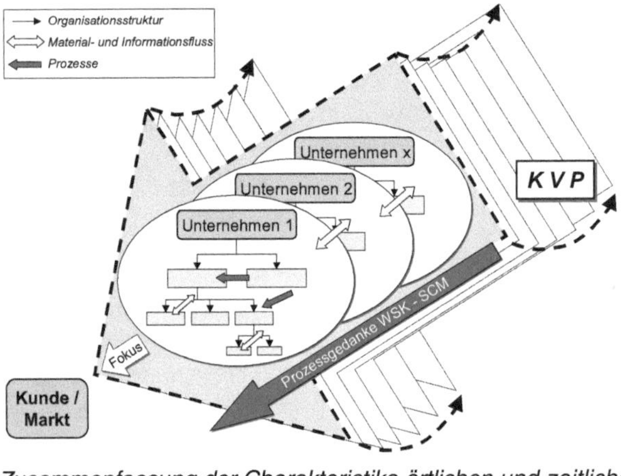

Abb. 4-2: Zusammenfassung der Charakteristika örtlichen und zeitlichen Umfangs

Inhaltliche Reorganisations-Charakteristika

1. Steigerung des Kundennutzens steht im Vordergrund ⇒ **Kundenzentrierung**
2. **Prozessorientierung** nach marktorientierten Leistungen und keine funktionelle Strukturierung der Unternehmensaufgaben wird gefordert.

3. Der **logistische Aspekt** ist als verbleibendes Optimierungspotenzial, zur Erschließung der Kunden- und Prozessorientierung im Unternehmen, stark vertreten. Bei den Reorganisationsvorhaben werden sowohl Leistungs- (Materialfluss) als auch Verwaltungsprozesse (Informationsfluss) angesprochen.
4. Zwei absolut konträre **Ausprägungen bei den Reorganisationsansätzen** sind das BPR und das TQM, außerdem existieren beliebige Mischformen. Abb. 4-3 fasst die in 3.1.2 und 3.1.3 aufgezeigte Systematisierung Veitingers zusammen:

Reorganisations-ansätze aus der Praxis	**BPR**	⟷	**TQM**
Reorganisationstyp	**holistisch**	**hierarchisch strukturiert**	**inkrementell**
Vorgehensweise bei Systementwicklung	deduktiv	Mischform deduktiv / induktiv	induktiv
Systemansatz der Reorganisationsform	Systementwicklung	Systemevolution	System-verbesserung
Organisation	zielvorstellungs-orientiert	"beides"	schwachstellen-orientiert
Relevanz	ganzheitlich, "beste Lösung"	ganzheitlich und praktisch vereinigt ⇒ **umfassend**	praktisch
Umsetzbarkeit	radikal, komplex in einem Schritt	aufwendig	einfache, schnelle Sequenzen
Chancen-Risiko-Verhältnis (1 am besten)	3	2	1
Reorganisationsansatz	Total System Approach	Systems Engineering	KVP

Abb. 4-3: Reorganisationsansätze - Reorganisationstypen

5. **Zielorientierung** wird als äußerst wichtig aufgefasst, d.h. die vorgeschlagenen Reorganisationsmaßnahmen müssen mit der strategischen Zielsetzung und der Unternehmensvision im Einklang stehen. Außerdem ist es notwendig, dass die Ziele controllingfähig sind und aus den Marktanforderungen abgeleitet werden.
6. **Planungs-, Steuerungs-** und speziell **Controlling-Aspekte** stehen im Vordergrund, da sich die umfassenden Reorganisationsvorhaben bereichs- und unternehmensübergreifend darstellen und im Sinne eines KVP nie abgeschlossen sind.

Gesamtheitlich gesehen weisen die **hierarchisch strukturierten Reorganisationen**, die unter dem holistischen Aspekt die strategische Globalsicht und unter dem inkrementellen Aspekt die Kommunikation und Umsetzung in den operativen Ebenen des Unternehmens abdecken, die umfangsreichste Mehrdimensionalität in ihren Optimierungsbestrebungen auf. So wird neben der Optimierung des Material- und Informationsflusses die Produkt-, Produktions- und Organisationsstruktur (Ablauf-/ Aufbauorganisation) mit dem Fokus der Prozesszentrierung aufgegriffen. Der Prozessgedanke übt somit einen strukturellen Einfluss aus und ist neben der gelebten Informationstransparenz Veränderungstreiber für die Kultur des Unternehmens (s. Abb. 4-1).

4.3. Instrumente und Tools

4.3.1. Reflektion der Defizite bestehender Instrumente und Tools

Die bestehenden Werkzeuge und Tools weisen in vielerlei Hinsicht Defizite auf. Zum einen unterstellen diese der Reorganisationsproblematik Homogenität, d.h. die Variabilität und Umweltdynamik wird außer Acht gelassen. Außerdem fehlt den Reorganisationen die Zielorientierung mit quantifizierbaren Vorgaben. Diesen Aspekten wird die Methodik durch das unternehmensindividuelle Zielsystem, durch die Möglichkeit zu tagesaktuellen und zielgewichteten Aussagen sowie durch den Einbezug von einer gesamtheitlich orientierten Anzahl von Einflussfaktoren gerecht.

Die Methodik, die sich nicht nur der logistischen Aspekte annehmen wird, setzt darüber hinaus auf bestehende Instrumente, wie z.B. die Prozesskostenrechnung. Diese oft technokratisch, sowie deterministisch-mathematisch geprägten Instrumente aus der Praxis können z.T. als unterstützende Hilfsmittel eingesetzt werden.

Bei den bestehenden Instrumenten, wie z.B. den Kennzahlensystemen gibt es bereits auch Ansätze aus der Forschungsumgebung (s. Abschnitt 3.2.3.3, ab S.54: ‚BSC' und ‚Selektive Kennzahlen'). Generell sollte neben der Ergebnisanalyse von Veränderungsprozessen der Sekundärprozess der Reorganisationsdurchführung, d.h. die Initiierung von Reorganisationen, die Möglichkeit zur Ausarbeitung von Alternativkonzepten („Was-wäre-wenn-Analysen"), sowie die Vorwegnahme der Umsetzungsplanung durch das Auffinden von Verbesserungsstrategien bei der Aufbereitung der Analyse-Ergebnisse möglich sein.

4.3.2. Methodik des Kennzahlensystems

In 3.1.3 konnte auf den Seiten 24 und 25 durch die Diskussion des Instrumenteneinsatzes gezeigt werden, dass speziell ein Kennzahlensystem, das nachgewiesenermaßen durchgängig über alle Perioden des Reorganisationsprozesses zum Einsatz kommt, mit der Unterstützung weiterer wichtiger Instrumente eine Hauptfunktion innerhalb des Controllings von Unternehmen und Reorganisationen übernehmen kann.

VEITINGER 1997 weist in diesen Zusammenhang darauf hin, dass speziell operativprozessorientierte Systeme, die nicht nur wie die strategischen auf die Ergebnisbetrachtung aus sind, unterrepräsentiert sind (S.89f.). Eine umfassende Bewertung und kurzfristige Steuerung von Unternehmensprozessen wird aber erst durch eine Einbeziehung nicht-monetärer und prozessbezogener Größen, die vordergründig keinen direkten Bezug zum finanziellen Ergebnis aufweisen, ermöglicht.

Im Folgenden werden die inhaltlichen Anforderungen an die Konzeption eines Kennzahlensystems, das den Aspekten Planung, Steuerung, Kontrolle und Information gerecht werden soll, zusammengefasst:

1. Die Dezentralisierung des **Controlling** wird von den hierarchisch strukturierten über die holistischen zu den inkrementellen Reorganisationsvorhaben zunehmend wichtiger (Mitarbeitereinbindung). Außerdem ist der Controlling-Aufwand gerade bei hierarchischen sehr hoch. Die Notwendigkeit eines strukturierenden Systems auf den verschiedenen Unternehmensebenen unter Einbezug der Mitarbeiter wird aus diesem und dem folgenden Punkt deutlich.
2. Das System muss zur **Eigenkontrolle** (wirksamer als Fremdkontrolle) herangezogen werden können ⇒ Motivation der Beteiligten und Betroffenen durch dezentrale Bereitstellung von Infos und Einbindung der Mitarbeiter in das Controlling ⇒ **Initiierung von Reorganisationsprozessen**
3. Unterstützung durch die Leitungsebene ist sehr wichtig, d.h. das Kennzahlensystem muss von oben durch die Definition der **Unternehmensstrategie** eine solide Basis erhalten. Die Mitarbeitermotivation wird durch eine Beteiligung an der Unternehmensstrategie bzw. Unternehmenszielfindung gefördert.
4. Die Unternehmensziele sollen kennzahlgestützt und dadurch quantifizierbar sein. Außerdem müssen die Ziele bzw. Kennzahlen die gesamte Supply Chain umfassen ⇒ **Der Fokus liegt auf der Gesamtwirkung aller SC-Aktivitäten.**
5. Zeitziele stehen im Vordergrund, gefolgt von prozessbezogenen (Leistung), sowie produkt- und strukturorientierten Zielen - **Zeit, Flexibilität, Qualität und Kosten.** Die genannten klassischen Ziele müssen maßgeblich Gegenstand des Systems werden.
6. Arbeit mit **unterschiedlichsten Kennzahlkriterien**: Ein Kennzahlensystem soll den Einbezug von verschiedenen Kennzahltypen - quantitativ, qualitativ - gewährleisten, sowie **Leistungs- als auch Kostenkennzahlen** einbeziehen.
7. Logistikvariabilität und Umweltdynamik (= Logistikkomplexität) lassen den zu betrachtenden **Kennzahlenumfang**, der in ein Kennzahlensystem einbezogen werden muss, ansteigen. Dies macht eine Unterstützung des Kennzahlensystems durch die Philosophie der ‚BSC' und der ‚Selektiven Kennzahlen' notwendig.
8. **Planungs-, Erfassungs- und Berichtssystem**:
   - strategische Komponente: Unternehmensplanung, sowie Ableitung von zielorientierten Unternehmensstrategien.
   - operative Komponente: Beschreiben, Messen und Überprüfen.

Im letzten Punkt steht nicht nur die Ergebnisanalyse im Vordergrund, sondern es soll der Sekundärprozess der Reorganisationsdurchführung unterstützt werden. D.h. die Entwicklung von potenziellen Verbesserungsfeldern, die Initiierung von Reorganisationsprozessen, eine Zielkriterienermittlung (Welches Ziel ist wie wichtig ?), „Was-wäre-wenn-Analysen" in der Planung und die Bewertung von Konzeptalternativen nach quantitativen und qualitativen Kriterien sollen von der Methodik abgedeckt werden. Darüber hinaus soll das System als Informationspool und zur Informationsvisualisierung, sowie zur Kontrolle während und nach der Umsetzung (Fremd-/ Eigenkontrolle) dienen. Hierdurch kann ein KVP-Prozess und die stete Überwachung von Kosten und Leistungen, um Anpassungserfordernisse aufzudecken, ermöglicht werden.

4.4. Abgrenzung der Arbeit

Um einer strukturierten Vorgehensweise gerecht zu werden und eine Abgrenzung der Arbeit vornehmen zu können, sollen im Folgenden die Grundlagen des Controlling, eines dieser Arbeit rahmengebenden Aspektes, zusammengefasst werden.

Gegenstand der Arbeit ist ein Gesamtkonzept zur Unterstützung der Koordination der Unternehmensführung unter Zuhilfenahme einer zielorientierten und kennzahlgestützten Methodik. In der Koordination der Unternehmensführung besteht, nach moderner wissenschaftlicher Auffassungen, die Aufgabe des Controlling. Im Zentrum der Aufmerksamkeit steht die Hauptaufgabe der Unternehmensführung, die Steuerung der Leistungsprozesse zur Erreichung der Unternehmensziele. Dabei lässt sich die Unternehmensführung laut HORVÁTH 1998 in drei besonders relevante Führungsteilsysteme: Planungs-, Kontroll- und Informationssystem unterteilen.

KÜPPER 1997 erweitert die Konzeption von Horváth um das Personalführungssystem und die Organisation (s. Abb. 4-4). Das Controlling übernimmt hier die Abstimmung von Planung und Kontrolle mit der Organisation. Dem Personalführungssystem ordnet Küpper Führungs- bzw. Unternehmensgrundsätze zu, die in keinem anderen Teilführungssystem beinhaltet sind (siehe auch Abschnitt 3.2.1.1, Abb. 3-5, S.32).

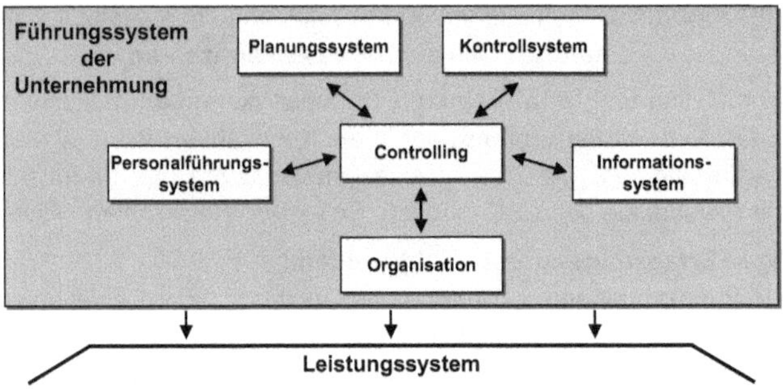

Abb. 4-4: Gliederung des Führungssystems der Unternehmung [KÜPPER 1997, S.15]

Durch die gedankliche Trennung in einzelne Teilführungssysteme zeichnet sich die Verselbständigung der an sich stark interdependenten Führungsteilsysteme ab. Die hierdurch notwendige Koordination betrachtet Küpper als eine eigenständige Problemstellung des Controlling [KÜPPER 1997, S.15f.]. In dieser Arbeit soll weniger auf diesen Aspekt des Controlling eingegangen werden, sondern verstärkt auf das Controlling nach dem Ansatz von Horváth: Die Wandlungsprozesse, die als Basis ein Informationssystem benötigen, selbst das Planungssystem ausfüllen und von einem Kontrollsystem kontrolliert werden müssen, sind Gegenstand dieser Arbeit.

Das Teilführungssystem der Organisation wird indirekt durch die gestalterische Wirkungsbreite der aufgeführten Reorganisationskonzepte (s. Abschnitt 3.3) und somit durch die Umsetzung derselben in einer organisatorischen Unternehmensstruktur repräsentiert. Dem Aspekt des Personalführungssystems wird durch Unternehmens- bzw. Führungsgrundsätze, die im Zielsystem manifestiert sind, Rechnung getragen.

Im Sinne der koordinationsorientierten Controlling-Konzeption soll dieses Tool dem Führungssystem Unterstützung (*Servicefunktion*) bieten und sich an den ständig ändernden Anforderungen des Wettbewerbsumfeldes anpassen (*Anpassungs- und Innovationsfunktion*), um den Unternehmenszielen auch in Zukunft erfolgreich nachkommen zu können (*Zielausrichtungsfunktion*).

Die Arbeit soll in den oben genannten Zusammenhängen die Basis für ein Controlling-Tool bilden, das den genannten Funktionen gerecht wird und im Sinne der koordinationsorientierten Controlling-Konzeption nach Horváth und Küpper auf deren Teilführungssystemen aufbaut. Im Speziellen soll die Basis für ein Controlling-Tool geschaffen werden, dass weniger die Koordination im operativen Tagesgeschäft übernimmt, sondern vielmehr dem planenden und gestaltenden Charakter von Wandlungs- und Reorganisationsprozessen gerecht wird.

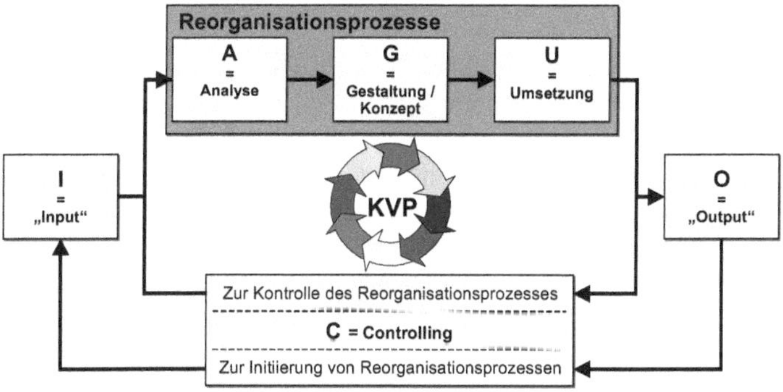

Abb. 4-5: Beschreibung von Wandlungs- bzw. Reorganisationsprozessen

Die hierunter verstandene Kontrolle des Reorganisationsprozesses mittels des zu konzipierenden Kennzahlensystems umfasst drei Komponenten: Erstens wird der Analyse- und Gestaltungsprozess durch die Bereitstellung von Informationen unterstützt, zweitens die Kontrolle der Umsetzung und drittens eine nachgeschaltete Überwachung der Unternehmensleistung gewährleistet (s. Abb. 4-5). Das Tool kann somit zur Initiierung von Wandlungs- und Reorganisationsprozessen durch die Überwachung des operativen Geschäfts mit Hilfe von Kennzahlen herangezogen werden.

Die in Abb. 4-5 dargestellte Eingliederung der Wandlungs- bzw. Reorganisationsprozesse in den Regelmechanismus einer Unternehmung wird durch die oben beschrieben Teilführungssysteme einer Unternehmung, wie in Abb. 4-6 aufgezeigt, repräsentiert und deckt somit die von Horváth und Küpper propagierte koordinationsorientierte Controlling-Konzeption zur Führung eines Unternehmens ab.

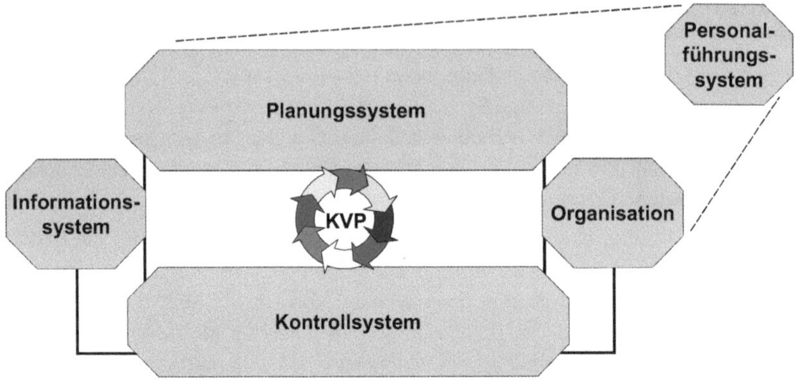

Abb. 4-6: Einordnung des Regelmechanismus in die Teilführungssysteme

Das in dieser Arbeit entwickelte Konzept ist somit als Basis für ein Gesamtkonzept zur Unterstützung der Koordination der Unternehmensführung zu verstehen. Der aufgezeigte Regelmechanismus mit seiner Controlling-Komponente, einerseits zur Initiierung und andererseits zur Kontrolle der laufenden Reorganisationsprozesse, ist in das Themengebiet des Benchmarking einzuordnen. Hierbei wird Benchmarking nicht nur als reiner Kennzahlenvergleich verstanden, sondern als praxistaugliche Managementmethode, die neben der Ursachenforschung der Leistungsdifferenz zu anderen Unternehmen die Konzeption von Verbesserungsmaßnahmen einschließt. Durch die ständige Neuorientierung der Unternehmensaktivitäten zur Optimierung der Wertschöpfungskette kann dieser Prozess zur Unterstützung eines KVP beitragen.

5. Entwicklung eines generischen Zielsystems

Nur ein vollständiger Überblick über alle Ziele, die durch den Planungsprozess berührt werden können, erlaubt eine optimale Ausrichtung und Abstimmung der Unternehmensaktivitäten. Somit ist die Formulierung von Zielen die wichtigste Voraussetzung für den Ablauf von Handlungsprozessen im Unternehmen [EVERSHEIM 1996, S.1-7]. Bevor jedoch die Ziele von einzelnen Unternehmenssubsystemen formuliert werden, bedarf es der Ausrichtung derselben auf das Gesamtinteresse des Unternehmens, um ein Gesamtoptimum herbeizuführen. EVERSHEIM 1996 unterstreicht den Bedarf an Integrationsinstrumenten, die die Ziele der einzelnen Subsysteme auf das Gesamtinteresse/-optimum ausrichten (S.1-8).

Das Zielsystem soll die vom Unternehmen festgelegte Unternehmensstrategie widerspiegeln und in operationalisierbare Detailziele aufgliedern. Diese Unterziele werden in Folge durch eine oder mehrere Kennzahlen komplett beschrieben. Während das in diesem Kapitel definierte Unternehmenszielsystem innerhalb des Gesamtkonzepts inhaltlich als Konstante gesehen wird, kann durch die Gewichtung der einzelnen Unterziele das Zielsystem an die individuellen unternehmensspezifischen Strategien und Bedürfnissen adaptiert werden. Die Ziele und deren Hierarchie werden generisch und damit für alle Produktionsunternehmen allgemeingültig definiert.

5.1. Unternehmensziele

Bevor in Abschnitt 5.2 die Ableitung des obersten Zieles einer Unternehmung vorgenommen wird, soll im Folgenden eine umfassende Betrachtung der Thematik ‚Unternehmensziele' erfolgen. Die Definition und der Wandel von Unternehmenszielen, sowie die Beeinflussung von Unternehmenspolitik, -strategie durch die Stakeholder sollen durch eine nähere Untersuchung direkt in die Gesamtkonzeption einfließen.

Allgemein werden Ziele als „von Menschen angestrebte, d.h. gewollte zukünftige Zustände" definiert [EVERSHEIM 1996, S.2-5].

5.1.1. Unternehmensziele, -kultur, -grundsätze und -leitsätze

„Das oberste Ziel eines Unternehmens ist
der Leistungsbeitrag für die Gesellschaft." [MOHN 2000]

Diese Definition des obersten Unternehmensziels von Reinhard Mohn, Mitglied der Gründerfamilie und bis 1993 Hauptanteilseigner der Bertelsmann AG, macht die Verankerung des Unternehmens in der Gesellschaft deutlich.

Diese These wird auch von ALBACH 1994a aufgegriffen: „Unternehmensziele sind nicht ohne eine Wertverankerung des Unternehmens und seiner Menschen in der

Gesellschaft formulierbar.“ Doch auch Werte sind einem steten Wandel unterworfen. „Wenn sich das Unternehmen und seine Mitarbeiter auch in einem solchen Wandel der Werte treu und wenn damit das Unternehmen für seine Partner in der Wirtschaft prognostizierbar bleibt, dann kann man auch davon sprechen, dass das Unternehmen ‚Unternehmenskultur‘ besitzt.“ [ALBACH 1994a, Vorwort]

Unternehmensgrundsätze und -leitsätze, die das Unternehmen akzeptiert wissen will, dienen nach ALBACH 1994a zur bewussten Portierung von Wertevorstellungen im Internen des Unternehmens wie zum Externen. Als eine wichtige Institution in der Gesellschaft ist das Unternehmen dem Wandel der gesellschaftlichen Werte ausgesetzt, trägt andererseits aber auch dazu bei, Werte in der Gesellschaft hervorzubringen.

5.1.2. Unternehmensziele im Wandel

In den letzten 20 Jahren erfolgte ein Wandel der **Unternehmensrolle**, weg von der ichbezogenen Vorstellung, dass ein Unternehmen eine Institution für die Mitarbeiter ist, hin zu einer kundenorientierten Sicht, wo der Markt, die Produkte und die Konkurrenzsituation im Vordergrund stehen. Bei der **Willensbildung im Unternehmen** ist ebenso der Wandel hin zur Kundenorientierung und damit verbunden die Abkehr von der Lieferantenorientierung festzustellen. Die Unternehmen operieren in einem Käufermarkt (Wechsel von Push- zu Pull-Märkten [KLOTH 1999b, S.26]) und können de facto ihre Interessen ihren Lieferanten aufdrücken [ALBACH 1994a, S.8f.].

Die Ziele eines Unternehmens müssen grundsätzlich an den Zielvorstellungen der Gesellschaft ausgerichtet sein, um im Spannungsfeld Unternehmen - Markt - Konkurrenten überleben zu können. Im Bereich der **Unternehmensziele** ist ein Wandel vom Streben nach Gewinn zur Erhaltung der Wettbewerbsfähigkeit festzustellen, was eine Voraussetzung zur Erreichung des Gewinnziels darstellt und sehr eng mit der Kundenorientierung verknüpft ist.

So wird die Wettbewerbsfähigkeit von manchen Unternehmen als soziale Legitimierung durch den Kunden verstanden. Sie bedeutet allerdings aber auch einen strategischen Vorteil gegenüber den Wettbewerbern zu schaffen bzw. beizubehalten. Der Wandel weg von dem reinen Gewinnstreben hin zur Wettbewerbsfähigkeit drückt außerdem den Wandel von einer kurzfristigen Orientierung hin zu einer längerfristigen Sichtweise aus [ALBACH 1994a, S.12f.].

Dabei muss erwähnt werden, dass Unternehmen zunehmend betonen, dass das Ziel der Gewinnerzielung konsistent ist mit dem der Berücksichtigung von sozialer Verantwortung [MILBERG 2000]. Diese Betonung wurde durch die Infragestellung der Legitimation, Unternehmensgewinne zu erzielen, durch die breite Öffentlichkeit herbeigeführt. Die soziale Verantwortung wird nunmehr durch die Aufnahme von Leitsätzen in die Unternehmensgrundsätze wie „Verantwortung gegenüber der Gesellschaft und der Umwelt“, „gemeinsame Verantwortung von Unternehmen, Gesellschaft und Politik" wahrgenommen [ALBACH 1994a, S.18f.]. Wobei nicht abzustreiten ist, dass die Erzielung von Unternehmensgewinnen notwendig für die Re-Investition und somit für das Überleben im sich stetig verändernden Umfeld ist. Im Amerikanischen spricht man von „invest or perish" - „investiere oder gehe unter" [MERKLE 1994, S.33].

Darüber hinaus bilden sich neue Werte im Wertesystem von Managern und Unternehmen. Die zunehmende globale Orientierung von Unternehmen und die entstehende Diskussion des ethischen Verhaltens von Unternehmen. Der Wandel zur globalen Ausrichtung der Unternehmen ist heute in vielen Unternehmensleitsätzen verankert, während in den 60er Jahren noch kaum Tendenzen in diese Richtung festzustellen waren [ALBACH 1994a, S.13ff.]. MILBERG 2001 hebt die Verantwortung der Unternehmen hervor: „In dem Umfang, in dem Unternehmen in einem liberalen Wirtschaftssystem Macht übernehmen, übernehmen sie auch Verantwortung."

Neben dem Wandel von der Mitarbeiter- zur Gewinn- und Kundenorientierung hat sich ein Wandel von der Ein-Ziel-Unternehmung zur **Mehr-Ziel-Unternehmung** vollzogen. Durch die Orientierung an mehreren Zielen wird das Wertesystem eines Unternehmens der Komplexität der Umwelt gerecht. Folgende Werte wurden in einer Erhebung von ALBACH 1994a innerhalb von Führungsprinzipien angegeben:

Priorität ↑

- Teamarbeit
- Internationalität
- Umweltschutz
- Gesetzestreue
- Selbstverwirklichung und Selbsterfüllung
- Ethische Normen und Werte
- Sicherheit, Gesundheit

Durch die hohe Priorität der Teamarbeit wird einerseits den Individuen der nötige Freiraum zur Entfaltung von Kreativität gewährt und andererseits die Gruppe als Erfolgsfaktor in den Vordergrund gestellt. „Unternehmensziele werden deshalb nicht länger vom Management vorgegeben und dann an die Individuen in den Produktionsstätten kommuniziert, sondern die Mitarbeiter kooperieren beim **Prozess der Zielformulierung**" [ALBACH 1994, S.20ff.]. Diese Sichtweise kommt dem kooperativen Führungsstil gleich, der auf Überzeugung und Zusammenarbeit und nicht auf Befehl und Gehorsam abzielt und somit der geänderten Einstellung der Mitarbeiter gegenüber Leistung und Zusammenarbeit gerecht wird. Die Führungsgrundsätze nennen heutzutage Initiative und Verantwortung als die obersten Werte, die Mitarbeiter motivieren. Diese These wird auch von WARNECKE 1995 unterstützt, der durch seine Theorie der Fraktale einen Wechsel in den Lenkungsmechanismen des Unternehmens favorisiert. Weg von der autokraten Unternehmensführung und dem Taylorismus, hin zu teilautonomen Strukturen, die sich selbst organisieren und optimieren.

5.1.3. Unternehmensziele als Ergebnis der Unternehmenspolitik

Ein Unternehmen steht mit vielen Individuen, mit eigenen Zielvorstellungen und Prioritäten in Wechselwirkung. Eigenkapitalgeber, Mitarbeiter und insbesondere die Führungskräfte sind die Hauptinteressensträger. HAHN 1996 hebt hervor, dass erst durch deren Zusammenwirken der Unternehmensprozess ermöglicht, gestaltet und gelenkt wird. Andere Interessensträger sind Kapitalgeber, Kunden, Lieferanten, der Staat und die allgemeine Öffentlichkeit. Die individuellen Ziele der Menschen, die am Zielbildungsprozess beteiligt sind, bilden somit die Grundlage der Unternehmensziele.

Die primäre Aufgabe der Unternehmenspolitik ist die Formulierung eines gemeinsamen Unternehmenszielsystems. **Die Unternehmensziele sind das Ergebnis eines Zielkonflikt-Zielkompromiss-Prozesses**. Auf der Suche nach einer tragfähigen unternehmenspolitischen Profilierung muss zunächst die grundlegende Zielorientierung geklärt werden. Dies wirft die Frage auf, wer zu dem Kreis derer gehören soll, für die die Unternehmung Nutzen stiften soll. Zwei Extrema sind hier bekannt. Zum einen der monistisch ökonomische Shareholder- (Anteilseigner-) Ansatz, zum anderen der Stakeholder- (Interessensgruppen-) Ansatz mit seiner pluralistisch gesellschaftlichen Zielsetzung (s. Abb. 5-1).

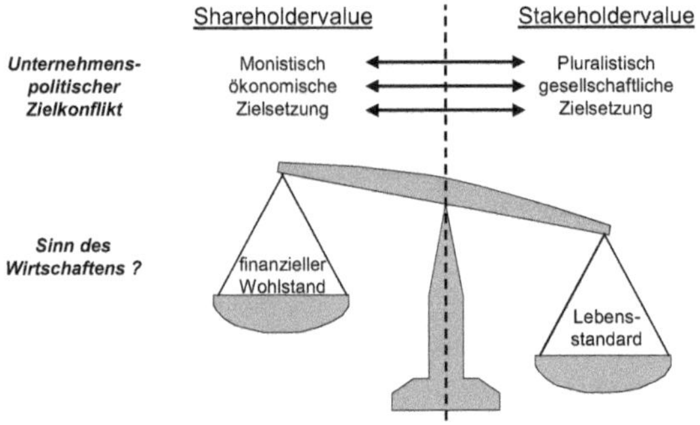

Abb. 5-1: Der unternehmenspolitische Zielkonflikt

Während der monistisch ökonomische Shareholder-Ansatz sich gänzlich auf die wirtschaftlichen Interessen der Eigentümer reduziert, bezieht der pluralistisch gesellschaftliche Stakeholder-Ansatz die gesellschaftlichen Anliegen mit ein. Das Unternehmen würde ohne die Bereitstellung eines Nutzens für die Gesellschaft seine Legitimation in derselben verlieren [EVERSHEIM 1996, S.2-13].

Durch den Stakeholder-Ansatz wird der Schritt von einer rein ökonomischen zu einer gesellschaftlichen Verantwortung der Unternehmen vollzogen [MILBERG 2000]. Diese Prämisse bei der Aufstellung eines Unternehmenszielsystems wird durch die Ausführungen in 5.1.1 und 5.1.2 vollends untermauert. Im Gegensatz zum rein finanziellen Wohlstand im Sinne der monistisch ökonomischen Zielsetzung steht somit die **Stei-**

gerung des Lebensstandards im Allgemeinen im Vordergrund. Der Lebensstandard umfasst mehrere Dimensionen, unter anderem die Gesundheit sowie das soziale und das ökologische Umfeld. Der finanzielle Wohlstand ist lediglich ein Teilaspekt.

Die weit verbreitete Reduzierung der Unternehmensziele auf das Oberziel ‚shareholder-value' kann der vorangegangenen kritischen Betrachtung nicht standhalten. Obwohl der monistisch ökonomische Ansatz zu einseitig ist, ist der finanzielle Aspekt jedoch nach wie vor ein zentraler Pfeiler in einer funktionierenden Marktwirtschaft.

5.1.4. Die Ziele der Stakeholder

Der im vorangegangenen Abschnitt erwähnte Interessenspluralismus wird durch die Betrachtung der Stakeholder-Interessen in diesem Abschnitt konkretisiert. Auf dem Interessenpluralismus beruht auch die Argumentation von WESTKÄMPER 2000, der ein allgemein anerkanntes oberstes Unternehmensziel - „die Erhaltung und erfolgreiche Weiterentwicklung des Unternehmens" - hergeleitet hat (Vorl.1, S.6).

Unter dem Begriff Stakeholdergruppen werden die Führungskräfte und Mitarbeiter im Allgemeinen, die Eigenkapitalgeber, die Kunden, die Lieferanten, die Fremdkapitalgeber sowie der Staat (und Gesellschaft) zusammengefasst. Bei ZAHN ET AL. 1996 (s. Anhang Abb. A-1, S.179) findet man eine Übersicht über die jeweiligen Interessen und Ziele der einzelnen Gruppen. Er unterteilt die Interessensgruppen nach internen (Eigentümer und Management) und externen Anspruchsgruppen (Fremdkapitalgeber, Lieferanten, Kunden, Konkurrenz sowie Staat und Gesellschaft). Wobei sich die Interessensgruppe Staat und Gesellschaft noch weiter unterteilen lässt.

Die Notwendigkeit, einen tragfähigen Kompromiss zwischen all diesen Individualzielen und -interessen zu erreichen, dient WESTKÄMPER 2000 als Begründung für das oberste Unternehmensziel: **„die Erhaltung und erfolgreiche Weiterentwicklung des Unternehmens"**. Dieses Ziel gilt laut WESTKÄMPER 2000 allerdings nur so lange, „wie die einzelnen Stakeholdergruppen eine Chance sehen, ihre Ziele im Gesamtverbund realisieren zu können" (Vorl.1, S6). Aus den verschiedenen Interessenslagen der Stakoholder werden folglich die obersten Unternehmensziele mit der Maßgabe abgeleitet, die Kooperationsbereitschaft dieser Anspruchsgruppen zu sichern.

Das hier definierte oberste Unternehmensziel fließt in die, in den folgenden Abschnitten hergeleitete Unternehmenszielebene ein.

5.2. Herleitung des obersten Zieles im Zielsystem

5.2.1. Theoretische Gliederungsansätze

In der Literatur gibt es eine Vielzahl inhaltlicher Kategorisierungsversuche von Unternehmenszielen. Im Folgenden werden hiervon drei in einer Zusammenfassung vorgestellt. Diese dienen als Basis für die Unternehmenszielebene, die im folgenden Abschnitt als eigener Gliederungsansatz aufgestellt wird.

Hahn	Küpper	Westkämper
Sachziele	**Produktziele** *Produkt- und Dienstleistungsportfolio (Kundenwunsch, -anforderung) Produktqualität, Distributionssystem (Wettbewerbsvorteile)*	**Sachziele**
Wertziele	**Finanz- und Erfolgsziele** *Ergebnis und Liquidität, sowie Ergebnis- und Liquiditätskomponenten (z.B. Wirtschaftlichkeiten und Rentabilitäten)*	**Formalziele**
Sozialziel	**Sozial- und Umweltziel** *Normen gegenüber MA, Gesellschaft und Umwelt*	--
--	**Potenzialziele** *anvisierte Ressourcen, die dem Unternehmen in Form von Anlagen, Humanvermögen und Know-how bereitstehen sollen*	--
--	-- *Strategien und Visionen wie z.B. Verbesserung der Marktposition, Erweiterung der heimischen um ausländische Markte, Verteidigung der Marktführerschaft, Übernahme gesellschaftlicher Verantwortung*	**Strategische Ziele**

Abb. 5-2: Kategorisierungsmöglichkeiten von Unternehmenszielen[10]

Während Küpper, wie in Abb. 5-2 dargestellt, eine ähnliche, jedoch etwas detailliertere Differenzierung wie Hahn vornimmt, wählt WESTKÄMPER 2000 einen Ansatz, der sich stärker von den beiden vorgestellten abhebt. Die strategischen Ziele, aus denen die Sach- und Formalziele abgeleitet werden können, stellen eine Ergänzung dar.

Wesentlich für den im folgenden Abschnitt vorgestellten Gliederungsansatz der Unternehmenszielebene und die weitere Konzeption des Unternehmenszielsystems ist die Trennung von Ursache und Wirkung. Bei WESTKÄMPER 2000 fällt dies in der Kategorie „Formalziel" auf. Hier werden gleichzeitig Kostensenkung und Gewinnmaximierung, ersteres als Ursache und letzteres als Wirkung genannt (Vorl.2, S.1).

5.2.2. Unternehmenszielebene

Die Betrachtung der unterschiedlichen theoretischen Gliederungsansätze für Unternehmensziele im vorangegangenen Abschnitt dient zusammen mit dem aus Abschnitt 5.1 gewonnenen Verständnis über das oberste Unternehmensziel als Basis für die hier konzipierte Unternehmenszielebene. Die Unternehmenszielebene dient zur Vereinigung der pluralistischen Zielkategorien (siehe Abschnitt 5.1, speziell 5.1.4) und der damit verbundenen vielfältigen Ziele in einem System. Diese Zielebene soll letztendlich für die Herleitung eines generischen Unternehmenszielsystems fungieren, anhand dessen das Unternehmen geführt und optimiert werden kann.

---

[10] Quelle: [HAHN 1996], [KÜPPER 1997, S.110f.], [WESTKÄMPER 2000, Vorl.2, S.1]

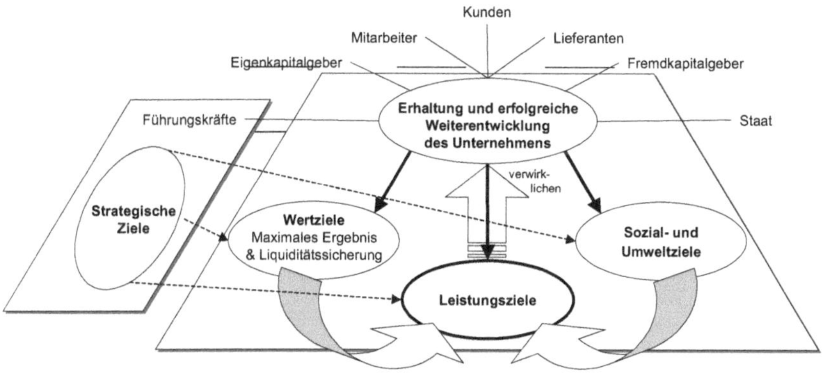

Abb. 5-3: Unternehmenszielebene

Abbildung 5-3 stellt eine Gliederung der Unternehmensziele sowie deren Beziehungen untereinander dar. Die verschiedenen Interessensgruppen Führungskräfte, Eigenkapitalgeber, Mitarbeiter, etc. einigen sich auf einen tragfähigen Kompromiss als Unternehmensziel. Dieser wurde in Abschnitt 5.1.4 auf Seite 83 als **Erhaltung und erfolgreiche Weiterentwicklung des Unternehmens** formuliert. Um für die Führung einer Unternehmung anwendbar zu sein, muss dieses sehr allgemeine Gesamtziel gegliedert werden. In dieser Arbeit wurde dieses Ziel in Leistungsziele, Wertziele sowie Sozial- und Umweltziele gegliedert. Diese Gliederung wurde aus einer eingehenden Betrachtung von HAAG 2001 übernommen und stellt gegenüber den Kategorisierungsmöglichkeiten des vorangegangenen Abschnitts (s. Abb. 5-2) ein Novum dar.

Während die Definitionen der **Wertziele** sowie die der **Sozial- und Umweltziele** von Hahn respektive Küpper (siehe 5.2.1) übernommen wurden, sind die **Leistungsziele** eigens definiert. **Leistungsziele** sind all die Ziele, welche sich unmittelbar auf das Leistungssystem beziehen. Hierzu gehören sowohl Küppers Produkt- als auch Potenzialziele sowie das Ziel der Kostensenkung.

Diese Gliederung erlaubt im Gegensatz zu Westkämpers Formalzielen eine saubere Trennung zwischen Ursache und Wirkung. Diese Tatsache beruht auf der hier vertretenen Meinung, dass **ausschließlich das Leistungssystem (und damit die Leistungsziele) unmittelbaren Einfluss auf die Erhaltung und erfolgreiche Weiterentwicklung des Unternehmens ausüben kann**. Dies wird in Abb. 5-3 durch den breiten nach oben gerichteten Pfeil veranschaulicht.

Formal lässt sich dieser Gedankengang anhand einer umfassenden Ausführung von CHRISTOPHER 1992 zum Wertziel ROI (Return on Investment) nachvollziehen (s. Abb. 5-4). Um einen hohen ROI zu erreichen, muss im Leistungssystem (gleichzusetzen mit der Wertschöpfungskette) ein erhöhter Kundennutzen durch Differenzierung in der Produkt- bzw. Serviceleistung generiert, die Effizienz der Wertschöpfung gesteigert oder die Verwendung des Anlagen- und Umlaufvermögens optimiert werden. Das Wertziel ROI wird somit in operationalisierbare Wertziele heruntergebrochen und in konkrete **Leistungsziele** übersetzt [CHRISTOPHER 1992, S.59ff.].

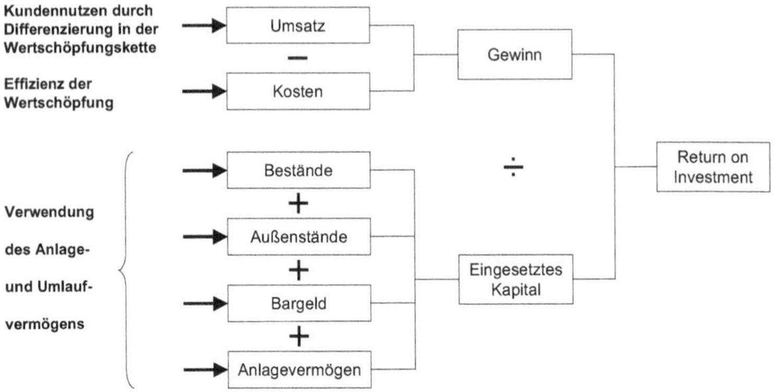

Abb. 5-4: Der Return on Investment - ROI [CHRISTOPHER 1992, S.60]

Dagegen sind die **strategischen Ziele** eine Möglichkeit der längerfristig orientierten Unternehmensführung. Zur Umsetzung von strategischen Ziele müssen diese gemäß der obigen Logik zuerst in Leistungsziele übersetzt werden. Dies kann (s. Abb. 5-3) entweder direkt oder über den Umweg von Wert- bzw. Sozial- und Umweltzielen geschehen. Dies soll an folgendem Beispiel veranschaulicht werden: Das von WESTKÄMPER 2000 in Abb. 5-2 angeführte strategische Ziel der Übernahme von gesellschaftlicher Verantwortung ist zunächst ein soziales Ziel. Wirksam für die Erfüllung des obersten Zieles wird dieses soziale Ziel aber nur durch den Erwerb der Fähigkeit, gesellschaftliche Verantwortung zu übernehmen (Leistungsziel). Die strategischen Ziele wurden Abb. 5-3 zur Unterstreichung ihres längerfristigen Charakters von den anderen Zielen als separate Einheit aufgezeigt.

Die Unternehmenszielebene hat eine Kernaussage: **Sämtliche Unternehmensziele müssen entweder unmittelbar als Leistungsziele formuliert oder in solche übersetzt werden**, denn nur durch die Implementierung in einem messbaren Leistungssystem kann das oberste Unternehmensziel verfolgt werden. Die zentrale Rolle des Leistungssystem bzw. der Leistungsziele in dieser Gliederung ist konform mit modernen Auffassungen von Controlling (s. 3.2.1.1, S.35). Denn es ist die Aufgabe des Controllings, die Unternehmensführung darin zu unterstützen, die Leistungsprozesse der Unternehmung entsprechend den gesetzten Zielen zu optimieren. Konsequenterweise muss das in dieser Arbeit hergeleitete Zielsystem sämtliche relevanten Leistungsziele abbilden.

5.2.3. Die Wertschöpfung als oberstes Leistungsziel

Eine wesentliche Anforderung an ein Zielsystem ist die Einfachheit und die Klarheit welche erst durch eine hierarchische Struktur zustande kommt [KÜPPER 1997, S.325]. Eine hierarchische Struktur benötigt zunächst eine Wurzel. Mehrere Faktoren sprechen dafür, dass die Wertschöpfung, wie im Folgenden argumentiert wird, als oberstes Ziel des Zielsystems und damit als Wurzel der Zielhierarchie überaus geeignet ist.

Wertschöpfung ist nach WESTKÄMPER 2000 (Vorl.2, S.9) wie folgt definiert: „Im Zuge des Leistungsprozesses kommt es im Unternehmen zu einer Wertschöpfung, die als Teil der gesamtwirtschaftlichen Wertschöpfung, nämlich des Sozialproduktes, einen Beitrag zur gesamtwirtschaftlichen Bedürfnisbefriedigung leistet", wobei die Wertschöpfung jenen Beitrag, den ein Unternehmen dem Wert der bezogenen Güter hinzufügt (‚value added') verkörpert.

Zum einen spricht für die Wertschöpfung, dass sie von Unternehmen als primäres Ziel angesehen wird. Nach WESTKÄMPER 2000 (Vorl.2, S.9) ist das **wichtigste betriebswirtschaftliche Ziel** gewinnorientierter Unternehmen die Wertschöpfung. Dabei ist zu betonen, dass die durch die Wertschöpfung als oberstes Ziel definierte Ausrichtung des Zielsystems der beabsichtigten Bestimmung als Controllingsystem entspricht. Denn der Sinn eines Controllinginstruments ist, die Unternehmensführung zu unterstützen. Deren Aufgabe wiederum liegt in der Steuerung der Leistungsprozesse (siehe 3.2.1.1, S.35) welche zur Wertschöpfung führen.

Zum anderen kann der Begriff Wertschöpfung jedoch auch im Sinne einer wertepluralistischen Zielsetzung als **Generierung von Nutzen für die Stakeholder** interpretiert werden. Dann ist der Wert nicht ausschließlich über den wirtschaftlichen ‚value added' sondern auch über den gestifteten nicht wirtschaftlichen Nutzen definiert. Hiermit wird die Wertschöpfung als Wurzel des Leistungszielsystem dem Anspruch gerecht, die Anforderungen sämtlicher am Zielbildungsprozess beteiligten Interessensgruppen abzubilden (siehe 5.1.4). **Damit ist das Leistungsziel Wertschöpfung das Pendant zum obersten Unternehmensziel: „der erfolgreichen Erhaltung und Weiterführung der Unternehmung"**.

Ein weiteres wichtiges Argument für die Wertschöpfung als oberstes Leistungsziel lässt sich aus einer Forderung von HAHN 1996, dass möglichst alle Ziele als komparative Wettbewerbsvorteilsziele zu formulieren sind, ableiten. D.h. die Ziele sollen „als angestrebte zukünftige Zustände oder Verhaltensweisen relativ zum Wettbewerb - unter Beachtung ethischer und sonstiger Anforderungen und Restriktionen" [HAHN 1996] formuliert werden. Gemäß PORTER 1999a beruhen Wettbewerbsvorteile ausschließlich auf der Wertschöpfungskette (siehe 5.3.1).

Auch eine nähere Analyse des Toyota Production System (TPS) unterstützt die hier getroffenen Wahl des obersten Leistungsziels. Für das TPS ist die Eliminierung von ‚waste' ein zentrales Anliegen. Darunter werden solche Ressourcenverwendungen verstanden, die nicht (oder nur suboptimal) wertschöpfend sind. Dies impliziert, dass die Wertschöpfung das eigentliche Ziel des TPS ist.

Die Verwendung der Wertschöpfung als oberstes Leistungsziel der Unternehmung wurde somit auch aus Sicht der Porter'schen Wettbewerbstheorie und der TPS-Philosophie untermauert.

5.3. Herleitung der Unterziele

Aufgrund der Anforderungen einer hierarchischen Struktur an das angestrebte Zielsystem bedarf es einer sinnvollen Gliederung des im letzten Abschnitt hergeleiteten obersten Ziels ‚Wertschöpfung'. Es müssen demnach adäquate Unterziele gesammelt werden. Denn das Wissen um die Ziele ist elementare Voraussetzung für eine sinnvolle Ausrichtung und Abstimmung der Unternehmensaktivitäten.

Im Folgenden wird zunächst der Begriff der Wertschöpfungskette eingeführt und verschiedene Gründe angeführt, warum diese geeignet ist, die Ziele des Leistungssystems zu gliedern. Dabei werden in dieser Arbeit die Unterziele für ein zentrales Element der Wertschöpfungskette - die Produktion - erarbeitet. Auf der Basis einer schrittweisen Gegenüberstellung verschiedener wissenschaftlicher Beiträge zu diesem Themenfeld erfolgt letztendlich die Herleitung des Zielsystems.

Im Weiteren wird die Schnittstellenproblematik erläutert, welche mit der Aufteilung des Zielsystems in mehrere Subsysteme einhergeht. Über eine sich daran anschließende Betrachtung der Schnittstellen zu den anderen zentralen Elementen der Wertschöpfungskette kann gezeigt werden, dass das aufgestellte produktionszentrierte Zielsystem weitgehend die Belange der anderen Bereiche mit einbezieht.

5.3.1. Die Wertschöpfungskette - Basis zur Analyse von Unterzielen

Der hohe Verdichtungsgrad der Informationen in der als Oberziel definierten Wertschöpfung und die damit verbundene Komplexität verlangt nach einer Gliederung in Subsysteme. Die hohe Anzahl unterschiedlicher Betrachtungsobjekte und Beziehungen des Gesamtsystems kann dann leichter durchdrungen werden. Jedoch darf das Beziehungsgeflecht zwischen den einzelnen Systemelementen, d.h. die Schnittstellen nicht vernachlässigt werden. Die Bildung von Subsystemen kann über zwei grundlegende in der Literatur diskutierte Wege, entweder über die Gliederung in Unternehmensbereiche oder in Aktivitäten erfolgen.

Da Unternehmensbereiche aber von Unternehmen zu Unternehmen unterschiedlich abgegrenzt sind, eignet sich dieser Weg nicht für die Herleitung eines generischen Zielsystems. Aus wissenschaftstheoretischer Sicht ist die **Differenzierung nach Wertaktivitäten für ein generisches Zielsystem geeignet**, da diese unabhängig von einem bestimmten Unternehmen definierbar sind. Dies wird auch von PORTER

1999a (S.67) belegt: „In jedem Unternehmen aber sind alle Kategorien primärer Aktivitäten bis zu einem gewissen Grad vorhanden ... ."

Außerdem bietet sich die prozess- und aktivitätenorientierte Gliederung nach PORTER 1999a gegenüber der bereichs- und abteilungsorientierten Gliederung aus weiteren Gründen an. Das von Porter entwickelte Konzept der Wertschöpfungskette (Summe aller Aktivitäten) ist ein zentrales Instrument zur Analyse der Fähigkeiten bzw. der Wertschöpfung in einem Unternehmen. Grundsätzlich unterstützt dieses Modell eine Zuordnung der Kosten und Elemente der Werterstellung eines Unternehmens oder Unternehmensbereichs zu verschiedenen (Wert-)Aktivitäten. Demnach stellt die Gliederung nach Aktivitäten einen klaren Bezug zum obersten Ziel ‚Wertschöpfung' her.

Außerdem erfüllt die Gliederung in Aktivitäten die Forderung von Hahn (siehe 5.2.3), nachdem möglichst alle Ziele als komparative Wettbewerbsvorteilsziele zu formulieren sind. Gerade diese **Aktivitäten sind die bestimmenden Faktoren bei der Bestrebung nach komparativen Wettbewerbsvorteilen**. Dies wird auch von PORTER 1999a (S.65) belegt: „Wie ein Unternehmen jede einzelne Aktivität ausführt, entscheidet zusammen mit den ihr eigenen wirtschaftlichen Regeln darüber, ob es im Vergleich zu seinen Konkurrenten kostengünstiger arbeitet. Wie jede einzelne Wertaktivität ausgeführt wird, entscheidet auch darüber, was sie zur Befriedigung von Abnehmerbedürfnissen und damit zur Differenzierung beiträgt."

Im Allgemeinen **erlaubt die Gestaltung der Wertaktivitäten die Berücksichtigung sämtlicher Interessen der Stakeholder** (siehe 5.2.3). D.h. durch Wertaktivitäten werden nicht nur Kostenvorteile oder die Befriedigung von Abnehmerbedürfnissen durch Produktdifferenzierung erreicht, sondern es können z.B. einzelne Umweltziele durch die Wahl von umweltfreundlicheren Produktionsprozessen oder der Verwendung von recyclebaren Materialien erreicht werden.

Schnittstellenprobleme

Die Zerlegung der Wertschöpfungskette in Aktivitäten erzeugt weniger komplexe Subsysteme aber auch Schnittstellenprobleme. Um keine wesentliche Informationen zu verlieren, müssen gerade auch diese berücksichtigt werden. Hierzu HAX 2000 (S.102): *„A firm's strategy is manifested in the way in which it configures and links the many activities in its value chain relative to the competitor."*

Prozesse müssen sowohl inhaltlich als auch zeitlich aufeinander abgestimmt sein. Auch die unter Umständen divergierenden Ziele einzelner Wertaktivitäten müssen in Einklang gebracht werden. Der Koordinationsaufwand ist erheblich und essentiell wichtig für das Ziel Wertschöpfung.

Nur durch eine optimale Koordination zwischen den einzelnen Unternehmensaktivitäten kann eine hohe Kosten- und Qualitätseffizienz erreicht und schwer zu beziffernde, durch mangelnde Qualität hervorgerufene Imageschäden vermieden werden. Die

Anforderungen an die Schnittstellen zwischen den einzelnen Aktivitäten werden in Abschnitt 5.4 genauer behandelt.

Abgrenzung in der Wertschöpfungskette

Der Fokus dieser Arbeit liegt auf dem Leistungssystem, also auf der Erzeugung und Verwertung von Gütern bzw. Dienstleistungen und den damit unmittelbar verbundenen Kosten.

Es wird im Folgenden, wie in Abb. 5-5 dargestellt, zwischen den Aktivitäten **Beschaffung**, **Produktentwicklung** und **Produktion**, sowie **Vertrieb/Marketing** differenziert. Die Unterteilung in Produktion, im Sinne der Herstellung, und in Produktentwicklung hat den Vorteil, dass sie die in Unternehmen übliche Aufgabenteilung realistischer abbildet (siehe 5.3.2.1) und den logistischen Zeitgrößen ‚time to market' und ‚time to customer', die komparative Wettbewerbsvorteilsziele darstellen, gerecht wird.

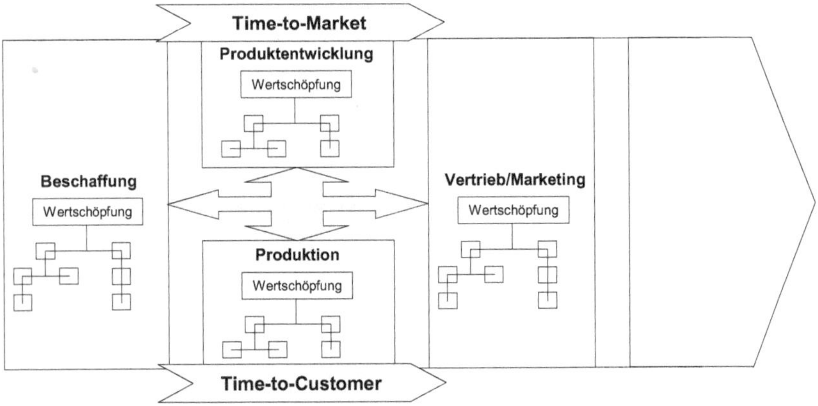

Abb. 5-5: Die Wertschöpfungskette - das Wertschöpfungsnetzwerk

Die in Abb. 5-5 dargestellte Konzentration auf die vier Wertaktivitäten und deren Differenzierung kommt auch den Ausführungen von EVERSHEIM 1995 (S.19) nahe, der eine grundlegende Konzentration auf die Kernprozesse Produktentwicklung, Produktentstehung und Auftragsabwicklung fordert. Die Produktentstehung und die Auftragsabwicklung sind für EVERSHEIM 1995 die zentralen Unternehmensprozesse. Denn „70% der Kosten werden in den Entwicklungs- und Konstruktionsbereichen festgelegt" [EVERSHEIM 1990]. Darunter werden nicht nur direkte Kosten verstanden, sondern Aufwände in der Logistik (Teile-, Baugruppen- und Variantenvielfalt, Anzahl Veredelungsstufen), in der Beschaffung (Anzahl Lieferanten, Teilestandardisierung, QS-Anforderungen) und in der Gesamtabwicklung (EDV-Aufwendungen durch Teile- und Stücklistenverwaltungsaufwand sowie Marketing- und Vertriebsaufwand).

Der bisher aufgebauten Logik folgend, müsste nun die Erstellung eines Zielsystems zu jeder einzelnen Aktivität sowie die Analyse der verschiedenen Schnittstellen folgen. Wie bereits angemerkt wird im Rahmen dieser Arbeit nur die Produktionsseite betrachtet. Über eine sich daran anschließende Schnittstellenbetrachtung zu den anderen zentralen Elementen der Wertschöpfungskette kann gezeigt werden, dass das aufgestellte produktionszentrierte Zielsystem weitgehend die Belange der anderen Bereiche mit einbezieht.

5.3.2. Betrachtungsgegenstand Produktion

Das oberste Ziel im Leistungssystem ist die Wertschöpfung. In diesem Abschnitt wird ein darauf ausgerichtetes Zielsystem für die Wertschöpfungsaktivität Produktion hergeleitet. Dabei wird auf die **Operationalisierbarkeit der Ziele** und die Möglichkeit zur Beschreibung der Ziele durch Kennzahlen Wert gelegt.

Die Herleitung des Zielsystems umfasst, wie in Abb. 5-6 dargestellt, zunächst die Abgrenzung des Begriffes Produktion. Generell beruht der Ansatz auf den klassischen Ziele Kosten, Zeit und Qualität sowie Flexibilität und wird durch die Diskussion des Produktions-Zielsystems von ZAHN ET AL. 1996 (S.152) untermauert. Bei der darauf folgenden Betrachtung der Produktionslogistik wird auf einzelne Lücken im erarbeiteten Ansatz hingewiesen. Mit einer Analyse des ‚Toyota Production System' wird im Weiteren auf die Bereicherung, die diese Philosophie für die westlichen Ansätze bedeutet, eingegangen. Die Gegenüberstellungen dieser wissenschaftlichen Beiträge aus Europa, Japan und den USA führen zu der Bildung der in 5.3.2.7 erläuterten Konzeption des Zielsystems für die Produktion.

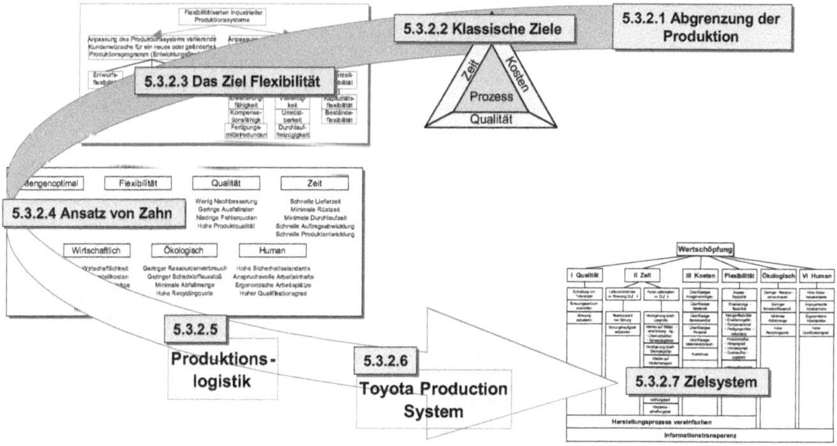

Abb. 5-6: *Vorgehensweise bei der Herleitung des Zielsystems*

5.3.2.1. Abgrenzung des Begriffs Produktion

Wie bereits in Abschnitt 5.3.1 auf S.90 dargestellt, wird in der vorliegenden Arbeit die Entwicklung und Konstruktion zusätzlich abgegrenzt und Produktion wie folgt definiert: **Produktion** ist der Fertigungsprozess selbst, dessen Steuerung und die unmittelbar prozessunterstützenden Aktivitäten, insbesondere die Arbeitsvorbereitung/-planung/-steuerung sowie die Material- und Fertigwarenlogistik.

Diese Eingrenzung des Begriffs Produktion erscheint in mehrerlei Hinsicht sinnvoll. Zum einen gibt es Produktionsunternehmen ohne eigene Konstruktions- und Entwicklungstätigkeiten; sie arbeiten rein auftragsbezogen. Zum anderen unterstützt sie eine differenzierte Betrachtung der strategischen Zeitziele.

Durch die vorgenommene Abgrenzung entsteht eine Gliederung der Wertschöpfung in die vier Wertaktivitäten ‚Produktentwicklung', ‚Beschaffung', ‚Produktion' und ‚Vertrieb' und damit auch eine Gliederung der Zielsystemstruktur, die zwischen den Aktivitäten Produktentwicklung und Produktion und somit auch nach der ‚time to market' und der ‚time to customer' unterscheidet.

5.3.2.2. Die klassischen Ziele: Kosten, Zeit und Qualität

Die Hauptzielgrößen der prozessorientierten Ablauf- und Organisationsgestaltung sind nach EVERSHEIM 1995 die klassischen Ziele Kosten, Zeit und Qualität (Abb. 5-7).

Abb. 5-7: Hauptzielgrößen - prozessorientierte Ablaufgestaltung [EVERSHEIM 1995]

Da sich diese Zielgrößen gegenläufig beeinflussen, d.h. bei der Maximierung einer Zielgröße werden die Erfüllungsgrade der beiden anderen in der Regel deutlich verschlechtert, ist es erforderlich, alle Zielgrößen in einem gemeinsamen Modell abzubilden und bezüglich ihrer Relevanz zu gewichten [EVERSHEIM 1995, S.27]. Mit Hilfe eines ganzheitlichen, prozessorientierten Ansatzes lässt sich laut EVERSHEIM 1995 ein Gesamtoptimum ermitteln. Diese Erkenntnis wird vollends von der in dieser Arbeit dargestellten Philosophie unterstützt.

Die allgemein anerkannte Einsicht, dass Kunden keine Produkte sondern Benefits (Nutzen), auf Basis der Aspekte Kosten, Zeit und Qualität kaufen, hat die Ziele von Unternehmen maßgeblich beeinflusst. In sämtlichen Betrachtungen von Produktionszielen werden diese drei Ziele genannt, wobei Qualität und Zeit an Bedeutung gewinnen. CHRISTOPHER 1992 zeigt anhand einer Studie des ‚National Economic Development Council' (S.29) auf, dass der traditionelle Faktor Preis (Kosten) signifikant hinter Qualität und Termintreue steht. Gerade in den letzten Jahren wurden die Faktoren Qualität und Zeit und darüber hinaus Flexibilität und Kundenorientierung für die langfristige Erfolgssicherung als zunehmend wichtig erachtet.

5.3.2.3. Das Ziel Flexibilität

Aufgrund der zunehmend dynamischer werdenden Märkte mit sich rasch und überraschend ändernden Kundenanforderungen, ist nicht zuletzt eine hohe Flexibilität ein zentrales Ziel bei der Sicherung der Unternehmenszukunft und der Wettbewerbsposition. Durch eine Betrachtung verschiedener Flexibilitätsarten in diesem Abschnitt wird der Aspekt der Flexibilitätsziele näher erläutert.

Flexibilität *„meint die Anpassungsfähigkeit von Systemen, sich auf veränderte Gegebenheiten innerhalb oder außerhalb der Systemgrenzen einstellen zu können."* [ZAHN ET AL. 1996, S.126]

Diese defensiv anmutende systemtheoretische Definition wurde von Wildemann um den aktiven Aspekt der Wahrnehmung von Chancen ergänzt. Wildemann definiert die Flexibilität eines Unternehmens einerseits als notwendige Komponente zur Abwendung von unternehmenszielgefährdenden Umweltveränderungen und andererseits zur Nutzung der Chancen, die unter anderen Prämissen gesetzten Ziele bei Veränderung der Umweltbedingungen zu überschreiten. [WILDEMANN 1987, S.467f.]

ZÄPFEL 1989 hat die verschiedenen Arten von Flexibilität in Produktionssystemen (inklusive der Produktentwicklung) aufgeschlüsselt:

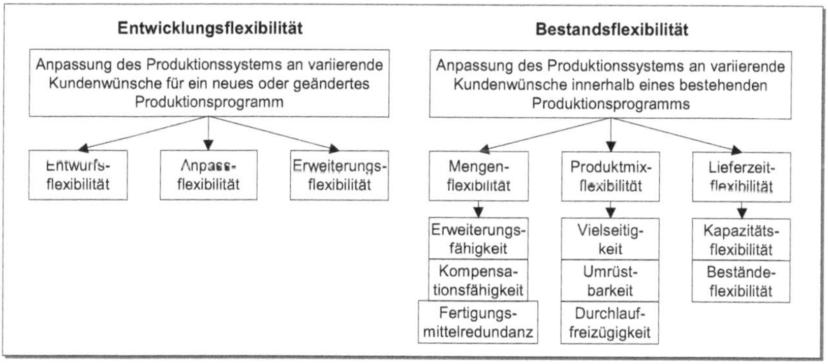

Abb. 5-8: Flexibilitätsarten von Produktionssystemen [ZÄPFEL 1989, S.269]

Während die **Entwicklungsflexibilität** das längerfristige Anpassungspotenzial des Produktionssystems durch Ab-, Um- oder Ausbaumaßnahmen beschreibt, umfasst die **Bestandsflexibilität** die Möglichkeiten, die durch kurzfristige Anpassungsmaßnahmen möglich sind. Die beiden Hauptflexibilitätsarten, die sich voneinander komplett abgrenzen, werden wie folgt gegliedert.

Die Entwicklungsflexibilität wird durch die Entwurfsflexibilität, die auf die Schnelligkeit der Anpassung von neuen oder verbesserten Produkten an geänderte Kundenwünsche abzielt und die Anpass- sowie Erweiterungsflexibilität gegliedert. Während die Anpassflexibilität die Fähigkeit beschreibt vorhandene Bearbeitungs-, Materialfluss- und Informationsmittel bzw. -technologien auch bei geänderten oder neuen Produkten verwenden zu können, so zielt die Erweiterungsflexibilität auf den durch geänderte Anforderungen notwendigen nachträglichen Aus- bzw. Umbau derselben ab.

Die Bestandflexibilität wird ebenfalls durch drei Aspekte aufgespannt. Während die Mengen- oder Volumenflexibilität sämtliche Fähigkeiten zur kurzfristigen Kapazitätsanpassung an geänderte Kundenwünsche umfasst, beschreibt die Produktmix-Flexibilität das vorhandene Potenzial für die Bewältigung unterschiedlicher Produktionsaufgaben und die Lieferzeitflexibilität die Fähigkeit sich an die Terminwünsche der Kunden anzupassen.

Trotz seiner Bedeutung für die Wertschöpfung darf das Ziel Flexibilität nicht zu einem Selbstzweck werden. Der Versuch einer **Maximierung dieses Zieles wird immer zu einer Kostenexplosion führen**. Die Flexibilität muss sich also stets am Flexibilitätsbedarf ausrichten [CHRISTOPHER 1992, S.26ff.].

5.3.2.4. Das Produktionszielsystem nach Zahn

Zahn hat eine umfassende Zusammenstellung der verschiedenen Ziele eines Produktionssystems erstellt. Ausgehend von den strategischen Zielen leitet er die operativen Ziele her (s. Abb. 5-9). Sein Zielsystem dient als weitere Ausgangsbasis für die Überlegungen hinsichtlich geeigneter Unterziele für die Produktion und deren Gliederung.

Zahn geht bei der Formulierung seiner Zielkategorien [ZAHN ET AL. 1996, S.150ff.] von den Anforderungen der Kunden aus. Aus dessen Sicht müssen bei den zu erzeugenden Produkten die Funktions- und Nutzenmerkmale sowie das Kosten- und Preisgefüge den Anforderungen entsprechen. ‚**Qualität**', umfassend definiert als Kundenanforderung, ist daher ein immer wichtiger werdender Schlüssel zum Erfolg. Den Kostenaspekt berücksichtigt Zahn auch mit den Zielkategorien ‚**Wirtschaftlich**' und ‚**Mengenoptimal**'. Die Kundenforderungen an die Logistik, unter anderem schnelle und rechtzeitige Lieferung, erklären die strategische Wichtigkeit des Faktors ‚**Zeit**'. Aber auch die Notwendigkeit einer hohen ‚**Flexibilität**' wird von Zahn betont.

Die genannten Zielkategorien entsprechen den klassischen Zielen Qualität, Zeit, Kosten und Flexibilität. Zahn integriert zusätzlich die Zielkategorien ‚**Ökologisch**' und ‚**Human**' in seinem Ansatz. Damit entspricht dieser Ansatz der pluralistisch gesellschaftlichen Zielsetzung (s. Abschnitt 5.1.3).

Mengenoptimal	Flexibilität	Qualität	Zeit
Hohe Produktivität Große Stückzahlen Geringer Materialverbrauch Geringe Ausschussmenge	Große Erweiterungsfähigkeit Schnelle Umrüstbarkeit Optimale Betriebsmittelredundanz Schnelle Anpassungsfähigkeit	Wenig Nachbesserung Geringe Ausfallraten Niedrige Fehlerquoten Hohe Produktqualität	Schnelle Lieferzeit Minimale Rüstzeit Minimale Durchlaufzeit Schnelle Auftragsabwicklung Schnelle Produktentwicklung
Wirtschaftlich	**Ökologisch**	**Human**	
Hohe Wirtschaftlichkeit Geringe Herstellkosten Hohe Deckungsbeiträge Max. Kapazitätsauslastung Geringe Kapitalbindung Hohe Rentabilität	Geringer Ressourcenverbrauch Geringer Schadstoffausstoß Minimale Abfallmenge Hohe Recyclingquote	Hohe Sicherheitsstandards Anspruchsvolle Arbeitsinhalte Ergonomische Arbeitsplätze Hoher Qualifikationsgrad	

Abb. 5-9: Produktionsziele [ZAHN ET AL. 1996, S.152]

EVERSHEIM 1995 untermauert mit seinen Ausführungen die veränderte Bedeutung der Unternehmensziele (s. Abb. 5-10). Bisher waren Kosten und Ressourcennutzung am wichtigsten. Neuerdings werden die Faktoren Zeit, gesamtheitliches Qualitätsmanagement und Mensch auf das gleiche Niveau gehoben. Die Ökologie wird ebenfalls aufgewertet, bleibt aber immer noch hinter allen anderen Zielen zurück.

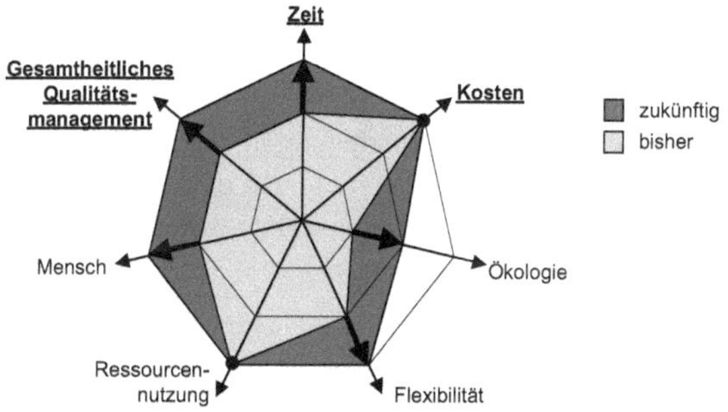

Abb. 5-10: Veränderte Bedeutung der Unternehmensziele [EVERSHEIM 1995, S.6]

Diese umfassende und moderne Sicht war ausschlaggebend, sie als Basis für die folgenden Überlegungen und Anpassungen heranzuziehen. Im Rahmen dieser werden auch die zu den einzelnen Kategorien genannten Ziele diskutiert. Hierbei wird besonders auf die Operationalisierbarkeit der Ziele geachtet.

Die drei klassischen Ziele ‚Kosten', ‚Zeit' und ‚Qualität', sowie das Ziel ‚Flexibilität' finden sich im Zielsystem von Zahn wieder und werden im Folgenden einzeln diskutiert:

Kosten

Zahn berücksichtigt den Aspekt Kosten mit seinen Zielkategorien ‚**Mengenoptimal**' und ‚**Wirtschaftlich**'. Die von Zahn genannten Unterziele (s. Abb. 5-9) in diesen Zielkategorien müssen im einzelnen auf ihre unmittelbare Anwendbarkeit im Leistungssystem untersucht werden.

Für die unter ‚**Mengenoptimal**' angeführten Ziele ergibt sich folgende Kritik:

- Hohe Produktivität: Von KRAMER 1996 ist dieses Ziel genau untersucht worden. Er untergliederte es in die Teilaspekte: Prozesssicherheit maximieren, Umlaufbestand reduzieren, DLZ minimieren, Mensch-, Maschinen- und Materialeffizienz sowie Methodik. Das Ziel ‚Hohe Produktivität' selbst ist nicht operationalisierbar, jedoch aber die von Kramer aufgezeigten Unterziele [KRAMER 1996, S.136].
- Große Stückzahlen: ‚Economies of Scale' können zwar positive Kosteneffekte erzeugen, aber eine große Stückzahl kann kein generisches Ziel sein. Vielmehr ist die Adaptionsfähigkeit des Produktionssystems an die verlangte Stückzahl wichtig (s. 5.3.2.3), denn kostengünstig wird dann produziert, wenn die absetzbare Menge mit der ‚minimalen effizienten Unternehmensgröße' [VARIAN 1999, S.406] korreliert. Das Produktionssystem muss also nicht in der Lage sein, möglichst viel, sondern die jeweils geforderte Menge kostengünstig zu erstellen.
- Geringer Materialverbrauch: Dieses Ziel ist operationalisierbar und beeinflusst sowohl die Kostenseite als auch das Ziel ökologisch zu produzieren positiv.
- Geringe Ausschussmenge: Dieses Ziel steht in unmittelbarem Zusammenhang zur Kostenentwicklung und ist operationalisierbar.

In der Zielkategorie ‚**Wirtschaftlich**' ist Folgendes anzumerken:

- Hohe Wirtschaftlichkeit, geringe Herstellkosten, hohe Deckungsbeiträge, hohe Rentabilität: Diese Ziele sind Endergebnisse, die durch die Erfüllung des hergeleiteten Zielsystems erreicht werden können. Diese werden nicht explizit in das Zielsystem aufgenommen.
- Maximale Kapazitätsauslastung: Dieses Ziel wird implizit durch die später formulierte Forderung, keine **überflüssigen Betriebsmittel** (s. 5.3.2.6), berücksichtigt.
- Geringe Kapitalbindung: Dieses Ziel ist operationalisierbar. Unmittelbarer gilt dies jedoch für die später formulierte Forderung: **überflüssiges Anlagevermögen**.

Die Ergebnisse der Untersuchung sind in der folgenden Abb. 5-11 zusammengefasst:

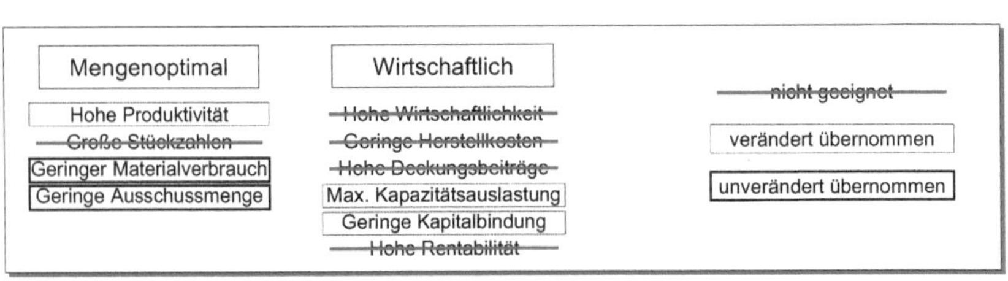

Abb. 5-11: Verwendbarkeit der Kostenziele Zahns

Qualität

Die Qualität hat erheblichen Einfluss auf die relative Wettbewerbsposition. Eine höhere Produktqualität erlaubt höhere Preise und kann im Idealfall auch zur Senkung der Herstellungskosten führen. Mangelnde Produktqualität führt hingegen zu einem schwer abschätzbaren Image- und Marktanteilsverlust. Eversheim misst der Qualität folgende Bedeutung bei: „Hohe Qualität in jenen Produktmerkmalen, die für die Käufer kaufentscheidend sind, wird zum primären Differenzierungsmerkmal westlicher Unternehmen werden.“ [EVERSHEIM 1996, S.2-10]

Zahn führt in dieser Kategorie die Ziele ‚wenig Nachbesserung‘, ‚geringe Ausfallraten‘, ‚niedrige Fehlerquoten‘ und ‚hohe Produktqualität‘ an. Diese sind für das hier vorgesehene Zielsystem ungeeignet, da sie eher die Wirkung von hoher Qualität im Produktionsprozess beschreiben, anstatt auf die Ursachen hierfür einzugehen.

Die Unterziele von ZAHN ET AL. 1996 aus der Kategorie ‚Qualität‘ werden in dieser Weise nicht in das Zielsystem übernommen. Das Thema ‚Qualität‘ wird im Rahmen der Diskussion des ‚Toyota Production System‘ (s. 5.3.2.6) nochmals aufgegriffen.

Zeit

Die zunehmende Dynamisierung der Märkte führt zu immer höher werdenden Anforderungen bei den Zeitzielen. Die von Zahn angeführten Ziele zu dieser Kategorie sind in Hinblick auf das herzuleitende Zielsystem folgendermaßen zu bewerten:

- <u>Schnelle Lieferzeit</u>, <u>Schnelle Auftragsabwicklung</u>: Aufgrund der hier getroffenen Definition von Produktion können diese Ziele nur begrenzt eingesetzt werden.
- <u>Minimale Rüstzeit</u>: Dieses Ziel ist operationalisierbar und stellt ein wichtiges Zeitziel für das herzuleitende Zielsystem dar.
- <u>Minimale Durchlaufzeit</u>: Dieses Ziel kann auf besser operationalisierbare Ziele zurückgeführt werden (siehe 5.3.2.4).
- <u>Schnelle Produktentwicklung</u>: Dieses Ziel passt nicht zu der hier getroffenen Definition von Produktion, welche die Produktentwicklung explizit ausklammert (siehe 5.3.2.1). Es wird jedoch als Schnittstellenproblem zwischen Produktion und Produktentwicklung noch behandelt (siehe 5.4.1.2).

Von den genannten Zeitzielen wurde direkt nur die ‚minimale Rüstzeit‘ übernommen.

Der in Mode gekommene angelsächsische Ausdruck ‚time to customer’ deutet auf die Wettbewerbsrelevanz der Zeitziele hin. Zeit spielt eine wesentliche Rolle bei der Befriedigung der Kundenbedürfnisse. Ein zentraler Aspekt für das Erreichen von Zeitzielen ist die Produktionslogistik, auf die in 5.3.2.5 explizit eingegangen wird.

Flexibilität

Betrachtet man die von ZAHN ET AL. 1996 angegebenen Ziele in der Zielkategorie ‚Flexibilität' und vergleicht diese mit den Ausführungen nach ZÄPFEL 1989 aus Abschnitt 5.3.2.3 ist Folgendes anzumerken:

- Erweiterungsfähigkeit, schnelle Umrüstbarkeit: Ist bei ZÄPFEL 1989 enthalten.
- Optimale Betriebsmittelredundanz: Ist bei ZÄPFEL 1989 enthalten.
- Schnelle Anpassungsfähigkeit: Die Anpassungsfähigkeit ist eine Umformulierung von Flexibilität. ZÄPFEL 1989 differenziert hier wesentlich exakter.

Die Ergebnisse der Untersuchungen im Bereich des Zieles der ‚Flexibilität' werden in der folgenden Abbildung nochmals zusammengefasst:

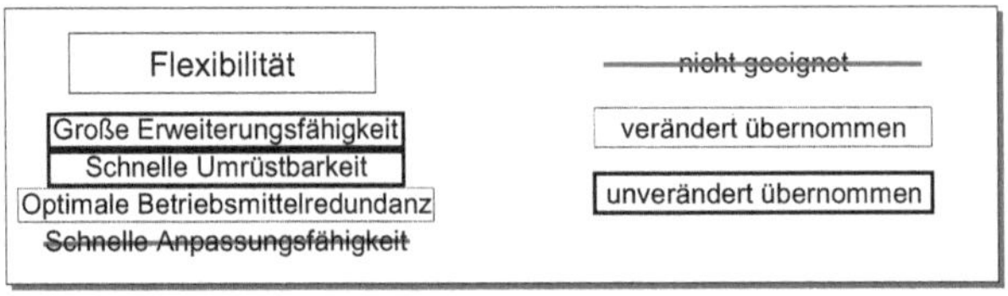

Abb. 5-12: Verwendbarkeit von Flexibilitätszielen

Für das Zielsystem wird Zäpfels Gliederungsansatz nach Flexibilitätsarten aus Abschnitt 5.3.2.3 übernommen, da dieser eine präzise Zielformulierung erlaubt. Lediglich die Flexibilitätsart ‚Entwurfsflexibilität' ist hiervon ausgenommen. Diese bezieht sich ausschließlich auf die Produktentwicklung und somit nicht auf die hier eingegrenzte Definition der Produktion ohne die Produktentwicklung.

5.3.2.5. Das Zielsystem der Produktionslogistik

Der Teilaspekt Produktionslogistik wird hier separat aufgegriffen, da ihm im Zeitalter des ‚Outsourcing' und dem einhergehenden Abnehmen der Fertigungstiefe besondere Aufmerksamkeit gebührt. Außerdem existieren nach BLECKER 1999 (S.120ff.) und KALUZA 2000b (S.3f.) neben den strategischen Erfolgsfaktoren Kosten, Qualität, Zeit und Flexibilität die Faktoren Erzeugnisvielfalt und Service. Diese stark in den Bereich der Logistik fallenden Herausforderungen dienen neben den vier Basisfaktoren ebenfalls der gezielten Erlangung von Wettbewerbsvorteilen und somit der langfristigen Sicherung des Unternehmenserfolgs. So ist z.B. das übergeordnete Ziel des Supply Chain Management die Verringerung von Beständen bei gleichzeitiger Erhöhung der Lieferbereitschaft und einer verbesserten Kapazitätsausnutzung.

Der Einfluss, den die Logistik auf den Unternehmenserfolg hat, wurde im Speziellen in Abschnitt 2.1, wo die Logistik als wettbewerbsorientierte Unternehmensstrategie (‚competitive strategy') dargestellt wurde, aufgezeigt. Demnach ist die Produktionslogistik aus wettbewerbsstrategischen Gründen von zentraler Bedeutung für Unternehmen. So versprechen eine größere Reaktionsfähigkeit auf sich verändernde Marktbedingungen und eine bessere Kundeneinbindung höhere Marktanteile und steigende Umsätze bei gleichzeitig besserer Rendite [KLOTH 1990a, S.14].

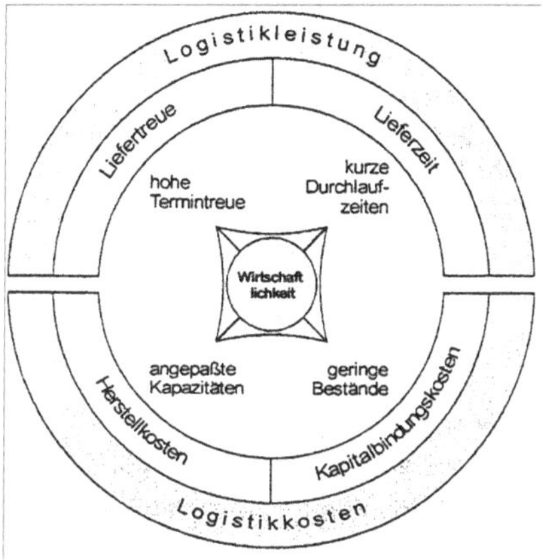

Abb. 5-13: Zielsystem der Logistik [WIENDAHL 1997]

Nach WERTZ 1999 (S.55) steht an der Spitze des Zielsystems der Logistik die Logistikeffizienz, die sich zum einen aus der Logistikleistung (Verfügbarkeit Produkte, Produktivität der Logistik, Bestände, DLZ, Lieferservice), zum anderen aus den Logistikkosten (Prozess- und Bestandskosten) zusammensetzt. WIENDAHL 1997 verdichtet diese Definition in Abb. 5-13 unter dem Oberziel ‚Wirtschaftlichkeit' (Logistikeffizienz).

Auch CHRISTOPHER 1992 (S.50ff.) argumentiert, dass die Logistikleistung über die erreichte Liefertreue und die Lieferzeit bewertet wird. Die Produktion kann zu dem Ziel ‚kurze Lieferzeit' vor allem durch **kurze Durchlaufzeiten** beitragen. Eine hohe Liefertreue erfordert eine gute Termineinhaltung bei der Auftragsabwicklung. Die Produktion kann hier durch eine Reduzierung der Durchlaufzeiten, aber auch durch eine **Verringerung deren Streuungen** einen Beitrag leisten.

Ein wesentliches Ziel bei der Logistikoptimierung von Fertigungen ist auch die **Bestandsreduzierung**. Diese wirkt sich sowohl positiv auf die Lieferzeiten als auch auf die Liefertreue aus, denn weniger Aufträge im Arbeitssystem verursachen auch weniger Stau und führen dadurch zu kürzeren Durchlaufzeiten mit geringerer Streuung.

Der Logistikleistung stehen somit die Logistikkosten gegenüber, die sich aus Kapitalbindungs- und Herstellkosten zusammensetzen. Unter logistischen Gesichtspunkten können die Kapitalbindungskosten durch Bestandsveränderungen der Umlauf- und Lagerbestände im Unternehmen beeinflusst werden. Auch hier wirkt sich demnach eine Bestandsreduzierung positiv aus. Die Herstellkosten sind aus logistischer Sicht vor allem von der **Auslastung der eingesetzten Arbeitssysteme** abhängig.

Anzumerken ist, dass es zwischen dem Ziel der Bestandsreduzierung und dem der hohen Auslastung einen Zielkonflikt gibt. Eine hohe Auslastung zu erreichen ist um so schwieriger, je weniger Pufferbestände gehalten werden. Es bedarf dann einer besseren Koordination der Produktion, um diesen Effekt zu kompensieren. Die Zusammenhänge der gegenseitigen Beeinflussung sind in Abb. 5-14 zusammengestellt:

	Generelle Bereichsziele	Ausprägung der Bereichsziele	Mögliche Auswirkungen auf das Gesamtsystem
Vertrieb	• Erfüllung von Kundenwünschen	• Hohe Lieferbereitschaft durch Bestände • hohe Lieferbereitschaft durch kurze Lieferzeiten • hohe Variantenvielfalt	• Hohe Bestände und daraus resultierende Lagerkosten • Kosten für kapazitätserhöhende Maßnahmen • steigende Kosten in der Produktionsplanung und -steuerung
Produktion	• niedrige Fertigungskosten • gleichmäßige Auslastung der Kapazitäten • Erfüllung des geforderten Lieferservice	• Niedrige Fertigungskosten durch Losbildung • niedrige Fertigungskosten durch hohe Auslastung • kurze Durchlaufzeiten bzw. Bestandsbildung	• Hohe Bestandskosten • Lagerproduktion und daraus resultierende Lagerhaltungskosten • Kosten für kapazitätserhöhende Maßnahmen (z.B. Überstunden)
Beschaffung	• geringe Beschaffungskosten • hohe Versorgungssicherheit	• Anstreben von Preisvorteilen durch Rabatte etc. • Vermeidung von Lieferverzögerungen durch Bestandsbildung oder Mehrquellenversorgung	• Lagerkosten für Beschaffungsgüter bei großen Bestellmengen • große Sicherheitsbestände mit hohen Kapitalbindungskosten • hohe Transportkosten

Abb. 5-14: Bereichsziele und ihre Wirkungen im Logistiksystem [ZÄPFEL ET AL. 1996]

Die gegenseitige Beeinflussung von Bereichszielen kann nur durch ein übergeordnetes Kennzahlensystem, das sowohl die Belange der Produktion als auch die der anderen Wertaktivitäten Beschaffung, Vertrieb und somit auch der Logistik in die Betrachtung einbezieht, gelöst werden. Bereichsegoismen würden an dieser Stelle nur zu Lokaloptimas führen. Bei der Zielfestlegung mittels Soll-Wert müssen diese Belange beachtet werden. Die Kennzahlen und deren gegenseitige Beeinflussung werden im Kennzahlensystem überwacht, die Abteilungen bzgl. ihrer möglichen Ziel<u>über</u>erfüllung kontrolliert und somit das Gesamtoptimum angestrebt.

Bei einem Vergleich mit dem Zielsystem von Zahn fällt auf, dass weder das Ziel ‚Liefertreue steigern' noch das Ziel ‚Streuungen der DLZ reduzieren' berücksichtigt wurde. Auch das Ziel ‚Bestände reduzieren' wird höchstens implizit durch die geforderte geringe Kapitalbindung formuliert.

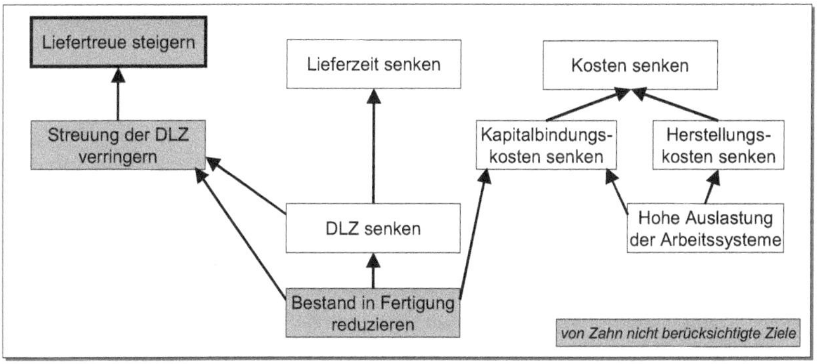

Abb. 5-15: Logistikziele und ihre Zusammenhänge

Gerade die zwei Ziele ‚Reduktion der DLZ-Streuung' und ‚Reduktion der Bestände' stehen im Zentrum des TPS, welches im Folgenden betrachtet wird.

5.3.2.6. Die Ziele des ‚Toyota Production System'

Das als ‚Toyota Production System' (TPS) bekannt gewordene Produktionskonzept hatte weltweit tiefgreifende Auswirkungen auf das Verständnis von Produktion. Diese manifestieren sich auch im Zielsystem. Insbesondere in den Kategorien Zeit, Qualität und Kosten kann dieses Produktionskonzept wichtige Beiträge leisten. Die Schwachstellen der Zielgliederung von ZAHN ET AL. 1996 hinsichtlich dieser Kategorien (siehe Abschnitt 5.3.2.4) können somit kompensiert werden.

Kosten

Das von der ‚Toyota Motor Corporation' entwickelte und publizierte TPS und dessen Konzeptansätze wurden bereits in 3.3.1 näher beleuchtet. Das Hauptaugenmerk des Konzepts liegt auf der Eliminierung der verschiedenen Typen von Ressourcenverschwendung, welche in Unternehmen zu finden sind. Eine höhere Profitabilität wird durch kostensenkende bzw. produktivitätssteigernde Maßnahmen erreicht. Dabei sind in der Produktion speziell folgende Verschwendungstypen auszumachen: Überflüssige Betriebsmittel, überflüssiges Personal, überflüssiges Anlagevermögen und überflüssige Bestände. [MONDEN 1998, S.3]

Alles, **was im Überfluss vorhanden ist, schöpft keinen Wert und verursacht unnötige Kosten**. Nicht benötigte Anlagen sind oft Ursache für eine Überproduktion, welche als größtes Übel betrachtet wird. Sie löst in Folge einen überhöhten Lagerbestand aus, welcher wiederum mehr Ressourcen in Form von Arbeitskraft, Geräten sowie Raum (für Transport und Lagerung) bindet. In letzter Konsequenz wird durch die geschilderten Zusammenhänge auch eine überhöhte Kapitalbindung in Form von

Investitionen in überflüssiges Anlagevermögen verursacht. [MONDEN 1998, S.1ff.] [BLACK 1991, S.5] [SHINGO 1993, S.76ff.]

Die Vermeidung dieser Verschwendungsarten kann unmittelbar in das Zielsystem übernommen werden. Sie ist operationalisierbar und ergänzt die von Zahn übernommenen Ziele ‚Geringer Materialverbrauch' und ‚Geringer Ausschuss' (s. 5.3.2.2).

Qualität und Zeit

COCHRAN 2000 hat in seiner ‚Design Decomposition' die einzelnen funktionalen Forderungen aus dem TPS abgeleitet und in eine Hierarchie eingeordnet (s. Anhang, Abb. A-2, S.180 - ‚Manufacturing System Design Decomposition'). Aus der Perspektive dieser Arbeit eignet sich der Ansatz vor allem, die Themen ‚Qualität' und ‚Zeit' zu beleuchten.

Die ‚Manufacturing System Design Decomposition' ist eine Teilperspektive auf das TPS. Sie beschränkt sich auf das Oberziel ROI und behandelt ausschließlich den unmittelbaren Herstellungsprozess. Letzterer Fokus erleichtert die Adaption auf das hier hergeleitete Produktionszielsystem. Trotzdem können die formulierten Ziele nur selektiv übernommen werden, da die ‚Decomposition' im Gegensatz zu dem hier hergeleiteten System nicht generisch ist, sondern spezifisch an das TPS adaptiert wurde. Zum Beispiel werden im Bereich ‚Delay Reduction' verstärkt Ziele im Zusammenhang mit der ‚Takt Time' formuliert. Dieses macht jedoch nur bei abgetakteten Produktionssystemen Sinn und lässt sich an dieser Stelle nicht verallgemeinern.

Ausgehend vom ROI formuliert COCHRAN 2000 die zweite Zielebene als Umsatz, Kosten und Investitionen in Produktionsanlagen. Der Aspekt Kosten wurde schon aus der Toyota-spezifischen Perspektive analysiert (siehe oben) und wird daher nicht weiter betrachtet. Auch im Bereich Investition bietet die ‚Decomposition' mit der Forderung nach Minimierung über die Gesamtlebensdauer der Anlagen nichts Verwertbares, da dieses Ziel zu allgemein gehalten ist. Eine Betrachtung des Teilziels Umsatz (‚Maximize Sales Revenue') ist dafür um so aufschlussreicher.

In der ‚Decomposition' wird die Einflussnahme der Herstellung auf den Umsatz auf drei Faktoren zurückgeführt: die **Herstellungsqualität**, die **kurze Lieferzeit** und die **Lieferpünktlichkeit** (siehe folgende Abb. 5-16).

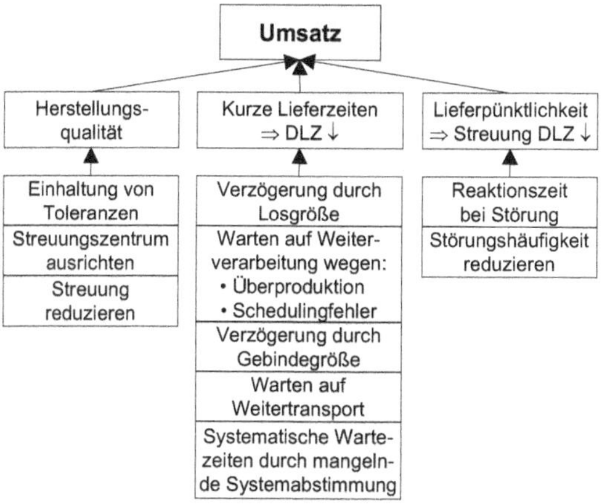

Abb. 5-16: Einflussnahme der Produktion auf den Umsatz [COCHRAN 2000]

Aus der Forderung nach **Herstellungsqualität** werden in der ‚Decomposition' die Ziele ‚Einhaltung von Toleranzen', ‚Streuungszentrum ausrichten' und ‚Streuung reduzieren' abgeleitet. Zu den genannten Zielen gibt es umfangreiche Ausführungen von Cochran zur Realisierung dieser Forderungen. Hiermit wird Qualität im Sinne der Übereinstimmung des Produktes mit der Produktdefinition unmittelbar operationalisiert. Daher werden diese Ziele in das Zielsystem übernommen.

Eine **kurze Lieferzeit** wird von der Produktion primär durch eine niedrige DLZ unterstützt. Diese erreicht man gemäß der Toyota-Philosophie, indem unnötige Wartezeiten verhindert werden. Diese unerwünschten Effekte treten (s. Abb. 5-16) hauptsächlich wegen zu großer Los- und Gebindegrößen sowie wegen Wartezeiten aufgrund von Produktions-/Transportstau und mangelnder Systemabstimmung auf. Das Warten auf Weiterverarbeitung wird nach SHINGO 1993 durch die Faktoren Überproduktion (Wartezeiten, da zuviel produziert wird) und Schedulingfehler (Wartezeiten, da zu früh produziert wird) verursacht. Die Ziele zur Erreichung kurzer Lieferzeiten sind operationalisierbar und daher für eine Integration in das Zielsystem geeignet.

Die Herausforderung **Lieferpünktlichkeit** kann durch die Erfüllung der beiden Ziele ‚schnelle Reaktion bei Störungen' und ‚Reduktion der Störungshäufigkeit' angegangen werden. Auch diese sind operationalisierbar und können somit in das Zielsystem aufgenommen werden, das im folgenden Abschnitt vorgestellt wird.

5.3.2.7. Konzept des Zielsystems für die Produktion

Die Zielkategorien Qualität, Zeit, Kosten, Flexibilität, Humanität und Ökologie spannen das Zielsystem der Produktion auf. Diese konnten im Gegensatz zu den im einzelnen angeführten Zielen weitgehend von ZAHN ET AL. 1996 übernommen werden. Im Weiteren wird die bisherige Diskussion konsolidiert und das Zielsystem (s. Abb. 5-

17) erläutert. Insbesondere wird die in der Literatur wenig berücksichtigte Bedeutung von vereinfachten Herstellungsprozessen und von Informationstransparenz diskutiert. Dies sind strukturelle Determinanten mit positivem Einfluss auf das gesamte Zielsystem und werden im Folgenden in die Diskussion der Zielkategorien einbezogen.

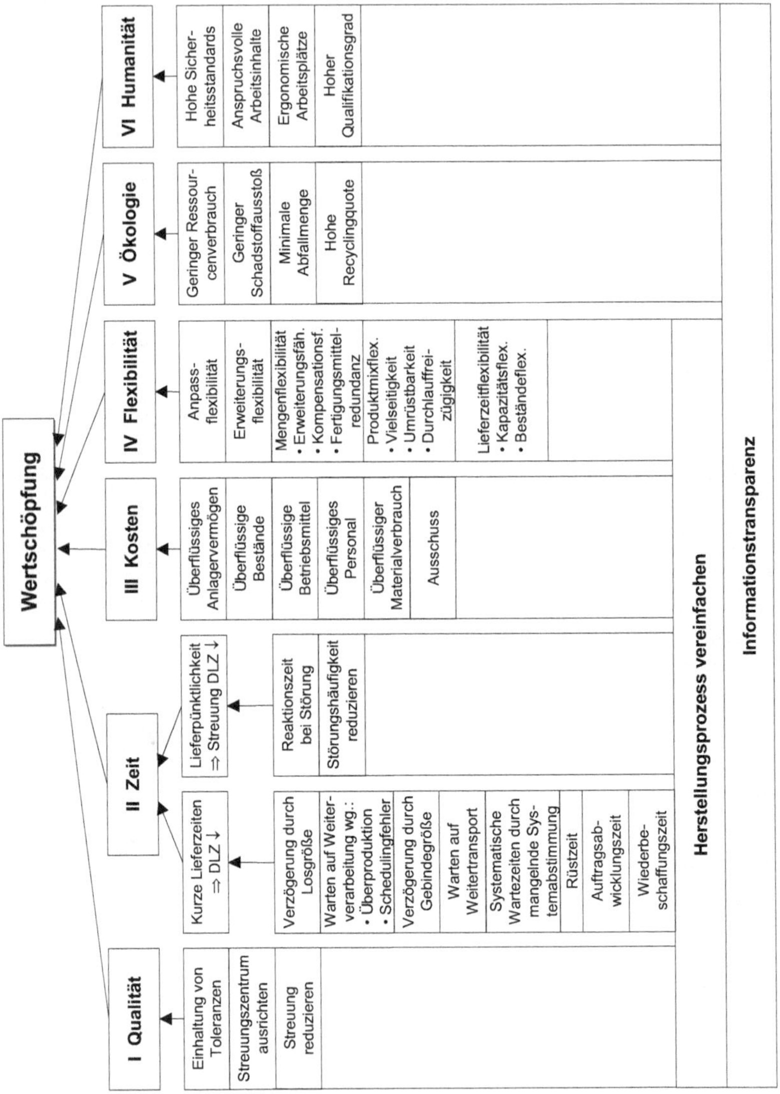

Abb. 5-17: Das Zielsystem der Produktion

Qualität

Die von Zahn angeführten Qualitätsziele (s. 5.3.2.2, S.97) werden der Ausrichtung dieser Arbeit nicht gerecht, da sie eher die Wirkung hoher Qualität im Produktionsprozess beschreiben als auf deren Ursachen einzugehen. Besonders klar wird dies, wenn man die aus der ‚Decomposition' [COCHRAN 2000] entnommenen Ziele ‚Einhaltung von Toleranzen', ‚Streuungszentrum ausrichten' und ‚Streuung reduzieren' mit den von Zahn angeführten Zielen vergleicht. Die Ziele Cochrans überzeugen durch unmittelbare Operationalisierbarkeit und bewirken letztendlich die Ziele Zahns.

Aber auch die aus der ‚Decomposition' entnommenen Ziele vernachlässigen einige für die Qualität zentrale Aspekte. Zum einen ist die **Vereinfachung des Herstellungsprozesses** eine Möglichkeit, welche die Wahrscheinlichkeit, einen Fehler zu machen reduziert. So bedeutet die Reduktion der Arbeitsfolgen bzw. Arbeitsvorgänge (AVOs) gleichsam eine Reduktion der Wahrscheinlichkeit Ausschuss zu produzieren, vorausgesetzt diese Vereinfachung geht nicht einher mit einer qualitativen Verschlechterung der verbleibenden AVOs.

Zum anderen wurde die **Informationstransparenz**, welche für wirksame qualitätsfördernde Maßnahmen mitunter eine Voraussetzung sein kann, nicht berücksichtigt. So kann z.B. ein Vorschlagswesen, welches das Wissen der Arbeiter vor Ort in die Entscheidungsfindung mit einbringt, helfen, die Prozesse zu verbessern. So ist im Bereich des TQM zur Steigerung der Informationstransparenz die Visualisierung der produktionsrelevanten Informationen im Produktionsbereich vorgesehen.

Die Informationstransparenz wird durch die Vereinfachung des Herstellungsprozesses unterstützt, da weniger Daten benötigt werden, um den Status des Produktionssystems zu beschreiben und zu überwachen.

Zeit

Aus den von ZAHN ET AL. 1996 angegebenen Zeitzielen (s. 5.3.2.2, S.97) wurde nur die ‚minimale Rüstzeit' direkt übernommen. Darüber hinaus wurden einige neue Ziele, welche die Zielkategorie ‚Zeit' sinnvoll ergänzen, identifiziert und unter den beiden Hauptzielen ‚Kurze Lieferzeiten' und ‚Lieferpünktlichkeit' zusammengefasst.

Die von ZAHN ET AL. 1996 angeführten Ziele ‚schnelle Produktentwicklung', ‚schnelle Auftragsabwicklung' und ‚schnelle Lieferzeit' beruhen auf einer weiter gefassten Definition von Produktion und wurden nicht direkt übernommen, sondern mittels anderer Ziele, wie im Folgenden dargestellt, beschrieben.

Die ‚minimale DLZ' wurde ebenfalls nicht direkt übernommen, da diese nicht als unmittelbares Ziel gesehen wird. Sie steht nicht am Anfang der Kausalkette. Wie in Abschnitt 5.3.2.6 erläutert, gibt es nach der Toyota-Philosophie Verzögerungs-Ursachen (Los- und Gebindegröße sowie Wartezeiten aufgrund von Produktions-/ Transportstau und mangelnder Systemabstimmung), die es zu reduzieren gilt.

Die aus der Toyota-Philosophie abgeleiteten Ziele wurde unter dem Hauptziel ‚Kurze Lieferzeiten' zusammengefasst und die ‚Rüstzeit' hinzugefügt. Eine kurze Rüstzeit ermöglicht die wirtschaftliche Fertigung kleinerer Losgrößen - damit kann näher am Bedarf produziert werden.

Das zweite Hauptziel, die ‚Lieferpünktlichkeit' wird sowohl in der Produktionslogistik als auch im TPS betont. Die ‚Decomposition' des TPS leitet hier die operationalisierbaren Ziele ‚Reaktionszeit bei Störungen' und ‚Störungshäufigkeit reduzieren' ab.

Die übergeordneten Hauptziele ‚Kurze Lieferzeiten' und ‚Lieferpünktlichkeit' können durch die bisher besprochenen Ziele nur teilweise erfüllt werden. Abgesehen von dem physikalischen Prozess der Herstellung und des Transports besteht der Beitrag der Produktion an der Auftragsabwicklung aus der Bereitstellung und Verarbeitung von Informationen, die entgegensetzt dem physikalischen Materialtransport verlaufen. Die **Informationstransparenz** ist demnach von zentraler Bedeutung, durch sie wird eine zielgerichtete Produktion überhaupt erst ermöglicht.

Weiterhin muss auch die Möglichkeit der **Vereinfachung des Herstellungsprozesses** berücksichtigt werden. Sowohl eine geringere Anzahl von Arbeitsfolgen als auch besser beherrschte und damit weniger störanfällige Prozesse beeinflussen die Streuung der Durchlaufzeit positiv.

Kosten

ZAHN ET AL. 1996 teilen den Aspekt Kosten in die zwei Zielkategorien ‚Mengenoptimal' und ‚Wirtschaftlich' auf. Die Mehrheit der angeführten Ziele sind für das hier angestrebte Zielsystem nicht verwendbar, da sie nicht operationalisierbar sind. Es handelt sich eher um Ergebnisse die durch die Anwendung des Zielsystems erreicht werden können als um operationalisierbare Größen (s. 5.3.2.2). Ausnahmen hiervon waren die zwei Ziele ‚Geringe Ausschussmenge ' und ‚Geringer Materialverbrauch'. Sie verbindet eine gemeinsame Eigenschaft mit den aus dem TPS entliehenen Zielen des überflüssigen Anlagevermögens und Personals sowie der überflüssigen Bestände und Betriebsmittel. In allen sechs Fällen handelt es sich um die Vermeidung von Verschwendung, also von Kosten, die keine oder nicht genügend Wertschöpfung erzeugen. Kosten müssen immer gegen den durch sie gestifteten Nutzen abgewägt werden. Dies ist auch aus den von Zahn genannten Zielen ‚hohe Wirtschaftlichkeit', ‚hohe Deckungsbeiträge' und ‚hohe Produktivität' ersichtlich (siehe Abb. 5-9).

Bei der Entdeckung und Vermeidung solcher Kosten hilft in erster Linie eine hohe Informationstransparenz. Das Wissen an welcher Stelle welche Kosten entstehen und wie diese eventuell verringert werden könnten, wird durch einfache Herstellungsprozesse erleichtert.

Flexibilität

Die Gliederung der Kategorie Flexibilität von ZÄPFEL 1989 kann als Detaillierung der von ZAHN ET AL. 1996 aufgelisteten Ziele betrachtet werden (s. 5.3.2.3). Abgesehen von der Entwurfsflexibilität werden sämtliche Flexibilitätsarten in das Zielsystem integriert. Ergänzt werden diese lediglich um die Aspekte ‚Herstellungsprozess vereinfachen' und ‚Informationstransparenz steigern'. Es handelt sich hierbei zwar nicht um eigene Typen von Flexibilität, jedoch um strukturelle Determinanten, welche die Flexibilität der Produktion fördern.

Zunächst ist anzumerken, dass die Detailliertheit der getroffenen Unterteilung in die verschiedenen Flexibilitätsarten eine Operationalisierung zulässt. Für die Praxis bedeutend ist die saubere Unterteilung in Flexibilitätsarten, welche Investitionen erfordern (Entwurfs-, Anpass- und Erweiterungsflexibilität) und solche, die das existierende Produktionssystem beschreiben (Mengen-, Produktmix- und Lieferzeitflexibilität). In Reorganisationsprojekten ist oft im vorhinein festgelegt, ob sie der Optimierung der vorhandenen Ressourcen dienen oder ein Budget für Investitionen beinhalten.

Die Vereinfachung des Herstellungsprozesses, z.B. durch eine Reduzierung der Arbeitsfolgen unterstützt die Flexibilität in vielerlei Hinsicht. Unter anderem nimmt der Steuerungsaufwand des Systems ab, und somit verringert sich auch der Aufwand, das Produktionsprogramm oder die Fertigungsreihenfolge abzuändern. Auch die Möglichkeit, bei leichterer Beherrschbarkeit vereinfachter einzelner Prozesse, Personal flexibler einzusetzen, kann als Beispiel angeführt werden.

Die Informationstransparenz ist eine strukturelle Determinante mit weitreichendem Einfluss auf die Flexibilität eines Produktionssystems. Ein zentrales Problem für flexible Produktionssysteme ist deren Steuerung. Sämtliche Ansätze, wie Kanban, CIM, etc. haben eine Gemeinsamkeit. Sie fokussieren sich auf das Problem Information. Auch das System mit der flexibelsten Struktur kann nur dann flexibel agieren, wenn die Information bereitgestellt wird, welche für korrekte Reaktionen benötigt wird.

Humanität und Ökologie

In diesen Kategorien sind die von ZAHN ET AL. 1996 vorgeschlagenen Ziele direkt operationalisierbar und werden daher auch in das Zielsystem aufgenommen.

Im Einzelnen sind dies die Ziele ‚geringer Ressourcenverbrauch', ‚geringer Schadstoffausstoß', ‚minimale Abfallmenge' und ‚hohe Recyclingquote' für die Kategorie ‚Ökologie' und ‚hohe Sicherheitsstandards', ‚anspruchsvolle Arbeitsinhalte', ‚ergonomische Arbeitsplätze' und ‚hoher Qualifikationsgrad' für die Kategorie ‚Humanität'.

Nicht nur aus der Perspektive der Stakeholder, sondern auch für die Shareholder können sich Zielsetzungen in den Kategorien Humanität und Ökologie auszahlen. Folgende Überlegung soll diese Behauptung stützen: Ein hervorragendes Image hinsichtlich des Arbeitsklimas und des Anspruchsniveaus der Arbeitsinhalte erleichtert es, gute Leute anzuwerben bzw. die vorhandenen Angestellten zu motivieren. Dieses Humankapital ist wiederum ein wichtiger Faktor, um sich nachhaltigen Erfolg im Wettbewerb zu sichern. Ein ideales Beispiel hierfür ist die Airline People Express. Der Firmengründer Burr stellte seine Motivation für diese Firma folgendermaßen dar:

„I guess the single predominant reason that I cared about starting a new company was to try and develop a better way for people to work together ... that's where the name People Express came from ... Most organizations believe that humans are generally bad and that you have to control them and watch them and make sure they work. At People Express people are trusted to do a good job until they prove they definitely won't." [BURR 1990, S.1]

Einige Eckpunkte seines Konzeptes waren eine extrem flache Hierarchie, die Delegation von Managementaufgaben an sämtliche Mitarbeiter sowie eine Beteiligung aller Mitarbeiter an der Firma über Aktienpakete. Das Konzept war ebenso revolutionär wie sein Erfolg. People Express wurde der dritterfolgreichste Start-up aller Zeiten.

Ergänzt werden die von Zahn genannten Ziele mit dem Aspekt der Informationstransparenz. Deren Bedeutung in diesem Zusammenhang wurde gerade auch im Fall People Express sehr deutlich. Diese Airline bekam nach jahrelangem Wachstum Probleme. Mangelnde Informationstransparenz machte die Koordination der Aufgabe nahezu unmöglich, was zur Überforderung vieler Mitarbeiter führte. Es ist offensichtlich, dass anspruchsvolle Arbeitsinhalte nur schlecht oder auch gar nicht bewältigt werden können, wenn die notwendigen Informationen nicht zur Verfügung stehen.

Ähnlich wie ein hohes Niveau in der Zielkategorie Humanität wirkt sich auch eine gute Positionierung im Bereich Ökologie positiv auf das Firmenimage aus. Dies wird jedoch nur dort Wirkung zeigen, wo das gesellschaftliche Umfeld der Unternehmung solch ein ökologisches Image auch würdigt. Ist dies gegeben, kann also auch hier im Sinne der Stakeholder, aber auch im Sinne der Shareholder Nutzen gestiftet werden.

Um das Prinzip der Zielorientierung bis auf die Mitabeiterebene zu verankern, ist es nach WARNECKE 1995 notwendig, „ein Unternehmenszielsystem aufzubauen das über die Hierarchiestufen hinweg die Unternehmensziele herunterbricht, klar definiert, konkretisiert und in direkt beeinflussbare Größen umsetzt" (S.66). Die von WARNECKE 1995 aufgestellten Forderungen wurden durch das dargestellte Unternehmenszielsystem erfüllt bzw. werden durch das in Kapitel 6 erarbeitete und auf dem Zielsystem aufbauende Kennzahlensystem komplett unterstützt. Die Ziele werden mittels der Kennzahlen mess- und beeinflussbar und durch die Operationalisierbarkeit im Vergleich zu dem obersten Ziel ‚Wertschöpfung' transparent. Durch die Festlegung von Zielwerten, eines Realisierungszeitraumes, der graphischen Visualisierung zur Veranschaulichung der Zielerreichung und der Benennung eines Verantwortlichen wird der Verbesserungsprozess initiiert und am Leben gehalten.

5.4. Die Schnittstellen

Die in dieser Arbeit entwickelte Methodik soll die komplette Sicht auf das Unternehmen und nicht nur den Blickwinkel der Fertigung beinhalten. Diese Forderung kann nur durch die Aufstellung von eigenen Zielsystemen für die anderen drei Wertaktivitäten Produktentwicklung, Beschaffung und Vertrieb/Marketing gewährleistet werden. Einen großen Anteil kann aber die im Folgenden erarbeitete Schnittstellenbetrachtung beitragen, um die Fertigung mit seinen Interdependenzen zu den angeschlossenen Wertaktivitäten in das Gesamtziel des Unternehmen einzuordnen und um das aus Fertigungssicht zu erfüllende Gesamtoptimum objektiv realisieren zu können.

Hierzu werden nun die Interdependenzen zwischen den vier Wertschöpfungsaktivitäten analysiert, um den gegenseitigen Abstimmungsbedarf offen zu legen und um gezielt im Sinne eines Gesamtoptimums agieren zu können.

5.4.1. Die Produktion und die Produktentwicklung

In der Entwicklung werden neue Produkte generiert, die produzierbar und am Markt absetzbar sein müssen. Für beide Ziele ist neben der Abstimmung der Entwicklung mit der Beschaffung und dem Vertrieb/Marketing auch die Koordination mit der Produktion notwendig. Auf Letztere soll im Weiteren eingegangen werden.

5.4.1.1. Die Produktentwicklung

Die Produktentwicklung zusammen mit ihrer vorgeschalteten Produktplanung konstatieren den Produktentstehungsprozess, der im Folgenden kurz beschrieben wird.

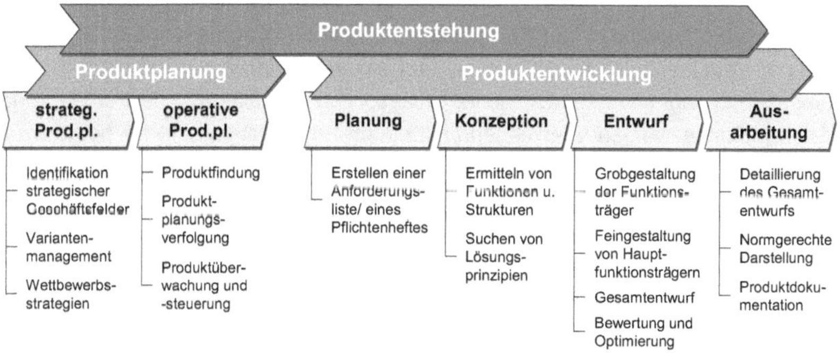

Abb. 5-18: Produktentwicklung - Produktentstehungsprozess [WESTKÄMPER 2000]

Wie in Abb. 5-18 dargestellt, wird in der Produktplanung die Produktidee generiert, welche daraufhin bis zu einem detaillierten Gesamtentwurf samt normgerechter Darstellung und Produktdokumentation, die als Basis für die Arbeitsvorbereitung und die Fertigung dient, ausgearbeitet wird. [WESTKÄMPER 2000, Vorl.3, S.6]

In der Generierung von Produktideen gewinnt, neben den Zielen Zeit, Qualität der Produkte und Optimierung von Kosten der Faktor Umwelt kontinuierlich an Relevanz [WESTKÄMPER 2000, Vorl.2, S.17]. Neben den Umweltzielen müssen auch die Humanziele der Produktion schon in der Entwicklung berücksichtigt werden.

Um ein optimales Konzept zu erhalten, sollen schon in der Konzeptionsphase die Zulieferer und in der Entwicklungsphase zusätzlich noch die Produktion mit eingebunden werden (s. Abb. 5-19), da mit der Erstellung der normgerechten Zeichnungen auch die Fertigungsprozesse weitgehend festgelegt werden.

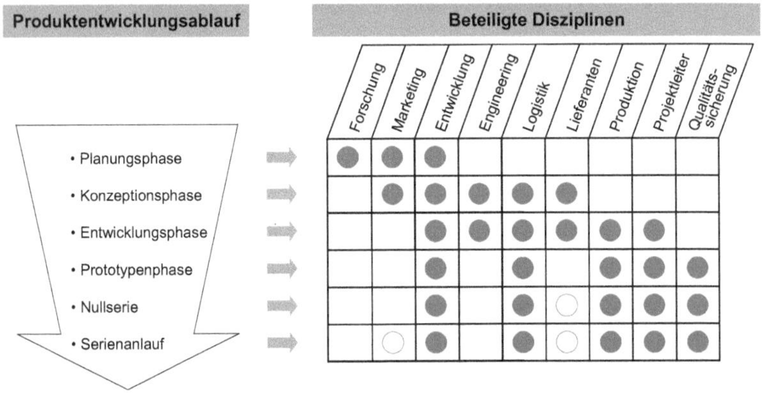

Abb. 5-19: Kommunikation im Produktentstehungsprozess [WESTKÄMPER 2000]

Die **Produktentwicklung ist von zentraler Bedeutung für die Wettbewerbsfähigkeit** einer Unternehmung. Der Produktlebenszyklus bedingt, dass ein Produkt nicht für immer erfolgreich am Markt bleiben kann. Wie wichtig neue Produkte für Unternehmen sind, zeigt folgende Tatsache. Umsatz- und Gewinnzuwachs werden in den meisten Industriezweigen überwiegend mit neuen Produkten erzielt, die heute bis zu 30% des Umsatzes der Unternehmen ausmachen. Eine vorausschauende Planung, Entwicklung und Einführung von Neuentwicklungen ist daher eine Existenzfrage der Industrie [EVERSHEIM 1996, S.7-1]. Allgemein anerkannt ist, dass ein früher Markteintritt zu wettbewerbsfähigen Preisen, sowie gute Qualität den wirtschaftlichen Erfolg neuer Produkte maßgeblich unterstützt.

Außerdem wird von EVERSHEIM 1990 belegt, dass 70% der Kosten in den Entwicklungs- und Konstruktionsbereichen festgelegt werden. Darüber hinaus stellt die Produktentwicklung einen entscheidenden Faktor in Hinsicht auf die markt- und kundengerecht auszulegenden Produktmerkmale und -leistungen dar.

Weiterhin werden Randbedingungen festgelegt, die für die Logistikeffizienz von großer Bedeutung sind. Forderungen seitens des Marketing und Vertrieb nach zunehmender Variantenvielfalt und der möglichst späten Fertigung der Kundenaufträge, um kurzfristige Einflüsse von Kundenänderungen als Lieferant aufnehmen zu können, müssen durch eine modulare, freiraumorientierte Produktausprägung zeit- und kostenorientiert realisiert werden.

Die angesprochenen Aspekte können durch eine verbesserte Koordination der an der Produktentwicklung beteiligten Unternehmensbereiche gefördert werden. Hierzu müssen die Schnittstellen im Folgenden genauer betrachtet werden.

5.4.1.2. Die Schnittstellen zum Produktentwicklungsprozess

Während nahezu alle Abteilungen mit der Produktentwicklung in Verbindung treten, sind die Arbeitsplanung, die Fertigung und die Montage als relevante Elemente der Schnittstelle von Produktion und Produktentwicklung auszumachen (s. Abb. 5-20).

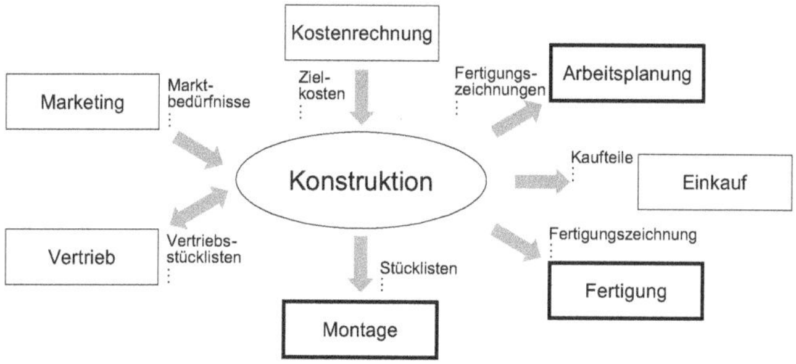

Abb. 5-20: Einordnung der Konstruktion im Unternehmen [EVERSHEIM 1996, S.7-17]

Die Arbeitsplanung bildet das Bindeglied zwischen dem Entwicklungsbereich und den ausführenden Produktionsabteilungen Fertigung und Montage. Um die sinnvollste Fertigungstechnologie in Hinsicht auf Kosten, Qualität, Zeit, Flexibilität, Humanität und Ökologie bereits in den Konstruktionsunterlagen zu berücksichtigen, ist es notwendig, dass die am Entwicklungsprozess beteiligten Entscheidungsträger über die verschiedenen möglichen Fertigungstechnologien und deren Auswirkungen informiert sind.

Im Wesentlichen zielt die Koordination von Produktentwicklung und Arbeitsplanung auf eine Verkürzung der Entwicklungszeit, die Förderung von Innovationen, die Senkung der Herstellkosten sowie die Vermeidung von Fehlentscheidungen und Doppelarbeiten in der Planung ab. Während sich der Faktor ‚Entwicklungszeit' nicht auf das Produktionszielsystem auswirkt, haben die Faktoren ‚Herstellkosten' und ‚Doppelarbeit' Auswirkungen auf den Kostenaspekt des Zielsystems und die Faktoren ‚Innovation' sowie ‚Fehlentscheidungen' potenziell Auswirkungen auf alle Aspekte des Zielsystems. All den genannten Punkten ist eines gemeinsam, sie benötigen ein hohes Niveau an **Informationstransparenz**. Heutzutage wird diese durch integrierte CAx-Systeme unterstützt.

Nach der Darlegung des allgemeinen Abstimmungsbedarfs zwischen der Produktentwicklung und der Produktion wird im Folgenden auf die spezifischen Anforderungen an die Konstruktion eines Produktes eingegangen.

Anforderungen an die Konstruktion eines Produkts

Aus Sicht der Produktion muss ein Produkt fertigungsgerecht konstruiert sein. Hierunter versteht man Gestaltungsmaßnahmen am Produkt, die eine möglichst einfache Fertigung ermöglichen. Zu den Hauptzielen zählen nach EVERSHEIM 1996 (S.7-38):

- Vereinfachung der Fertigungsprozesse bzw. Ermöglichen eines einfacheren Fertigungsverfahrens
- Erhöhen der Prozesssicherheit zur Reduzierung der Fehleranfälligkeit
- Erhöhen des Automatisierungsgrades

Darüber hinaus muss ein Produkt und dessen Aufbau montage- und demontagegerecht konstruiert sein. EVERSHEIM 1996 stellt hierzu die Hauptziele in der Konstruktion hinsichtlich der (De)Montagefreundlichkeit detailliert dar (S.7-40). Alle angeführten Ziele haben im Wesentlichen einen Fokus: die **Vereinfachung des Herstellungsprozesses**. Dies wirkt sich wiederum positiv auf die Zielkategorien Qualität, Zeit, Kosten und Flexibilität aus. Darüber hinaus gibt es auch eine Beziehung zwischen der Konstruktion und den Kategorien Humanität und Ökologie.

In Hinsicht auf die **Humanziele** nimmt die Konstruktion vor allem über die Handhabungsfreundlichkeit Einfluss auf die Produktion und Montage [EVERSHEIM 1996, S.7-41]. Zu beachten sind Ziele wie ‚Vermeiden schwerer Teile' und ‚Vermeiden von Verletzungsgefahren'. Die Konstruktion wirkt sich in der Kategorie Humanität demnach auf die Produktionsziele ‚hoher Sicherheitsstandard' und ‚Ergonomie' (s. Abb. 5-17) aus.

Wie bereits erwähnt legt die Konstruktion im Wesentlichen die möglichen Fertigungsverfahren fest. EVERSHEIM 1996 diskutiert die damit verbundenen **ökologischen Ziele** (S.11-72): ‚Vermeidung von Fertigungsverfahren mit hohem Energieverbrauch', ‚Einsatz von Produktionsverfahren mit wenig Materialverlust' und ‚Entsorgung von Werkstoffabfällen und Fertigungshilfsstoffen'. Die Konstruktion wirkt sich demnach auch auf die Produktionsziele ‚geringer Ressourcenverbrauch', ‚geringer Schadstoffausstoß' und ‚minimale Abfallmenge' der Kategorie ‚Ökologie' (s. Abb. 5-17) aus.

Zusammenfassend lässt sich sagen, dass die Schnittstelle zwischen der Produktentwicklung und der Produktion sich komplex und facettenreich darstellt. Letztendlich kann der dadurch entstehende Koordinationsbedarf nur durch eine hohe **Informationstransparenz** und eine enge Zusammenarbeit zwischen den Fachkräften der einzelnen Bereiche bewältigt werden. Ein Analyse der Schnittstelle kann diesen Prozess unterstützen, da sie eine Berücksichtigung aller relevanten Aspekte erleichtert.

Neben den erheblichen Interdependenzen zwischen der Produktion und der Produktentwicklung stellt unter anderem auch der Beschaffungsmarkt einen limitierenden Faktor für die Produktentwicklung dar. Die Beschaffung ist darüber hinaus auch eng mit der Produktion verbunden. Dies wird im Folgenden diskutiert.

5.4.2. Die Produktion und die Beschaffung

Produktionsfaktoren sind die Faktoren, welche notwendig sind, um einen Produktionsprozess aufrecht zu erhalten. Die Hauptaufgabe der Beschaffung ist die Versorgung der Produktion mit eben diesen Faktoren. Die Beschaffung ist der Produktion vorgelagert, beide müssen miteinander koordiniert werden.

5.4.2.1. Die Beschaffung

Die Beschaffung im Sinne der Materialversorgung übt eine Hebelwirkung auf das Betriebsergebnis und auf die Wettbewerbsfähigkeit einer Unternehmung aus. BICHLER 1997 (S.4) sieht die Aufgabe der Beschaffung in der Sicherstellung der Produktion und der Serviceleistung eines Unternehmens, wobei Qualität, Preis, Menge, Zeitpunkt und Ort die entscheidenden wirtschaftlichen Faktoren sind. ZAHN ET AL. 1996 (S.173) sehen den Begriff ‚Beschaffung' vor allem im Zusammenhang mit der **Gestaltung und Optimierung der Versorgungsfunktion** für die Produktion.

Nach ARNOLDS ET AL. 1996 stehen die Beschaffung mit dem Betriebsergebnis über mehrere Mechanismen in Verbindung (S.31f.):

- Den wachsenden Anteil der Materialkosten an den Herstellkosten bzw. am Umsatz durch die Reduzierung der Fertigungstiefe
- Die hohe Kapitalbindung von Sicherheitsbeständen und Anlagen
- Die Wechselwirkung zwischen Absatz- und Beschaffungsstrategien

In Anbetracht der weithin beobachtbaren Wettbewerbsverschärfung argumentiert ARNOLDS ET AL. 1996, dass der erhebliche Einfluss, den die Beschaffung auf das Betriebsergebnis ausübt, es nahe legt, sie als Instrument zur Wettbewerbssteigerung zu nutzen (S.31f.):

- Niedrige Verkaufspreise durch niedrige Beschaffungskosten
- Fähigkeit des Eingehens auf Sonderwünsche und deren schnelle Befriedigung - sowohl ‚time to market' als auch ‚time to customer'
- Sicherstellen der Qualität der Erzeugnisstoffe und damit der Fertigerzeugnisse

Im Kampf um Wettbewerbsvorteile werden heute zunehmend die Möglichkeiten des Internets genutzt. Es wird mit erheblichen Kostenersparnissen gerechnet. Hierbei nimmt die Beschaffung eine zentrale Rolle ein. Beispielsweise planen sämtliche namhaften Automobilhersteller, die Geschäfte mit ihren Zulieferern über Internetplattformen zu koordinieren [BLOME 2000].

5.4.2.2. Die Schnittstellen bei der strategischen Funktion der Beschaffung

Die Beschaffung nimmt mehrere strategische Aufgaben mit Auswirkungen auf die gesamte Wertschöpfung wahr.

EVERSHEIM 1996 zeigt ein Zielsystem der Beschaffung (S.5-27) für die Auswahl von Lieferanten auf. Um alle Wert-, Sach- und Sozialziele in den Bereichen Qualität, Zeit, Kosten, Humanität und Ökologie zu managen bedarf es der Koordination der einzelnen betroffenen Bereiche miteinander. Alle beteiligten Abteilungen müssen über alle aufgezeigten Punkte in dem von EVERSHEIM 1996 aufgestellten Zielsystem im Bilde sein. Diese Informationen sind nicht nur hinsichtlich der potenziellen Lieferanten, sondern auch über die Vor- und Nachteile bei Eigenfertigung bereitzustellen. Nur dann können die von SCHULTE 1996 definierten strategischen Aufgaben gelöst werden:

- Abstimmung über ‚make or buy' zusammen mit F&E, sowie der Kalkulation
- Absprachen über mögliche Entlastungsmaßnahmen (z.B. ‚subcontracting')
- Programmplanung

Letztendlich muss eine ausreichende **Informationstransparenz** geschaffen werden damit die strategischen Entscheidungen so getroffen werden können, dass das davon beeinflusste operative Geschehen optimiert wird. Der benötigte Informationsaustausch zwischen Beschaffung und Produktion lässt sich somit anhand der Anforderungen an die operative Versorgungsfunktion untersuchen.

5.4.2.3. Die Schnittstellen bei der Versorgungsfunktion der Beschaffung

Die Versorgungsfunktion bedarf der Koordination zwischen den einzelnen Aktivitäten in der Wertschöpfungskette. Insbesondere werden in diesem Abschnitt die Interdependenzen mit der Produktion diskutiert.

BICHLER 1997 beschreibt die verschiedenen Detailaufgaben (S.4) der Versorgungsfunktion und schafft damit eine Basis zur Diskussion der Schnittstellenproblematik. Im Folgenden sind diese, sowie ihre Beziehung zum Produktionszielsystem, aufgelistet:

- Sicherung der Fertigungsstetigkeit durch Abstimmung der Liefertermine und der Liefermenge. Die Abstimmung auch in Bezug auf evtl. auftretende Versorgungsengpässe nimmt unmittelbaren Einfluss auf die **Zielkategorie ‚Zeit'**.
- Beratung über Markt- und Konjunkturlage, Informationen über neue Materialien und Baugruppen. Da diese Beratungsfunktion auf die Inputs in das Produktionssystem abzielt, kann sie zu einer Änderung der Leistungserstellung in diesem System führen und sich somit auch auf **sämtliche Zielkategorien** auswirken.
- Koordinierung von Entwicklung, Beschaffung und Produktion mit dem Ziel Senkung der Beschaffungskosten und der Lagerbestände. Zum Beispiel sind die zusätzlichen Entwicklungskosten, welche mit einer Standardisierung einhergehen, gegen die bei der Produktion (geringere Vielfalt) und bei der Beschaffung (größe-

re Mengen) entstehenden Vorteile abzuwägen. Effekte auf das Produktionszielsystem können sich ähnlich wie bei der Beratungsfunktion (siehe oben) auf **sämtliche Zielkategorien** auswirken.

- Wareneingangs-, Qualitätsprüfung und Frachtenkontrolle: Primär sind diese Prüfungen notwendig um eine hohe Qualität des Endproduktes zu gewährleisten. Weiterhin unterstützen diese auch die Fertigungsstetigkeit, da die Herstellungsprozesse nicht aufgrund später entdeckter Mängel unterbrochen werden müssen. Hiermit werden die **Ziele der Kategorien ‚Zeit' und ‚Qualität'** beeinflusst.

Es handelt sich bei den Abhängigkeiten zwischen der Beschaffung und anderen Aktivitäten der Wertschöpfungskette oft um Dreierbeziehungen mit der Produktentwicklung und der Produktion.

5.4.3. Die Produktion und der Vertrieb / das Marketing

Die in Abschnitt 1.1 skizzierte Marktentwicklung hin zum Käufermarkt zeigt vortrefflich, dass sich die Produktion ohne eine Abstimmung mit dem Marketing und dem Vertrieb nicht zielgerichtet gestalten lässt.

WESTKÄMPER 2000 unterstützt diese These mit folgender Aussage (Vorl.2, S.6): *„Die in der Fertigung hergestellten Produkte führen nur zu einem Unternehmenserfolg, wenn sie am Markt erfolgreich abgesetzt werden können, d.h. sich zum erforderlichen Preis ein Käufer findet. Neben diesen Aufgaben des Vertriebs ist auch die Rückführung der Kundenwünsche in die Entwicklung neuer Produkte ein wichtiger Gegenstand der Marketingstrategie."*

5.4.3.1. Der Vertrieb und das Marketing

Dem Bereich Vertrieb und Marketing wird zunehmend die zentrale Rolle im Unternehmen zugesprochen. Im Folgenden wird gezeigt, dass ein Marketingverständnis, welches die Rolle der Produktion für den Markterfolg nicht berücksichtigt, den Anforderungen moderner Märkte nicht entsprechen kann.

Nach MEFFERT 1986 (S.114f.) lassen sich die Aufgaben von Vertrieb und Marketing anhand der vier Fragestellungen **Produkt-, Distributions-, Kontrahierungs- und Kommunikationspolitik** aufzeigen:

Der Bereich Produktion ist in Mefferts Marketingverständnis kaum berührt. Das Phänomen, dass die Interdependenzen zwischen Marketing und Produktion nicht diskutiert werden, ist in der Marketing-Literatur weit verbreitet. Die Interdependenzen zwischen diesen zwei Aktivitäten der Wertschöpfungskette scheinen demnach als unwichtig erachtet zu werden.

CHRISTOPHER 1992, ein Vertreter des SCM, sieht das anders (S.25). Laut ihm verliert die Bedeutung der klassischen Forderung nach einer Abstimmung von Produktentwicklung und Marketing zunehmend an Gewicht. Dies führt er auf die Entwicklung der

Märkte zurück. Kunden weichen mehr denn je von ihrer Markenbindung ab, kaufen Substitute, deren technologische Ausprägung sich sehr ähnelt und lassen sich vermehrt von kundenserviceorientierten Aspekten beim Kauf eines Produktes leiten.

Außerdem argumentiert CHRISTOPHER 1992, dass für die strategische Position der Kostenführerschaft niedrige Produktionskosten sowie Effizienz bei Marketing und im Vertrieb benötigt werden. Auch bei der Strategie der Differenzierung nimmt die Produktion für das Marketing eine zentrale Rolle ein. Die Optimierung der **Zusammenarbeit zwischen Produktion und Vertrieb/Marketing ist daher eine Notwendigkeit für den Markterfolg**. [CHRISTOPHER 1992, S.11f.]

Der Erfolg der Unternehmung wird dabei um so größer ausfallen, je besser die Koordination der Schnittstelle Produktions- und Marketingmanagement funktioniert.

5.4.3.2. Die Schnittstellen zu Vertrieb und Marketing

Bei der Betrachtung der Schnittstelle zwischen Marketing und Produktion ist die Identifikation der Aspekte interessant, welche für den Kunden und den Markterfolg relevant und von der Produktion beeinflussbar sind.

Hinsichtlich der Kundenpräferenzen untersucht CHRISTOPHER 1992 einige Marktstudien. Er resümiert, dass die klassischen Faktoren Preis und Werbung klar abgeschlagen hinter Qualität und Verlässlichkeit liegen (S.29). Gerade die Wichtigkeit der Verlässlichkeit der Lieferung (bzgl. Menge, Zeit und Ort) und der Qualität des Produktes ist ein Indiz für die **zentrale Rolle, welche die Produktion für die Kundenzufriedenheit einnimmt**.

Christophers weitere Argumentation ist auf die Supply Chain fokussiert. Der Supply Chain Philosophie wird das in dieser Arbeit skizzierte Konzept dadurch gerecht, dass die Analyse der Schnittstellen eine Koordination der einzelnen Aktivitäten hin zu einem Gesamtoptimum unterstützt. Ein für den Vertrieb unmittelbar relevantes Glied der Supply Chain ist die Produktion. Letztendlich muss der Vertrieb sich in seinen Absatzbemühungen zumindest kurzfristig daran orientieren, was die Produktion in der Lage ist herzustellen. Dies gilt bezüglich der Art des Produktes sowie Menge und Zeitpunkt der Auslieferung. Die Aussagen der im Folgenden dargestellten Zusammenhänge bezüglich der Marketingeffizienz einer Unternehmung (s. Abb. 5-21) können daher genutzt werden, um die Schnittstelle zwischen Produktion und Vertrieb/Marketing aufzuzeigen.

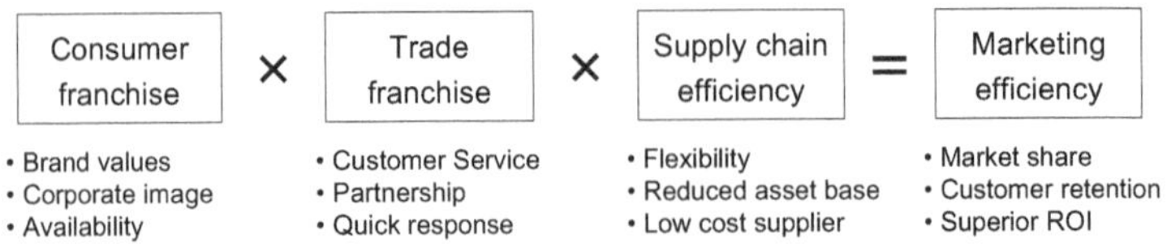

Abb. 5-21: Marketingeffizienz [CHRISTOPHER 1992, S.30]

Die Kernaussage der Konzeption ist, dass sich die Effizienz des Marketings aus der Umwerbung der Kunden und der Vertriebskanäle sowie der Effektivität der Supply Chain zusammensetzt. Folgende Beziehungen zum Produktionszielsystem bestehen:

- Brand Values, Corporate Image: beeinflussen sämtliche Zielkategorien der Unternehmung und vice versa
- Availability, Quick response: werden durch Zeit- und Flexibilitätsziele umgesetzt
- Reduced asset base und low cost supplier: werden durch Kostenziele umgesetzt
- Customer Service: CHRISTOPHER 1992 unterscheidet bei der Serviceleistung am Kunden zwischen Elementen, die vor, während und nach der Transaktion zu berücksichtigen sind (S.28). Hiervon sind etliche, vor allem jedoch Zeitaspekte (z.B. die Durchlaufzeit und -streuung) von der Produktion unmittelbar beeinflussbar.

Für eine hohe Marketingeffizienz muss sich demnach die Zielsetzung des Leistungssystems am Kunden ausrichten. CHRISTOPHER 1992 verlangt somit, dass die Wertschöpfung vor allem im Sinne des Kunden zu verstehen ist (siehe 5.2.3). Die dadurch erreichbare Marketingeffizienz ist der Garant für **‚market share'** (Marktanteil), **‚customer retention'** (Kundenbindung) und einem **‚superior ROI'**.

Die Koordination der Produktion mit dem Vertrieb/Marketing ist somit vom Resultat her eine Ausrichtung auf den wirtschaftlichen Erfolg der Unternehmung.

Im Folgenden soll auf die Gewichtung und den Einsatz, des in diesem Kapitel entwickelten Unternehmenszielsystems eingegangen werden.

5.5. Gewichtung des Unternehmenszielsystems

Das Unternehmenszielsystem ist innerhalb des gesamten Konzepts inhaltlich eine Konstante, die individuell von jedem Anwender, Unternehmen neu gewichtet werden kann. Die Ziele und deren Hierarchie sind generisch und damit für alle Unternehmen allgemeingültig definiert. Die unternehmensindividuelle Gewichtung trägt den Aspekten der eigenen Unternehmensphilosophie und -ausrichtung (z.B. Handel-Produktion, geringe/hohe Fertigungstiefe, Wertschöpfungsstufe Rohstoff - Produktion - Veredelung - Güterdistribution) und letztendlich auch der Unternehmensvision Rechnung.

Die Gewichtung erfolgt zweigweise, d.h. jeweils ein Oberziel mit seinen in der nächst tieferen Ebene liegenden Unterzielen. Dabei wird das Relativgewicht der Unterziele mit Hilfe des paarweisen Vergleichs [GROB & HAFFNER 1982] ermittelt. Vorteil des paarweisen Vergleichs ist es, eine objektive Einzelbewertung eines jeden Zieles vornehmen zu können. Folgende Abbildung zeigt den paarweisen Vergleich für die drei Unterziele des Zieles ‚Qualität'. Jedes der drei Unterziele wird jeweils mit den anderen verglichen und bewertet. Der Bewertungsmaßstab reicht von 0 bis 4 Punkten. Die Abstufung ist in Abb. 5-22 als Legende dargestellt.

Zielebene Lfd. Nr.	Oberziel / Unterziele	1.1.1	1.1.2	1.1.3			
1.1	**Qualität steigern**	Einhaltung von Toleranzen	Streuungszentrum ausrichten	Streuung reduzieren	Punkte	Anteil %	Rang
1.1.1	Einhaltung von Toleranzen	X	2	3	5	42%	1
1.1.2	Streuungszentrum ausrichten	2	X	3	5	42%	1
1.1.3	Streuung reduzieren	1	1	X	2	17%	3
					12	100%	

Legende:
0 = Ziel ist sehr viel weniger wichtig als Vergleichsziel
1 = Ziel ist weniger wichtig als Vergleichsziel
2 = Ziel ist gleich wichtig wie Vergleichsziel
3 = Ziel ist wichtiger als Vergleichsziel
4 = Ziel ist sehr viel wichtiger als Vergleichsziel

Erklärungen:
Das Ziel „Einhaltung von Toleranzen" wird gleich wichtig wie „Streuungszentrum ausrichten" bewertet
Das Ziel „Einhaltung von Toleranzen" wird wichtiger als „Streuung reduzieren" bewertet
Das Ziel „Streuung reduzieren" wird weniger wichtig als „Streuungszentrum ausrichten" bewertet

Abb. 5-22: Paarweiser Vergleich für die Unterziele des Oberzieles „Qualität"

Die Gewichtung wird nach der Bottom-up-Methode von unten nach oben vorgenommen, weil dann erst die Intention der einzelnen Zielbereiche mit ihren Teilzielen klar wird und die Gewichtung der darüber liegenden Oberziele objektiver erfolgen kann. Zur Durchführung und Objektivierung der Bewertung kann ein interdisziplinarisches Team aus der Geschäftsleitung, den jeweiligen Bereichsleitern und dem Controlling gebildet werden. Aus jeder einzelnen personenbezogenen Bewertung kann dann das Unternehmensmittel gebildet werden.

Das Relativgewicht eines Unterzieles erhält durch die Multiplikation mit dem Relativgewicht seines Oberziels sein resultierendes Absolutgewicht. Summiert man die Absolutgewichte aller in unterster Ebene stehenden Ziele auf, so erhält man die Summe von 100 Prozent. Aus den Absolutgewichten der Kennzahlen ist grundsätzlich deren unternehmensindividuelle Zielpriorität ablesbar. Die Darstellung des gewichteten Unternehmenszielsystems befindet sich im Anhang auf Seite 181.

5.6. Einsatz des Unternehmenszielsystems

Der Einsatz des Zielsystems kann auf mehreren Ebenen des Unternehmens stattfinden. Der Prozess der Zielformulierung im i.w.S. und die damit i.e.S. verbundene Gewichtung des Zielsystems wird, wie auf S.81 angedeutet, in kooperativer Zusammenarbeit von Management und Mitarbeiter vorgenommen.

Grundsätzlich müssen die von WARNECKE 1995 aufgezeigten methodischen Anforderungen zum Aufbau des Zielsystems und der Verknüpfung mit Kennzahlen Berücksichtigung finden (S.66ff.). Neben der Messbarkeit der auf die jeweiligen Bereiche heruntergebrochenen Ziele, spielt die direkte Beeinflussbarkeit eine große Rolle. Nur Ziele, die direkt gemessen oder beeinflusst werden können werden aktiv von den

Mitarbeitern wahrgenommen. Die Sichtbarmachung und Vermittlung der Ziele durch das Management sowie die Wahrnehmung dieser Ziele durch die Mitarbeiter ist ein bedeutender Schritt zur Aktivierung der Mitarbeiter und ihrer persönlichen Organisationsfähigkeit und Kreativität zur Initiierung eines KVP.

Wichtig ist somit, dass eine Zielvorgabe nach der **Top-down**-Methode mit der Basis abgestimmt wird und damit ein tragfähiger Zielkompromiss gefunden werden kann, der von allen Ebenen im Unternehmen mitgetragen wird und dadurch eine realistische Umsetzung gewährleistet werden kann. Im umgekehrten Fall der **Bottom-up**-Methode wird die Aufstellung eines tragfähigen Kompromisses schwieriger sein, da die vielen einzelnen Zielsysteme der unteren Ebenen auf die zentrale strategische Zielrichtung des Unternehmens abgestimmt werden müssen.

Darüber hinaus werden Anforderungen wie die aktuelle Ergebnisrückführung, die Transparenz der Ziele und die Veranschaulichung der Zielerreichung an ein Kennzahlensystem gestellt. Alle genannten methodischen Anforderungen führen in ihrer Umsetzung direkt auf die Elemente des Zielsystems: Neben der Zuordnung von Kennzahlen zu den Zielen ist die Festlegung eines Zielwertes und eines Realisierungszeitraumes notwendig. Die grafische Visualisierung der zeitlichen Entwicklung ist dabei ein wichtiges Instrumentarium. Außerdem muss das Unternehmenszielsystem der Dynamik der Umwelt gerecht werden, indem neue Randbedingungen und Strategien mittels einer Neubewertung/-gewichtung eingebracht werden können.

5.7. Zusammenfassung

In diesem Kapitel wurden neben dem obersten Ziel des Zielsystems dessen Unterziele hergeleitet. Eine nähere Betrachtung des Zielbildungsprozesses, ein eigener Gliederungsansatz der Unternehmensziele sowie die Herleitung der Unterziele waren die wichtigsten Schritte.

Zunächst wurde festgestellt, dass Unternehmensziele in den letzten 20 Jahren einem Wandel unterzogen waren, grundsätzlich aber das Ergebnis eines Zielkonflikt-Zielkompromiss-Prozesses sind. Konkretisiert wurde dies durch das Aufzeigen der verschiedenen Interessenslagen der Stakeholder. Die Folgerung hieraus war, dass das oberste Unternehmensziel die Kooperationsbereitschaft dieser Anspruchsgruppen sichern muss. Dies kann durch eine im Sinne der Stakeholder **erfolgreiche Erhaltung und Weiterführung der Unternehmung** gewährleistet werden.

Demnach muss zwischen den zwei Extremen, der monistisch ökonomischen und der pluralistisch gesellschaftlichen Zielsetzung, ein tragfähiger Kompromiss gefunden werden. Die Aufnahme der pluralistischen Interessen der Stakeholder in das Zielsystem kann dadurch gerechtfertigt werden, dass die Steigerung des Lebensstandards plausibler erscheint als das reine Streben nach finanziellem Wohlstand.

In der dann folgenden Herleitung der Unternehmensebene wurde das oberste Unternehmensziel - die Erhaltung und erfolgreiche Weiterentwicklung des Unternehmens - in Leistungs-, Wert- sowie Sozial- und Umweltziele gegliedert. Die erzeugte Trennung von Ursache und Wirkung ist eines der zentralen Merkmale der Unternehmenszielebene. Nur durch Implementierung im Leistungssystem kann das oberste Unternehmensziel verfolgt und messbar gemacht werden. Gefolgert wurde, dass sämtliche Unternehmensziele entweder unmittelbar als Leistungsziele formuliert oder in solche übersetzt werden müssen.

Weiterhin wurde für ein Zielsystem, das das Leistungssystem aufspannt, die Wertschöpfung als geeignete Wurzel identifiziert. Zu betonen ist, dass diese Wurzel sowohl dem politischen Zielkonflikt als auch der Bestimmung des Zielsystems als Controllinginstrument gerecht wird.

Das oberste Ziel Wertschöpfung diente in Folge für die weitere Herleitung der Unterziele. Dabei wurde die Komplexität der als Oberziel definierten Wertschöpfung durch die Definition von Subsystemen (Wertschöpfungskette) reduziert. Die Gestaltung der einzelnen Wertaktivitäten erlaubt die Berücksichtigung der Stakeholderinteressen. Außerdem wird durch die Gliederung der Wertschöpfungskette in die Aktivitäten Produktion, Produktentwicklung, Beschaffung und Vertrieb/Marketing die generische Gliederung des Zielsystems gefördert.

Das Zielsystem wurde exemplarisch für die Produktion hergeleitet. Es wird den Ansprüchen einer pluralistisch gesellschaftlichen Zielsetzung gerecht und inkorporiert wesentliche moderne Ansätze im Themenfeld Produktion. Mit den Kategorien, Qualität, Zeit, Kosten, Flexibilität, Ökologie und Humanität, hält sich das Zielsystem eng an die Gliederung von ZAHN ET AL. 1996 (S.152). Unmittelbar übernommen wurden die ökologischen und die Humanziele. Die Flexibilität ist durch die Betrachtungen von ZÄPFEL 1989 (S.269) geprägt. Die klassischen Ziele, Qualität, Zeit und Kosten berücksichtigen die Belange der Produktionslogistik und sind stark an die Perspektive des TPS angelehnt. Nicht zuletzt wurde das ‚keeping it simple' der Herstellungsprozesse und die Informationstransparenz in das Zielsystem integriert. Diese strukturellen Determinanten sollen die Erfüllung der hergeleiteten Ziele unterstützen.

Bei der Untersuchung der **Schnittstellen** von Produktion und Produktentwicklung, von Produktion und Beschaffung sowie von Produktion und Vertrieb/ Marketing wurde deutlich, dass viele Aspekte, die zwischen den genannten Abteilung zur Optimierung der Wertschöpfungskette abgestimmt werden müssen, zum Teil bereits im Konzept des Zielsystems für die Produktion berücksichtigt wurden.

Die Operationalisierbarkeit des Zielsystems kann erst durch den Einsatz von Kennzahlen, die die Unterstziele eindeutig und umfassend beschreiben, herbeigeführt werden. Dieser Sachverhalt wird im folgenden Kapitel detailliert.

6. Konzept der Kennzahlenhierarchie

Ausgehend von den Randbedingungen, die in Kapitel 4 eine Zusammenfassung erhalten haben, soll auf Basis des definierten Unternehmenszielsystems eine Kennzahlenhierarchie zur umfassenden Beschreibung der Wertschöpfung aufgebaut werden. Die Kennzahlen werden aufgrund ihrer unterschiedlichen Operationalisierbarkeit und ihres Detaillierungsgrades in einer Hierarchie geordnet, die letztendlich das Oberziel ‚*Wertschöpfung*' detailliert und beschreibt. Die Kennzahlenhierarchie erlaubt somit neben einer globalen Betrachtung anhand von ein paar wenigen übergeordneten Kennzahlen ebenso die detaillierte Analyse des Betrachtungsgegenstandes. Mittels der Kennzahlen soll generell der Ist-Zustand gemessen und ein Soll-Zustand in Form eines Zielwertes abgeleitet bzw. verfolgt und realisiert werden.

Während die globale Betrachtung eine instrumentelle Kontroll- und Vorgabefunktion einnimmt, übernimmt die detaillierte Betrachtung eine konzeptionelle Steuerungs- und Führungsfunktion. Eine dahingehend ausgerichtete Systematisierung der Kennzahlenhierarchie soll in Abschnitt 6.3 näher erläutert werden.

6.1. Kennzahlen und Kennzahlenhierarchie

Zunächst sollen für das hergeleitete Unternehmenszielsystem geeignete Kennzahlen gefunden werden, die die Oberziele umfassend beschreiben können. Jedem Unternehmen steht es an dieser Stelle offen die eingesetzten Kennzahlen auf die jeweiligen unternehmensspezifischen Gegebenheiten abzustimmen oder durch weitere Kennzahlen, die ein Ziel noch umfassender beschreiben können, zu ergänzen.

Im Bereich der **Qualität** wurden Ziele von COCHRAN 2000 übernommen, die durch unmittelbare Operationalisierbarkeit überzeugen. Die drei Ziele *‚Einhaltung von Toleranzen'*, *‚Streuungszentrum ausrichten'* und *‚Streuung reduzieren'* können durch folgende Abbildung näher beschrieben werden:

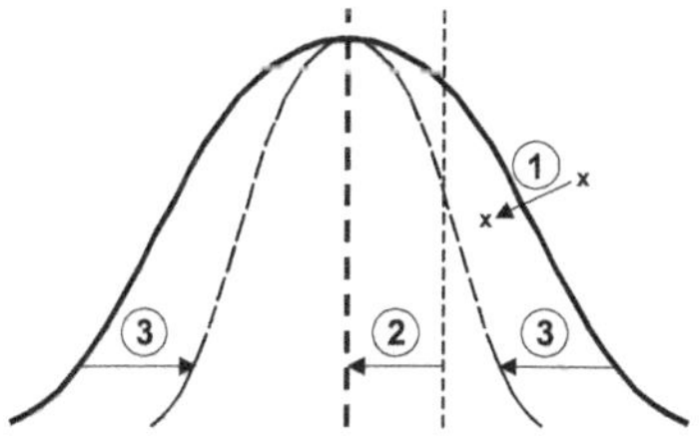

Abb. 6-1: Möglichkeiten zur Qualitätsverbesserung

Neben der Einhaltung von Toleranzen (①) muss das Ziel verfolgt werden das Streuungszentrum um den Soll-Wert auszurichten (②), sowie die Streuung generell zu verkleinern (③). Diese Ziele können einerseits mit Hilfe von drei globalen Kennzahlen festgehalten und andererseits weiter detailliert werden. Durch die Detaillierung erhält man Kennzahlen, die eine konzeptionelle Nutzung zur Optimierung der Prozesse und letztendlich eine Annäherung an den Soll-Zielwert zulassen.

So wird das Qualitätsziel *'Einhaltung von Toleranzen'* durch die Anzahl Fehler mit zuordbarem Grund in ppm gemessen und für die konzeptionelle Nutzung weiter detailliert nach den Gründen Maschine, Mitarbeiter, Prozess und Material. Der Faktor Mitarbeiter kann in drei weitere Aspekte aufgegliedert werden (s. Abb. 6-2).

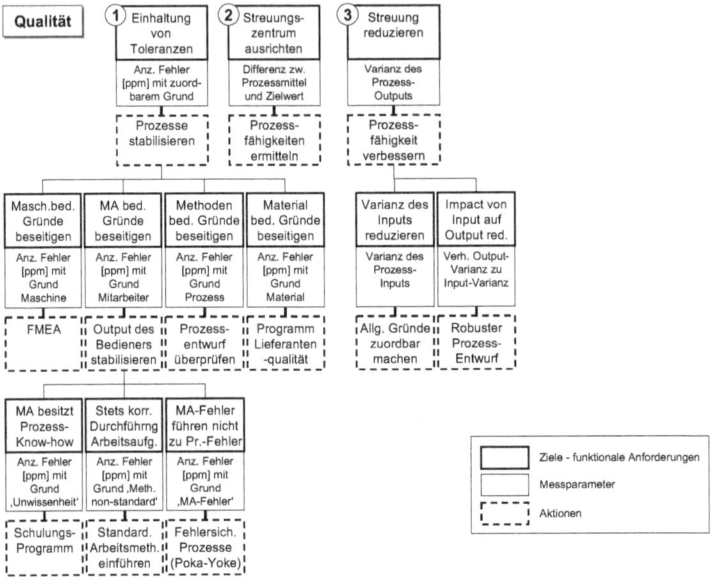

Abb. 6-2: Operationalisierung der Möglichkeiten zur Qualitätsverbesserung

Im Bereich der **Zeitziele** dominieren zwei übergeordnete Aspekte, die rein logistischer Natur sind und zu deren Kernziele gehören: *'Kurze Lieferzeiten'* und *'Lieferpünktlichkeit'*. Ihre Detaillierung wurde stark in Anlehnung an die Toyota Production Philosophie vorgenommen und damit direkt der konzeptionelle Optimierungsaspekt in das Zielsystem aufgenommen.

Das Oberziel *'Kurze Lieferzeiten'* wird durch zwei Kennzahlen, die *'Durchschnittliche Lieferzeit'* und *'Streuung DLZ'* beschrieben und kann durch eine Reihe von Aspekten ursächlich detailliert werden (s. Abb. 6-3). Neben den Aspekten Verzögerungen durch Los- und Gebindegröße, Überproduktion, Schedulingfehler (Terminierung zum Engpass), mangelnde Transport- und Systemabstimmung sowie Rüstzeiten gehen Durchlaufzeitgrößen wie die Wiederbeschaffungszeit als Schnittstellengröße und die Auftragsabwicklungszeit als unternehmensinterne zusätzliche Größe ein.

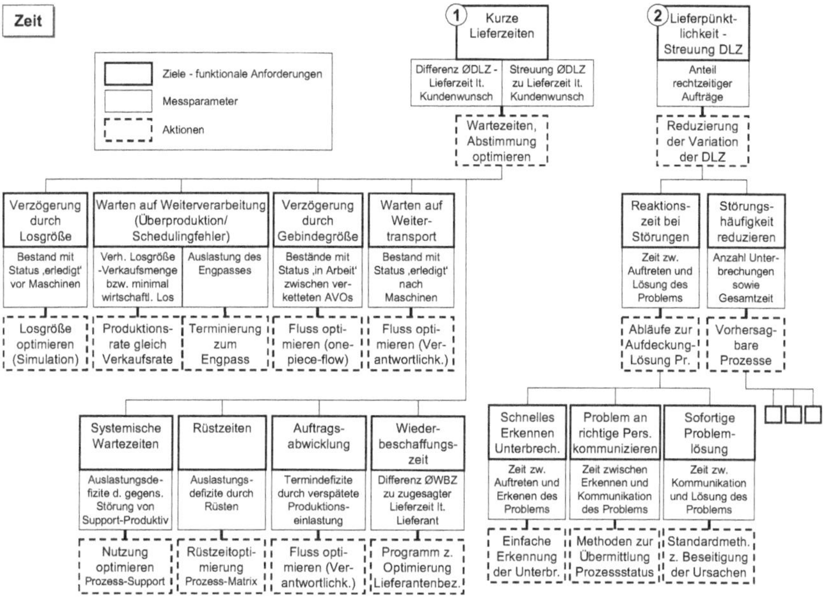

Abb. 6-3: Operationalisierung der Möglichkeiten zur Verbesserung der Zeitziele

Das zweite Oberziel *‚Lieferpünktlichkeit'* kann durch den Anteil rechtzeitiger Aufträge beschrieben und durch folgende zwei Kennzahlen detailliert werden: *‚Reaktionszeit bei Störungen'* und *‚Störungshäufigkeit reduzieren'*. Auf Basis der oben gemachten Annahmen eines auf die Kapazitäten abgestimmten Produktionsplanes bilden diese beiden Kennzahlen den verbleibenden Tatbestand eines störungsbehafteten Systems ab. Dabei wird die Kennzahl *‚Reaktionszeit bei Störungen'* in drei weitere Teilgrößen, die die Ursache näher beleuchten, gegliedert. Die Kennzahl *‚Störungshäufigkeit reduzieren'* wird außerdem ursachenlogisch in die Teilaspekte Informationssystem, Instandhaltung, MA-Motivation und Materialverfügbarkeit unterteilt.

Weitere Detaillierungen der Kennzahlen zur konzeptionellen Nutzung sind somit stets denkbar und dezentral auf der operativen Ebene zu verfolgen.

Im Bereich der **Kostenziele** dominiert in den Grenzen des Produktionssystem der Stückkostenaspekt, der auf Basis einer Prozesskostenrechnung (s. Abschnitt 3.2.1.4) sowohl die direkten als auch die Gemeinkosten einbeziehen kann. Diese Kennzahl dient als globale Vorgabe- und Kontrollfunktion für das Oberziel *‚Kosten'*.

Darüber hinaus wurde der konzeptionelle Optimierungsaspekt in Anlehnung an die Toyota Production Philosophie in das Zielsystem aufgenommen. Mehrere übergeordnete Aspekte aus dem Bereich der Verschwendung sollen die Optimierung der Kosten im Produktionsbereich vorantreiben helfen (s. Abb. 6-4).

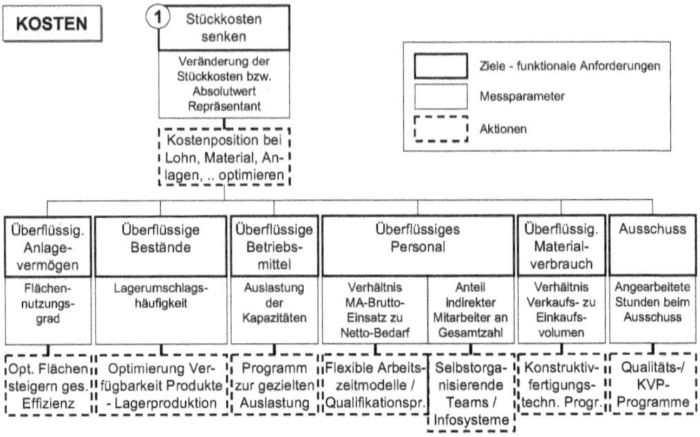

Abb. 6-4: Operationalisierung der Möglichkeiten zur Optimierung der Kostenziele

Beim Ziel *‚Überflüssiges Anlagevermögen‘* wurde der Flächenaspekt hervorgehoben, da die Betriebsmittel als getrennte Kennzahl eingehen. Die Optimierung von Flächen wirkt sich aufgrund ihrer strukturtechnischen Reorganisationsmöglichkeiten positiv auf die Gesamteffizienz des Systems aus. Es werden Puffer vermieden, die grundsätzliche Systemprobleme verdecken, sowie die Abläufe wegeoptimiert, was den Informationsaustausch durch die direkte Einflussnahme innerhalb enger shop-floor Kunden-Lieferanten-Beziehungen intensiviert und die Systemabstimmung verbessert.

Beim Ziel *‚Überflüssige Bestände‘* wurde nur der Aspekt des Lagerwesens einbezogen. Die Umlaufbestände werden intensivst durch die Zeitziele und damit speziell bei dem Aspekt der Überproduktion abgebildet.

Die Kennzahl *‚Überflüssiges Personal‘* stellt eine Relation von brutto geleisteten Arbeitstunden zum Netto-Bedarf, der mittels den Vorgabezeiten aus den Arbeitsplänen und dem Ausstoß ermittelt werden kann. Während bei den Zeitzielen bereits Aspekte zur Optimierung dieser Kennzahl in Form von Wartezeiten aufgrund von schlechter Systemabstimmung eingehen, wird hier speziell auf die Möglichkeiten von flexiblen Arbeitszeitmodellen Wert gelegt. Entsprechend einer TPS- oder KANBAN-Philosophie soll die Produktions- der Verkaufsrate angepasst werden, was auf der Personalseite durch Arbeitszeitkonten und Qualifizierungsprogramme zur Flexibilisierung des MA-Einsatzes abgedeckt werden kann.

Bei der Quantifizierung des *‚Ausschusses‘* geht nur die lohntechnische Komponente ein, da der Materialaspekt durch die Kennzahl *‚Überflüssiger Materialverbrauch‘* in die Gesamtbetrachtung einbezogen wird.

Im Bereich der **Flexibilitätsziele** werden die unterschiedlichsten Merkmale von Produktionsflexibilität durch fünf Kennzahlen abgebildet (s. Abb. 6-5).

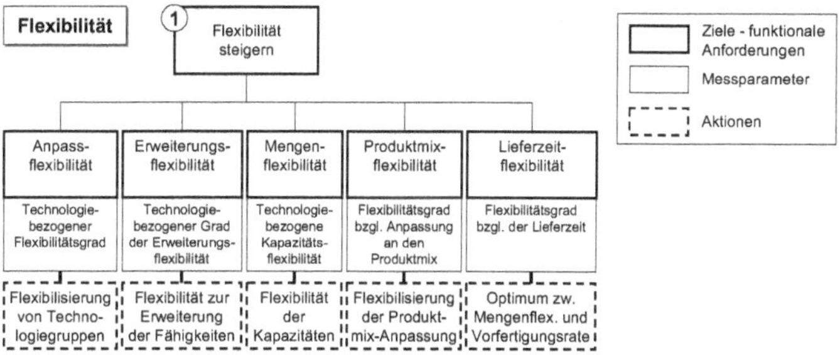

Abb. 6-5: Operationalisierung der Möglichkeiten zur Optimierung der Flexibilität

Durch das Ziel *‚Anpassflexibilität‘* wird der Flexibilitätsgrad abgebildet, der innerhalb einer Technologiegruppe durch die einzelnen funktionalen Fähigkeiten der Kapazitätseinheiten bestimmt und zu einer Gesamtflexibilität der Gruppe zusammengeführt werden kann. Einzelmaschinen, die alle in der Gruppe geforderten Aufgaben übernehmen können, tragen somit mit dem höchsten Flexibilitätsgrad, der anhand der jeweiligen Stundenkapazität der Maschinen gewichtet wird, zur Gruppenwertung bei.

Die *‚Erweiterungsflexibilität‘* misst das Potenzial zur Erweiterung der Fähigkeiten eines Technologiegruppenmitgliedes. Auch hier gehen die Einzelfaktoren gewichtet anhand der jeweiligen Stundenkapazität der Maschinen in das Gruppenergebnis ein.

Die *‚Mengenflexibilität‘* bildet eine Aussage zur kapazitiven Mengen- bzw. Volumenflexibilität einer jeden einzelnen Technologiegruppe oder -untergruppe. Die *‚Mengenflexibilität‘* ist damit umgekehrt proportional zur Kapazitätsauslastung einer Gruppe.

Die *‚Produktmixflexibilität‘* setzt sich aus drei Faktoren zusammen und stellt eine Erweiterung der *‚Anpassflexibilität‘* dar. Faktor eins ist die *‚Anpassflexibilität‘*; Faktor zwei beurteilt den Aufwand, die jeweilige Kapazitätseinheit für einen anderen Einsatz umzurüsten und Faktor drei beurteilt den Freiheitsgrad bzgl. der Variabilität der Bearbeitungsreihenfolge. So ist die Variabilität der Bearbeitungsreihenfolge bei einem CNC-Bearbeitungszentrum mit einer wesentlich höheren Flexibilität anzusetzen als die einer kurvenscheibengesteuerten Bearbeitungsmaschine.

Die *‚Lieferzeitflexibilität‘* stellt eine Erweiterung der *‚Mengenflexibilität‘* dar und wird durch zwei Faktoren bestimmt. Im ersten Faktor geht die Auslastung der Kapazitätseinheiten (*‚Mengenflexibilität‘*) ein. Der zweite Faktor bestimmt die Vorfertigungsrate bezogen auf ein jeweiliges Produktspektrum, das die Kapazitätsgruppen, deren *‚Lieferzeitflexibilität‘* bestimmt werden soll, beaufschlagt.

Die Erhebung der Kennzahlen wird in Abschnitt 6.4 erläutert. Nicht jede Firma wird in der Lage sein ein derartiges Abbild der Produktionsflexibilität zu bilden. Es gibt aber durchaus Beispiele von Unternehmen, die derartige Analysen verfolgen, da sich die Aspekte ‚Zeit‘, ‚Menge‘ und ‚Liefertreue‘ als wesentliche Alleinstellungsmerkmale gegenüber der Konkurrenz darstellen lassen.

Im Zielbereich **Ökologie** werden zur Beschreibung des Oberziels vier Faktoren herangezogen (s. Abb. 6-6).

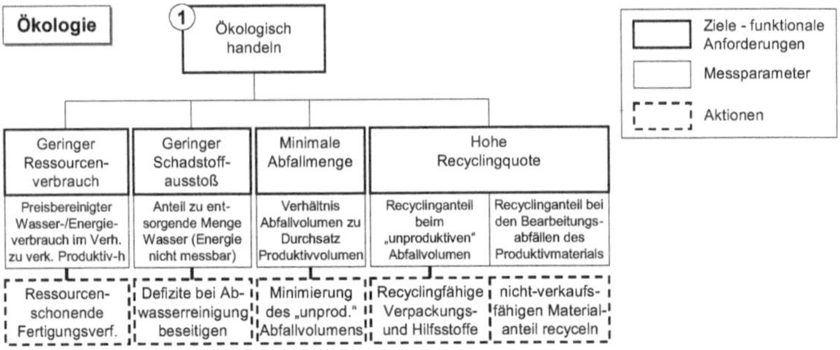

Abb. 6-6: Operationalisierung der Möglichkeiten zum ‚Ökologischen Handeln'

Die Kennzahl *‚Geringer Ressourcenverbrauch'* betrachtet den preisbereinigten Wasser- und Energieverbrauch im Verhältnis zu den verkauften Produktivstunden des Betriebes. Weist diese Kennzahl innerhalb einer Periode ein schlechteres Verhältnis aufgrund eines möglichen Absatzrückganges auf, so ist dies z.B. ein Indiz dafür, dass die energieverbrauchenden Kapazitäten einen Grundbedarf aufweisen, der u.U. minimiert werden kann.

Der *‚Geringe Schadstoffausstoß'* wird nur auf die Abwassermengen bezogen, die in speziellen Fällen aufgrund ihrer Verunreinigung entsorgt oder durch spezielle Verfahren firmenintern gefiltert und gereinigt werden müssen. Der Schadstoffausstoß durch den Energieverbrauch soll an dieser Stelle nicht gemessen werden, da erstens bei zugekaufter Energie kein Einfluss genommen werden kann und zweitens bei eigens produzierter Energie die Kennzahl *‚Geringer Ressourcenverbrauch'* den Faktor Schadstoffausstoß abdeckt.

Bei der Kennzahl *‚Minimale Abfallmenge'* gehen nur „unproduktive" Abfälle (Verpackungsmaterial, Reststoffe, etc.) in die Betrachtung ein, d.h. Bearbeitungsabfälle werden an dieser Stelle außen vor gelassen, da diese einerseits im Kostenbereich durch die Kennzahl *‚Überflüssiger Materialverbrauch'* und anderseits durch das Ziel *‚Hohe Recyclingquote'* abgedeckt werden.

Das Ziel *‚Hohe Recyclingquote'* wird durch zwei Kennzahlen abgedeckt. In die erste Kennzahl geht der Recyclinganteil der „unproduktiven" Verpackungs-, Betriebs- und Hilfsstoffe ein. In die zweite Kennzahl gehen nur die Bearbeitungsabfälle des verkaufsfähigen produktiven Materials ein. Dieser Abfallanteil ist grundsätzlich kalkulatorisch im Verkaufspreis erfasst. Eine hohe Recyclingquote bei beiden „Abfallarten" kann grundsätzlich neben dem ökologischen Beitrag auch einen Beitrag zum Betriebsergebnis liefern.

Im Bereich der **Humanziele** gehen vier Aspekte bezogen auf die Arbeitsbedingungen der Mitarbeiter ein (s. Abb. 6-7).

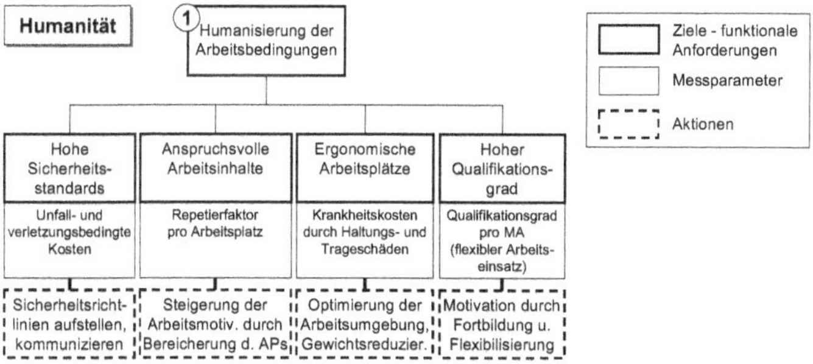

Abb. 6-7: Operationalisierung der Möglichkeiten im Zielbereich ‚Humanität‘

Die Ziele *‚Hohe Sicherheitsstandards‘* und *‚Ergonomische Arbeitsplätze‘* können nur indirekt über die unfall- und verletzungsbedingten Krankheits- und Ausfallkosten erfasst werden. Amerikanische Unternehmen führen an dieser Stelle detaillierte Kostenerfassungen durch, um den gesetzlichen Anforderungen an die sehr hohen Sicherheitsstandards und die Ergonomie der Arbeitsplätze gerecht werden zu können. Die Erfassungen verhelfen den Firmen zur Detektion der Ursachen. Um die hohe Anzahl der Wirbelsäulenschäden im Bereich von Arbeitsplätzen mit hoher physischer Beanspruchung zu vermeiden wurde in den USA z.B. das NIOSH-System entwickelt, das die Überprüfung der Arbeitsergonomie anhand der zu tragenden Lasten, des Bewegungsablaufes und der zeitlichen Belastung ermöglicht [NIOSH 1994].

Motivationssteigernde Faktoren werden durch die Ziele *‚Anspruchsvolle Arbeitsinhalte‘* und *‚Hoher Qualifikationsgrad‘* abgebildet. Die anspruchsvollen Arbeitsinhalte können über den Repetierfaktor eines Arbeitsplatzes gemessen werden, d.h. die Wiederholfrequenz ein und der gleichen Tätigkeit. An dieser Stelle gibt es Möglichkeiten die Mitarbeiter durch ‚job-enrichment‘ und ‚job-enlargement‘ stärker zu motivieren, um dadurch qualitativ bessere Leistungen erzielen zu können. Mittels des Qualifikationsgrades kann der aktuelle Qualifizierungsstand beurteilt sowie Fort- und Weiterbildungsmaßnahmen gezielt eingesetzt werden. Neben motivationssteigernden Effekten können Potenziale durch die Flexibilisierung einer Gruppe erschlossen werden, was kapazitätsausgleichende Wirkung z.B. bei Produktmixänderungen hat.

Die aufgezeigten Humanfaktoren zeigen über die motivations- und gesundheitssteigernden Wirkungen hinaus ergebniswirksame Effekte.

Die für die sechs Oberziele aufgezeigten Kennzahlstrukturen können zu einem gesamten Strukturbaum der Kennzahlenhierarchie (s. Anhang, Abb. A-5, S.185) zusammengeführt werden. Das oberste Ziel *‚Wertschöpfung‘* wird in Oberziele gegliedert, die durch Unterziele oder direkt durch Kennzahlen beschrieben und letztendlich operationalisiert werden können. Dabei besteht innerhalb der Methodik die Möglichkeit, ein Ziel durch mehrere Unterziele bzw. Kennzahlen beschreiben zu lassen. Die Systematik wird von der Aussage Küppers unterstützt: „Gewichtete und quantifizierbare Zielsysteme sind gleichzusetzen mit Kennzahlensystemen !“ [KÜPPER 1997].

Unabhängig von der Kennzahlenhierarchie wird das Unternehmenszielsystem mit seinen Unterzielen wertungsfrei, also losgelöst von Kennzahlen, aufgestellt. Die Kennzahlenhierarchie kann dann auf der Basis des fixen Unternehmenszielsystems und dessen in Abschnitt 5.5 dargestellter Gewichtung beliebig erweitert werden, um die Ziele unternehmensspezifisch detaillieren und operationalisieren zu können. Die jeweiligen spezifischen Randbedingungen einer Unternehmung und die Möglichkeiten zur Kennzahlerfassung üben hier einen entscheidenden Einfluss auf den Strukturbaum aus. Die vorgestellten Kennzahlen dienen einer allgemeinen Orientierung.

6.2. Abgrenzung der Ziel-Kennzahl-Hierarchie „Produktion“

Im diesem Abschnitt soll die Abgrenzung der Kennzahlenhierarchie und deren Vollständigkeit in Bezug auf die Schnittstellen überprüft werden. So werden aus Sicht der Produktentwicklung, der Beschaffung, von Vertrieb/Marketing und speziell auch der Logistik geprüft, in wie weit deren Zielaspekte durch das aufgestellte Kennzahlensystem der Produktion abgedeckt werden oder separat aufgegriffen werden müssen.

6.2.1. Sicht der Produktentwicklung

Während das Zielsystem der Produktion zum Teil Aspekte der Logistikvariabilität und -komplexität (s. Abb. 3-4, S.26) im Bereich der Zeit-, Kosten- und Flexibilitätsziele abdeckt, müssen diese zum großen Teil produktentwicklungsspezifischen Aspekte im Zielsystem der Produktentwicklung separat aufgegriffen werden. In Abschnitt 5.4.1.2 wurde bereits im Detail auf die Schnittstelle von der Produktion zur Produktentwicklung eingegangen. Zielgrößen in der Produktentwicklung sind neben der Verringerung der Teile-, Varianten- und Fügerichtungsanzahl sowie der Standardisierung und Bildung von auftrags- und kundenunabhängigen Baugruppen, die Vereinfachung des Herstellprozesses sowie die fertigungs- und montagegerechte Konstruktion. Neben der Prozesssicherheit sowie den humanen und ökologischen Aspekten der Produktion stehen global gesehen die Herstellkosten im Vordergrund. Ein wichtiger Aspekt ist darüber hinaus die Innovationsfähigkeit und die für die time-to-market Philosophie entscheidende Entwicklungszeit von Produkten.

Einen speziellen Bereich in der Produktentwicklung nimmt auch das technische Änderungswesen ein, das in mittelständischen Unternehmen von der Konstruktion oder der Normung durchgeführt wird. Die ökonomische Bedeutung technischer Änderungen ist vielen Unternehmen häufig nicht bewusst und führt zu einer leichtfertigen Akzeptanz von kundenindizierten Änderungen. Die Bedeutung von technischen Änderungen hinsichtlich ihrer Auswirkungen auf Zusatzkosten und Zeitverluste bei der Produktentwicklung wurden bislang erheblich unterschätzt. So ist z.B. eine exponentielle Zunahme der Änderungskosten über den Produktlebenszyklus zu verzeichnen [REICHWALD & RIEDEL 2000]. Ein innovatives Änderungsmanagement sollte gerade auf die Kennzahlen *‚Änderungsanzahl‘*, *‚Änderungskosten‘* und *‚Änderungsdurchlaufzeiten‘* abzielen, um eine hohe Transparenz zu erzielen. Diese Kennzahlen liegen vollständig im Bereich des Zielsystems „Produktentwicklung“ und werden vom Zielsystem der Produktion nicht erfasst.

6.2.2. Sicht der Beschaffung

Die von KLOTH 1999a für das SCOR-Modell aufgezeigten Kennzahlen für die Beschaffung (S.17f.) werden von der Kennzahlhierarchie zum Teil abgebildet. Es gehen hauptsächlich prozessorientierte Kosten-, Zeit- und Qualitätskennzahlen ein: WE-Lagerkosten, Lagerverweilzeit der Rohmaterialien, DLZ Beschaffung, Lieferzeit des Lieferanten, Liefertermintreue, Anteil mangelhafter Materialien, etc.

Ausschließlich mit der Beschaffung in Beziehung stehende Kennzahlen müssen im Zielsystem „Beschaffung“ Abbildung finden: Liefermengentreue, Lieferqualitätstreue, Beschaffungsflexibilität, Anzahl der Beschaffungsquellen, Produktivität der Beschaffung (Bestell- und Wareneingangspositionen), Beschaffungskosten (pro Bestell- und Wareneingangsposition), Lieferantenfüllrate, Produktverfügbarkeit, etc.

Darüber hinaus können mit dem von CHRISTOPHER 1992 ausgearbeiteten und tiefgreifenden System zur Lieferantenbewertung weitere wertvolle Kennzahlen im Bereich des Zielsystems „Beschaffung“ generiert werden (S.104ff.). Mittels 20 Faktoren wird eine Bewertung der Leistungsfähigkeit und der Potenziale von Lieferanten durchgeführt. WERTZ 1999 kann außerdem einige wichtige Struktur- und Rahmendaten (S.56) im Bereich der Logistik-Kennzahlen für die Beschaffung beisteuern.

6.2.3. Vertriebs- und Marketingsicht

Dem Marketing kommt im Unternehmen eine immer wichtiger werdende Rolle zu, da es die Funktion zur Ausrichtung des Leistungssystem am Kunden übernimmt. In Abschnitt 5.4.3 ist das Thema ausführlich behandelt worden. Das Marketing nimmt entscheidenden Einfluss auf das Zielsystem der Produktion und umgekehrt. Somit mussten Marketingaspekte im Zielsystem der Produktion Abbildung finden.

Entscheidend für den Unternehmenserfolg ist neben Produkt- und Qualitätsaspekten der Service am Kunden [CHRISTOPHER 1992, S.26ff.]. CHRISTOPHER 1992 zieht folgende Faktoren, sortiert nach absteigender, vom Kunden definierter Wichtigkeit, zum Benchmarking der Unternehmensleistung heran: Lieferzeit (Bestellung bis Auslieferung), Lieferzuverlässigkeit, Lieferfrequenz, Lagerverfügbarkeit, Vollständigkeit der

Lieferung und technischer Support (S.93). Diese Aspekte werden zu einem großen Anteil vom Zielsystem der Produktion unter den Aspekten der Zeit- und Flexibilitätsziele abgedeckt. Da die Performance und Servicequalität der Produktion gleichermaßen von den vorgeschalteten Prozessen der Beschaffung abhängig ist, haben die vorgelagerten Abhängigkeiten und Ursachen bei der Aufstellung des Zielsystems der Produktion Beachtung gefunden. Rein beschaffungsrelevante Aspekte müssen darüber hinaus ihre Abbildung im Zielsystem der Beschaffung finden.

Die der Produktion nachgeschalteten Prozesse finden im Bereich der Distribution ihre Abbildung. Der Distribution obliegt die Ausgestaltung der Lieferfunktion zum Kunden und dem damit verbundenen, auf den Kundenbelangen abgestimmten Service. Die Distribution ist des letzte Glied in der ‚supply chain' und steht somit in einer gewissen Abhängigkeit zu den vorgeschalteten Prozessen. CHRISTOPHER 1992 spricht in dieser Stelle speziell auch die Schnittstellenausgestaltung der Lieferanten-Unternehmen-Distributor-Kette bzgl. der Material- und Informationsflüsse an (S.101). Die Performance der Distribution selbst fällt in den Bereich des Zielsystems „Vertrieb/ Marketing" und hat im Zielsystem keine Beachtung gefunden.

6.2.4. Sicht der Logistik

VEITINGER 1997 postuliert, dass die Gestaltungsfelder logistischer Reorganisationen in zwei Gruppen zu unterteilen sind. Die erste Gruppierung umfasst den Materialfluss, den Informationsfluss und die Logistikorganisation. Die Reorganisationsobjekte sind hier die originären logistischen Abläufe (Material und Information). In zweiter Linie sind die Betrachtungsfelder der Produkt- und der Produktionsstruktur von großem Interesse, da sie starke Interdependenzen zur Komplexität des Logistiksystems haben. In den meisten Fällen wird ein signifikantes Reorganisationsergebnis erst durch die Einbeziehung dieser beiden Felder möglich (S.53). Während das erste Feld gänzlich vom Zielsystem der Produktion abgedeckt werden kann, muss die, in dem zweiten Feld außen vorgelassene Produktstruktur durch das Zielsystem der „Produktentwicklung" abgedeckt werden.

Über die originären Logistikziele hinaus kann das Zielsystem der Produktion auch die von VEITINGER 1997 vorgenommene Einteilung der Reorganisationsziele in die drei Dimensionen **Kosten, Zeit** und **Qualität** (S.53) differenzieren. Die Kostenziele wie Material-, Lohnstück-, Anlagen-, Logistik-, Auftragsbearbeitungs-, Qualitäts- und Overheadkosten werden durch die in der Hierarchie vorgenommene Ursachenbetrachtung der jeweiligen Kostenart direkt oder indirekt abgedeckt. So werden z.B. die Logistik-, Auftragsbearbeitungs- und Overheadkosten durch das Verhältnis von direkten zu indirekten MA und letztendlich durch die Stückkosten abgedeckt. Die Zeitziele wie Beschaffungs-, Materialdurchlauf-, Auftragsabwicklungs- und Lieferzeit sowie Liefertreue und -flexibilität werden ebenfalls durch eine ursachenbehaftete Detaillierung abgebildet. So wird z.B. die Materialdurchlaufzeit einerseits an der Unternehmensschnittstelle durch die Wiederbeschaffungszeit und andererseits unternehmensintern durch die Auftragsabwicklungszeit sowie die möglichen Verzögerungen in der Produktion durch eine Funktion aus Los-/Gebindegröße, Überproduktion, Schedulingfehler, mangelnde Transport- und Systemabstimmung hinreichend beleuchtet. Die Qualitätsziele wie Zuliefer-, Produkt-, Prozess-, Informations- und Servicequalität werden zum großen Teil direkt durch das in der Kennzahlenhierarchie integrierte Qualitätsoberziel abgedeckt. Der Aspekt der Servicequalität muss dem Zielsystem „Vertrieb/Marketing" zugeschrieben werden.

Innerhalb eines vom IFA durchgeführten Projektes wurde eine Kennzahlensystematik abgeleitet, die für die logistischen Referenzprozesse „Produzieren/Prüfen", „Lagern/ Bereitstellen" und „Transportieren" geeignete Spitzenkennzahlen zur Überprüfung der Zielerreichung liefern soll [HELMS & LUTZ 1999, S.99]. Die hinsichtlich der logistischen Zielgrößen Durchsatz, Bestand, DLZ und Termintreue definierten Kennzahlen (s. Abb. 6-8) und deren Detaillierung werden von der Kennzahlenhierarchie abgedeckt.

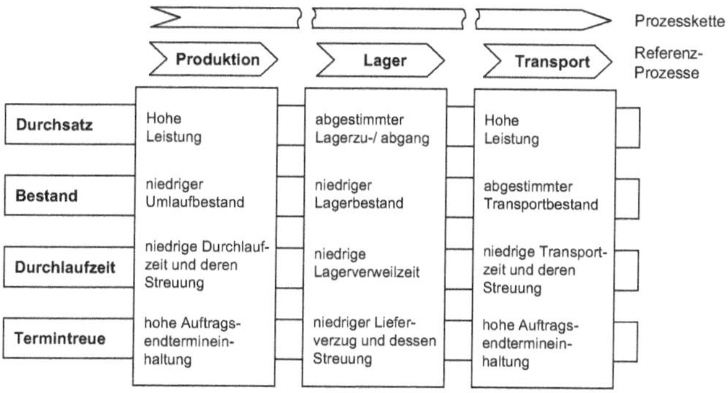

Abb. 6-8: Spitzenkennzahlen der Produktionslogistik [HELMS & LUTZ 1999, S.99]

Das in Abb. 5-13 auf S.99 aufgezeigte „Zielsystem der Produktionslogistik" (nach [WERTZ 1999, S.55]; verdichtet von WIENDAHL 1997) mit seinem Oberziel ‚Wirtschaftlichkeit' (Logistikeffizienz) und seinen zwei Determinanten ‚Logistikleistung' (Liefertreue und Lieferzeit durch eine hohe Termintreue und kurze Durchlaufzeiten) und ‚Logistikkosten' (Herstell- und Kapitalbindungskosten durch angepasste Kapazitäten und geringe Bestände) wird ebenso in der Kennzahlenhierarchie abgebildet.

6.3. Systematisierung der Kennzahlenhierarchie

Während aus der Top-down generierten Kennzahlenhierarchie ursachenlogische Zusammenhänge zwischen den Globalkennzahlen und deren Detaillierung hergestellt werden, kann mit Hilfe der in diesem Abschnitt aufgezeigten Systematik der anwendungsorientierte Einsatz der Kennzahlen im Unternehmen strukturiert werden. Globalkennzahlen werden für die unterschiedlichen Teilführungssysteme gegliedert und bezüglich ihrer Funktionen und Nutzung auf die verschiedenen Unternehmensebenen und Prozessabschnitte aufgeteilt sowie prozessbezogen detailliert.

Nach WERTZ 1999 können Kennzahlen in Leistungs-, Kosten- und Strukturkennzahlen unterteilt werden. Leistungs- und Kostenkennzahlen dienen dort zur Bewertung der Effizienz eines Unternehmens und können damit zum Benchmarking eingesetzt werden. Strukturkennzahlen beschreiben demgegenüber die Rahmenbedingungen für Leistungen und Kosten und spielen damit eine zentrale Rolle bei der Interpretation von Leistungs- und Kostenlücken im Benchmarking-Prozess (S.55). Darüber hinaus müssen Kennzahlen zur individuellen Beschreibung der strukturellen Determinanten ‚Informationstransparenz' und ‚Herstellungsprozesse vereinfachen', welche die Zielerfüllung unterstützen sollen, herangezogen werden.

An dieser Stelle soll eine tiefergreifende Strukturierung der Kennzahlenhierarchie unter Berücksichtigung der folgenden Aspekte erfolgen (s. Abb. 6-9):

- Unterstützung der Teilführungssysteme der Unternehmung
- Funktionen des operativen Controllings
- Funktionen von Kennzahlen (s. Abschnitt 3.2.3.1)
- Nutzung der Kennzahlen (s. Abschnitt 3.2.3.1)

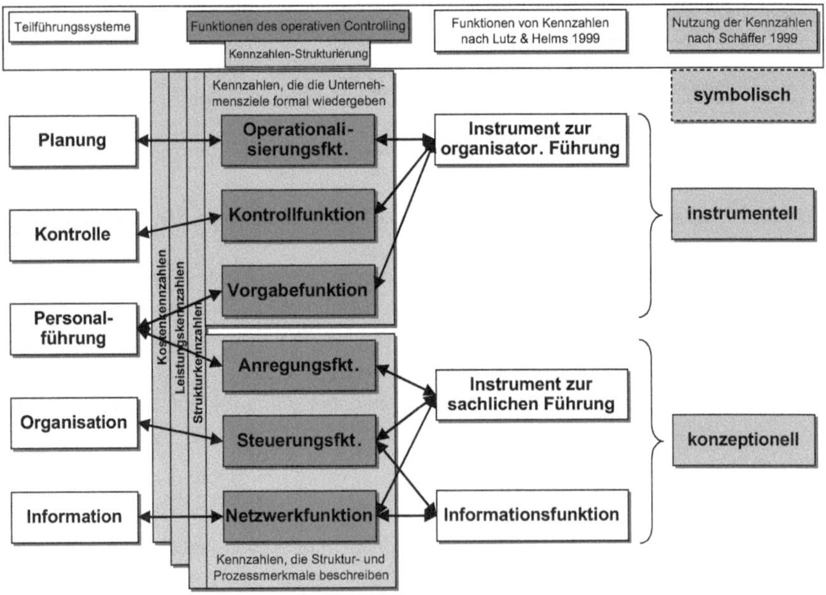

Abb. 6-9: Synthese von Teilführungssystem, Controllingfunktion und Funktionen bzw. Aufgaben der Kennzahlen

Durch die Synthese der aufgezeigten Aspekte zeichnen sich zwei ineinander verzahnte Kennzahlensysteme ab:

- Kennzahlensystem zur instrumentellen Führung und Kontrolle sowie zur rechentechnischen Feststellung einer Gesamtleistung des Unternehmens
- Kennzahlensystem zur konzeptionellen Lenkung des Unternehmens sowie zur Kommunikation der Ziele

Um den Teilführungssystemen der Unternehmungsführung gerecht zu werden (s. 3.2.1.1 und 4.4), soll die aus dem Unternehmenszielsystem entwickelte Kennzahlenhierarchie eine Strukturierung zur direkten Führung, Steuerung und zur bereichsindividuellen Eigenkontrolle erhalten. Die Strukturierung der Kennzahlen, wie in Abbildung Abb. 6-9 dargestellt, soll dabei einerseits den Teilführungssystemen der Unternehmungsführung (*Planung*, *Kontrolle*, *Information*, *Organisation* und *Personalführung*) und andererseits den Funktionen und Aufgaben von Kennzahlen und Kennzahlensystemen (s. 3.2.3.1, S.45) gerecht werden.

Darüber hinaus soll die Methodik eindeutig der Ziel-, Rechen- und Ordnungssystematik genügen. Durch den Aufbau der Kennzahlenhierarchie auf Basis eines Unternehmenszielsystems unterstützt die Methodik komplett die Forderung der Zielsystematik. Eine weitere grundlegende Forderung innerhalb der Kennzahlensystematiken ist die Rechensystematik, auf die in Kapitel 7 ausführlich eingegangen wird. Durch die Hierarchisierung genügt das Kennzahlensystem außerdem der Ordnungssystematik.

Bei den Funktionen von Kennzahlen wird auf die von WEBER 1991 (S.207f.), auf Basis des operativen Controllings erfolgte Strukturierung, die bereits praxisorientierten Einsatz gefunden hat, zurückgegriffen: *Operationalisierungs-*, *Vorgabe-*, *Anregungs-*, *Steuerungs-*, *Kontroll-* und, in Erweiterung zu den 1991 aufgestellten Funktionen, die *Netzwerkfunktion*, um den Anforderungen von Wertschöpfungsnetzwerken gerecht zu werden [DEHLER ET AL. 1999] [WEBER ET AL. 1998]. Außerdem wird die durch LUTZ & HELMS 1999 vorgenommene Strukturierung der Kennzahlen nach ihrer Funktion sowie die durch SCHÄFFER 1999 in dem ‚Return on Management'-Ansatz von SIMONS 1995 vorgenommene Klassifizierung nach der Nutzung der Kennzahlen einbezogen.

Aus der Strukturierung in Abb. 6-9 wird einerseits die **instrumentelle Führungsfunktion**, die durch die Teilführungssysteme Planung, Kontrolle und Personalführung Verwirklichung findet und andererseits die **konzeptionelle Funktion** der Kennzahlen, die einerseits die sachliche Führung unterstützt und andererseits ein Informations- und Organisationselement darstellt, deutlich.

6.3.1. System zur instrumentellen Führung und Kontrolle - zur rechentechnischen Feststellung der Gesamtleistung

Das Unternehmenszielsystem und dessen Aufgliederung durch die Kennzahlenhierarchie bietet auf oberster Ebene eine instrumentelle Führungs- und Kontrollfunktion.

Mittels nur weniger Formalkennzahlen (z.B. Liefertreue, ∅ DLZ, Stückkosten, Umsatz, Qualität, etc.) soll eine Orientierung für das Management möglich sein. Aus dieser Einschätzung heraus wird die Führung des Unternehmens möglich. Einerseits dient diese zur Operationalisierung der Unternehmenssituation, woraus Impulse für die Planung und Reorganisation gegeben werden können und andererseits zur Führung und Lenkung des Unternehmens mittels der Vorgabe und Kontrolle von Zielen. Die Kennzahlen auf oberster Ebene werden somit als Instrumente des Managements innerhalb der Teilführungssysteme Planung, Kontrolle und Personalführung genutzt (s. Abb. 6-9). „Die Funktion von Kennzahlen ist allgemein die Bereitstellung führungsrelevanter Informationen für die anderen Führungsaufgaben" [WEBER ET AL. 1995].

Die im Management eingesetzten Formalkennzahlen werden durch die Kennzahlenhierarchie gegliedert und detailliert, um operationalisierbare Vorgaben in Form von Zielgrößen für die einzelnen Bereiche eines Unternehmens abzuleiten, die mit Hilfe von Anreizsystemen durchgesetzt werden können. Der letztgenannte Aspekt unterstützt in Form einer direkten und indirekten Lenkung die *Vorgabefunktion* innerhalb des Teilführungssystems der *Personalführung*. **Auf oberster Ebene der Kennzahlenhierarchie wird somit die Operationalisierungs-, Kontroll- und Vorgabefunktion als instrumentelle Komponente des Kennzahlensystems wahrgenommen.**

Darüber hinaus kann die Kennzahlenhierarchie in Verbindung mit dem überlagerten Unternehmenszielsystem zur rechentechnischen Feststellung der Gesamtleistung des Unternehmens dienen. Hierbei werden nur die rechentechnisch verknüpfbaren Kennzahlen eingesetzt, d.h. Kennzahlen die als Leistungs- oder Kostenkennzahl einen definierten Beitrag zur Gesamtleistung des Unternehmens beitragen können und mittels einer Zieldefinition konkrete und operationalisierbare Vorgaben zur Optimierung der Prozessleistung machen können. Die Kennzahlen leisten in Abhängigkeit der Unternehmenszielgewichtung und ihrer Korrelationsstärke einen unterschiedlich großen Beitrag zur Gesamtleistung des Unternehmens (s. Abschnitt 7.3).

6.3.2. Kennzahlensystem zur konzeptionellen Unternehmenslenkung und Kommunikation der Unternehmensziele

Werden Kennzahlen demgegenüber für die Mitarbeiter als Instrument zur Identifikation der Hebel und damit Motivation zur Erreichung der Vorgaben (*Anregungsfunktion* in der *Personalführung*) und zur effektiven Führung der unternehmerischen Leistungserstellung (*Steuerungsfunktion* für die *Organisation*) gebraucht, stellen diese Kennzahlen typischerweise Struktur- und Prozessmerkmale der Material-, Waren- und Informationsflüsse dar und sind konzeptioneller Natur. Im Bereich der Anregungsfunktion sollen die Kennzahlen auch zur Erkennung von Auffälligkeiten und Veränderungen dienen. Bei der Steuerungsfunktion dienen sie als ständige Information für die Produktionsplanung und -steuerung und identifizieren die Leistungsfähigkeit des Systems.

Die Netzwerkkennzahlen sind schließlich das Kernstück und die ausschlaggebenden Kennzahlen für die Netzwerkfähigkeit. Ebenso wie die Kennzahlen für die Steuerungsfunktion leiten sich diese direkt aus dem Unternehmenszielsystem ab und stellen ebenfalls typischerweise Struktur- und Prozessmerkmale der Material-, Waren- und Informationsflüsse dar. Sie dienen ebenfalls zur Identifikation der Leistungsfähigkeit; in diesem Fall aber netzwerkbezogen und sind damit stark logistischer Natur.

Auf unterer Ebene der Kennzahlenhierarchie wird somit die Anregungs-, Steuerungs- und Netzwerkfunktion als konzeptionelle Komponente des Kennzahlensystems wahrgenommen.

6.3.3. Synthese

Die auf Basis des Unternehmenszielsystems aufgebaute Kennzahlenhierarchie erfüllt die in Abschnitt 3.2.3.2 gestellte Forderung der Ziel- und Ordnungssystematik. Darüber hinaus gewährleistet die Methodik die Anforderungen der Rechensystematik, wie in Kapitel 7 näher erläutert wird, und erfüllt zusätzlich den Sachverhalt eines gesamtheitlich ausgerichteten Ansatz, der die von SYSKA 1990 (S.52) gestellten Anforderungen gleichermaßen erfüllt.

Die Synthese der beiden oben beschriebenen, ineinander verzahnten Kennzahlensysteme wird in Abb. 6-10 aufgezeigt. Die Funktionen der strategischen Unternehmensführung und -kontrolle sowie die Funktion der konzeptionellen Unternehmenslenkung und Kommunikation der Ziele im operativen Bereich wird in der aufgezeigten Systematik komplett abgedeckt und anwendungsorientiert strukturiert.

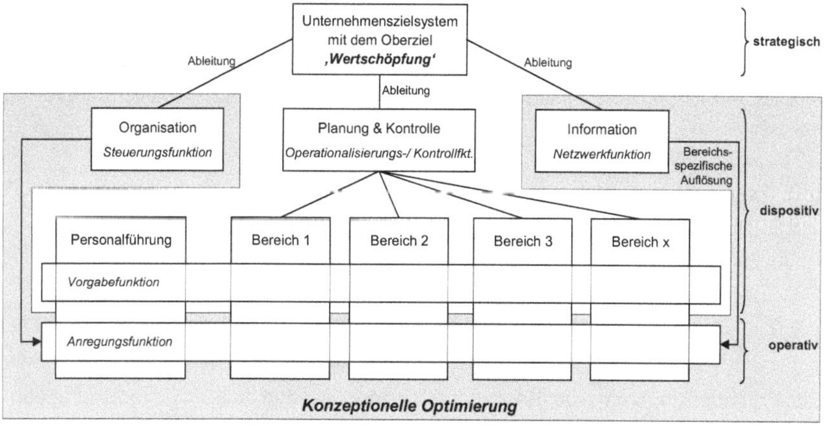

Abb. 6-10: Synthese der Kennzahlensysteme zur strategischen und konzeptionellen Unternehmenslenkung sowie Kommunikation der Unternehmensziele

Innerhalb der *Planung* und *Kontrolle* werden Sollwerte in Form von operativen Zielen von den strategischen Zielen abgeleitet (*Operationalisierungsfunktion*) und kontrolliert (*Kontrollfunktion*). Diese Kennzahlen werden wiederum benutzt, um daraus Vorgaben abzuleiten, die mit Hilfe von Anreizsystemen durchgesetzt werden (*Vorgabefunktion* in der *Personalführung*). Diese Kennzahlen richten sich also nach der strategischen Grundpositionierung des Unternehmens, unterliegen stets der Aufmerksamkeit des Managements und beziehen sich auf die Engpässe des Unternehmens.

Dabei soll das Unternehmen in mehrere unterschiedliche Bereiche prozessorientiert gegliedert werden. Hierdurch wird gewährleistet, dass die verschiedenen Optimierungsaspekte und die daraus entwickelten Vorgaben zielgerichtet an die entsprechenden Funktionsbereiche der Prozesskette übermittelt werden können. Die Gliederung in Beschaffungs-, Teile- und Fertigwarenlager sowie Fertigung, Vor- und Endmontage, u.U. aufgeteilt in spezifische Produktbereiche, könnte eine mögliche prozessorientierte Bereichsbildung darstellen.

Kennzahlen, die gegenüber den Mitarbeitern als Instrument zur Identifikation der Hebel und damit zur Motivation zur Erreichung der Vorgaben (*Anregungsfunktion* in der *Personalführung*) und zur effektiven Führung der logistischen Leistungserstellung (*Steuerungsfunktion* für die *Organisation*) gebraucht werden, sind typischerweise Struktur- und Prozessmerkmale der Material- und Warenflüsse.

Im Netzwerk kommen zusätzliche *Netzwerkkennzahlen* zum Einsatz, die die strategischen Ziele des Netzwerks, meist Zeitkennzahlen, im Unternehmen repräsentieren. Sie müssen mit den strategischen Zielen des Einzelunternehmens kompatibel sein und können als Struktur- und Prozessmerkmale in die *Anregungs- oder Steuerungsfunktion* übernommen werden.

Die Bestimmung der *Plan- und Kontrollkennzahlen* erfolgt aus den globalen Zielen heraus, die in Form von jährlichen Sollwerten aufgestellt und monatlich kontrolliert werden (s. Abb. 6-11):

- Herstellkosten, definiert als Stückkosten
- Mitarbeiter-Produktivität, definiert durch das Verhältnis des MA-Bruttoeinsatzes zum Netto-Bedarf
- Qualität, definiert durch die Anzahl Fehler und Reklamationen
- Kosten für Energie und Entsorgung (verschmutztes Wasser, Verpackungs- und Bearbeitungsabfälle sowie Hilfs- und Betriebsstoffe) aus dem Bereich des Oberziels ‚*Ökologie*'

Die Vorgaben in Form von Kennzahl-Sollwerten werden aus den produktgruppenspezifischen Vorjahreswerten, den Jahresvorgaben und den teamspezifischen Steigerungsmöglichkeiten abgeleitet. Dabei werden die oben genannten übergeordneten Kennzahlen auf den jeweiligen Bereich als bereichsindividuelle Vorgabe runtergebrochen sowie quartalsweise bestimmt und kontrolliert.

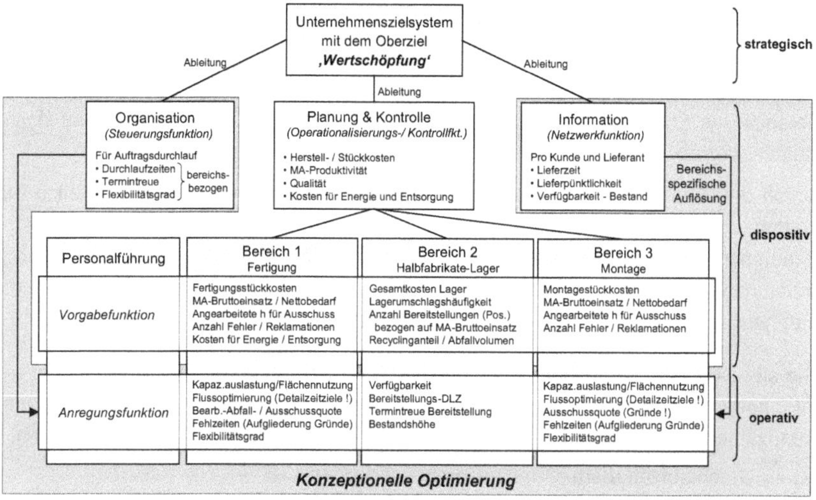

Abb. 6-11: Festlegung der Kennzahlen auf strategischer und operativer Ebene

Die Herstellkosten werden durch die Fertigungs- bzw. Montagestückkosten, die mittels der Prozesskostenrechnung ermittelt und u.U. bereichs- sowie produktgruppenbezogen gegliedert werden können, dargestellt. Auf der Lagerseite können die Gesamtkosten und die Lagerumschlagshäufigkeit als Leistungsvorgabe herangezogen werden. Die Mitarbeiter-Produktivität wird bei produktiven Bereichen definiert durch das Verhältnis des MA-Bruttoeinsatzes zum Netto-Bedarf sowie der Anzahl direkter zu indirekter MA. Für den Lagerbereich kann die Anzahl Kunden- bzw. Bereitstellungsauftragspositionen bezogen auf den MA-Bruttoeinsatz eingesetzt werden. Der Zielkomplex ‚Qualität' kann durch die Anzahl Fehler und Reklamationen bzw. durch die angearbeiteten Ausschussstunden quantifiziert werden. Die Kosten für Energie und Entsorgung können im Lagerbereich durch das Verhältnis des absoluten Abfallvolumen zur umgesetzten Ware und dem Recyclinganteil Unterstützung finden.

Die in der *Anregungsfunktion* eingesetzten Personalführungskennzahlen können aus Erfahrungswerten resultieren oder aber aus den *Steuerungs- oder Netzwerkkennzahlen* abgeleitet werden. Grundsätzlich sollen diese Kennzahlen die vorhandenen Hebel zur Erreichung der Vorgabekennzahlen für die Mitarbeiter verdeutlichen:

- Kapazitätsauslastung und Flächennutzung (siehe ‚*Kostenziele*')
- Kennzahlen zur Flussoptimierung (siehe Detaillierung der ‚*Zeitziele*')
- Bearbeitungsabfall- und Ausschussquote (siehe Zielkomplex ‚*Ökologie*')
- Detaillierung der Fehlzeiten mit Grund (siehe ‚*Humanziele*')
- Flexibilitätsgrad (siehe Detaillierung der ‚*Flexibilitätsziele*')
- Lagerverfügbarkeit und Bestandshöhe

- DLZ und Termintreue Bereitstellung

Um dem Oberziel *'Humanität'* gerecht zu werden, wird an dieser Stelle das Verhältnis von Anwesenheits- zu Weiterbildungs- sowie Fehlstunden ausgedrückt, wodurch einerseits das Fort- und Weiterbildungsniveau und andererseits die Fehlzeiten durch Unfälle, Verletzungen und Krankheiten zum Ausdruck gebracht werden kann.

Durch die Einführung eines Anreizsystems (*Anregungsfunktion*) steigt natürlich die Gefahr, dass Bereichs- und Gruppeninteressen auf Kosten der Gesamtziele des Unternehmens stärker in den Vordergrund rücken. Ein Instrument zur Abmilderung möglicher negativer Wirkungen ist beispielsweise eine auf das Gesamtziel des Unternehmens bezogene Erfolgsbeteiligung der Mitarbeiter. [DEHLER ET AL. 1999, S.73]

Die ständig erhobenen Kennzahlen mit *Steuerungsfunktion* dienen in erster Linie als Information für die Produktionsplanung und -steuerung. Hier sind die wichtigsten Kennzahlen, auch im Zusammenhang mit der Netzwerkfähigkeit die Zeitkennzahlen:

- Durchlaufzeit (bereichs- bzw. prozessbezogen)
- Termintreue (bereichs- bzw. prozessbezogen)
- Flexibilitätsgrad (bereichs- bzw. prozessbezogen)

Aus diesen Kennzahlen generieren sich speziell Detailkennzahlen für die *Anregungsfunktion* zur Flussoptimierung (Verzögerung durch Los- und Gebindegröße sowie Rüstzeiten, Warten auf Weiterverarbeitung durch Überproduktion, Schedulingfehler, Transport und Systemprobleme).

Die Netzwerkkennzahlen sind schließlich das Kernstück und die ausschlaggebenden Kennzahlen für die Netzwerkfähigkeit. Sie leiten sich aus den Jahreszielen des Wertschöpfungsnetzwerks ab und stellen sicher, dass das Unternehmen die strategisch relevante Leistung zur Verfügung stellen kann bzw. zur Verfügung gestellt wird. Die Kennzahlen werden in Form von Beschaffungs- und Kundenanforderungen mit Zielwerten bestimmt bzw. zur Kontrolle jährlich erhoben und mit den Anforderungen verglichen. Bei starken Abweichungen werden diese entsprechend in die Mitarbeiterkennzahlen mit Anregungsfunktion eingebunden. Die Netzwerkkennzahlen sind:

- Lieferzeit
- Lieferpünktlichkeit (-treue)
- Verfügbarkeit - Bestandshöhe (Lieferfähigkeit)

Mit Hilfe der in diesem Abschnitt aufgezeigten Systematik kann der anwendungsorientierte Einsatz der Kennzahlen im Unternehmen strukturiert werden. Globalkennzahlen werden für die unterschiedlichen Teilführungssysteme gegliedert und bezüglich ihrer Funktionen und Nutzung auf die verschiedenen Unternehmensebenen und Prozessabschnitte aufgeteilt sowie prozessbezogen detailliert. Neben der instrumentellen Führung wird somit die konzeptionelle Lenkung bis auf die Mitarbeiterebene durch die Kommunikation der Ziele und deren Vorgabe- und Anregungsfunktion realisiert. Ähnlich dem SCOR-Modell kann das Kennzahlensystem auf jeder Unternehmensebene einen Satz an Kennzahlen als unternehmensübergreifendes Controllinginstrument, das in vollem Umfang die Teilführungssysteme des Controlling berücksichtigt (s. Abb. 3-5), zur Führung und Kontrolle bereitstellen.

Die in Abb. 6-11 aufgezeigte Kennzahlenstrukturierung obliegt maßgeblich den im Unternehmen vorzufindenden Randbedingungen bzgl. der Kennzahlenauswahl und Kennzahlenerfassung; sollte sich aber sehr stark an der ursachenlogisch aufgebauten Kennzahlenhierarchie ausrichten.

Grundsätzlich werden ebenfalls wie bei dem SCOR-Prozess-Referenz-Modell [KLOTH 1999a, S.19] die Konzepte des Business Process Reengineering, des Benchmarking und der Analyse von Best-in-Class-Leistungen (s. Abschnitt 3.2.2.2) integriert. Der Anstoß zu **Reorganisationen** kann aus der *Planungs- und Kontrollfunktion* erfolgen und über die einzelnen Bereiche mittels der Kommunikation, der auf der Managementebene strategisch festgelegten Ziele, im operativen Bereich umgesetzt werden. Das Kennzahlensystem mit seinem strukturierten Kennzahlenumfang kann darüber hinaus zum internen oder, bei Verwendung von eindeutig vergleichbaren Kennzahlen, zum externen **Benchmarking** eingesetzt werden. Das interne Benchmarking bezieht sich auf die Verfolgung der Unternehmensleistung über Perioden hinweg und wird durch die im folgenden Kapitel dargestellte Rechensystematik unterstützt. Die innerhalb des Benchmarking mögliche Orientierung an **Best-in-Class-Leistungen** steht der Methodik für die Aufstellung der notwendigen Zielvorgaben offen.

6.3.4. Aspekt der Anzahl Kennzahlen

Wird die Kennzahlenhierarchie wie die *'Balanced Scorecard'* als Manifestation einer Strategie verstanden, so spielt laut KAPLAN & NORTON 1997 die Anzahl der auf ihr verzeichneten Kennzahlen keine Rolle, weil alle Kennzahlen wie bei der BSC durch Ursache-Wirkungsbeziehungen miteinander verknüpft sind und so die Strategien der Geschäftseinheit zum Ausdruck bringt (S.156).

KAPLAN & NORTON 1997 zeigen sogar Beispiele auf, in denen Unternehmen ihre Strategie tatsächlich auch mit einem integrierten System von ca. zwei Dutzend Kennzahlen formulieren und kommunizieren können. Dem entgegen argumentieren WEBER & SCHÄFFER 1999a, dass bei diesem Kennzahlenumfang die BSC, die von KAPLAN & NORTON 1997 eher als Kommunikations-, Informations- und Lernsystem, denn als Kontrollsystem verstanden wird, als System zum strategischen Lernen und zur interaktiven Auseinandersetzung scheitern wird, weil „die kognitiven Grenzen der Akteure überschritten und die Energie und Aufmerksamkeit das Managements ‚in alle Winde' zerstreut" wird. Daran soll auch die Verknüpfung der Kennzahlen über Ursache-Wirkungs-Beziehungen nichts ändern, da diese nicht als ein festes funktionales Modell zu verstehen ist, sondern als plausibler Zusammenhang, der im täglichen Handeln von den Führungskräften jeweils neu interpretiert werden muss. Damit wird die Komplexität jedoch nur wenig reduziert und die Gesamtanzahl an Kennzahlen bleibt beobachtungs- und erklärungsnotwendig [WEBER & SCHÄFFER 1999a, S.14].

Eine selektive Auseinandersetzung ist somit laut WEBER & SCHÄFFER 1999a nicht mehr möglich (S.14), was die Notwendigkeit einer auf der Kennzahlenhierarchie basierenden Systematik aufzeigt. Innerhalb der Systematisierung der Kennzahlenhierarchie kann der Kennzahlenumfang pro Ebene auf eine überschaubare Anzahl von vier bis sechs Kennzahlen eingeschränkt werden. Diese Systematik wurde als anwendungsorientiertes Modell in diesem Abschnitt im Detail aufgezeigt und erläutert.

6.4. Messpunkte und Datenquellen

Die eigene Leistungsfähigkeit im Vergleich zu anderen Unternehmen zu bestimmen, ist entscheidend davon abhängig, vergleichbare Kennzahlen aufstellen zu können. LUCZAK ET AL. 2001 weist aufgrund dieses Problems darauf hin, dass bei vielen Unternehmen oft eine Standortbestimmung scheitert.

Damit die definierten Kennzahlen von allen Vergleichspartnern einheitlich und damit vergleichbar erhoben werden können, sind einerseits einheitlich abgegrenzte Prozesse und Prozessverständnisse sowie andererseits die anhand dieser Prozessschritte identifizierten *Messpunkte* und *Datenquellen* notwendig. D.h. es muss festgelegt werden, wann, wie, wo und womit die Daten, in den am Vergleich beteiligten Unternehmen erfasst werden.

In der VDI-Richtlinie 4400 wurde eine einheitliche Definition der unternehmensbezogenen *Messpunkte* manifestiert. Bei der Datenerhebung zur Berechnung der Kennzahlen können grundsätzlich die *Datenquellen* ‚PPS-System' (Mengen- und Zeitdaten), ‚Kostenrechnung' (Prozesskosten) sowie ‚Sonstige Datenquellen' genutzt werden. Bei der Zuordnung von unternehmensintern auf Kostenstellen verbuchten Kosten zu Prozessen muss gewährleistet werden, dass nur verursachungsgerechte Kosten umgelegt werden und Gemeinkosten, die nicht direkt vom Prozess verantwortet werden, außen vor bleiben. Dabei fließen hauptsächlich die beiden Kostenarten Personal- (Lohn-, Gehalts- und Personalnebenkosten) und Sachmittelkosten (Material, Abschreibung, Zins, Fläche, Energie, Fremdleistung, Versicherung) ein.

Über die beiden Hauptquellen hinaus existieren beliebige ‚Sonstige Datenquellen'. Diese sind individuell zu identifizieren bzw. die Daten manuell zu erheben. LUCZAK ET AL. 2001 haben einen umfangreichen Katalog an Leistungs-, Kosten- und Strukturkennzahlen zusammengestellt und deren Formel, Zweck sowie Beschreibung detailliert (S.127-170). In der VDI-Richtlinie 4400 werden darüber hinaus Anleitungen gegeben, wie diese Kennzahlen auf Rohdatenebene im Unternehmen erfasst und durch Programmiervorschriften verdichtet werden können.

7. Zusammenführung und Einsatz des Konzepts

Dieses Kapitel soll die Zusammenführung der beiden konzeptionellen Hauptbestandteile der Methodik, die Verschmelzung von „Unternehmenszielsystem“ und „Kennzahlensystematik“, erläutern. Darüber hinaus werden die daraus resultierenden systemtechnischen Möglichkeiten und praxisnahe Einsatzvarianten aufgezeigt.

7.1. „Zielsystem“ und „Kennzahlensystematik“

Durch die in Kapitel 6 beschriebene Detaillierung der Ziele mittels definitions- und beziehungslogischer Kennzahlen ist eine Kennzahlenhierarchie entstanden, die die Zielstruktur des im Kapitel 5 aufgestellten Unternehmenszielsystems fortsetzt und letztendlich operationalisiert. Die Struktur bzw. Hierarchie wird eindeutig vom Unternehmenszielsystem nach der Top-down-Methode vorgegeben.

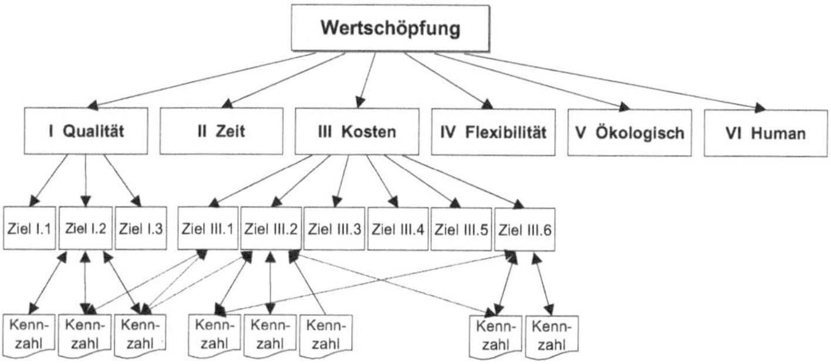

Abb. 7-1: Strukturbaum Zielsystem- Kennzahlenhierarchie

Das oberste Ziel *‚Wertschöpfung‘* wird in Oberziele gegliedert, die durch Unterziele oder direkt durch Kennzahlen beschrieben und letztendlich operationalisiert werden können. Dabei besteht innerhalb der Methodik die Möglichkeit ein Ziel durch mehrere Unterziele bzw. Kennzahlen beschreiben und, wie in Abschnitt 7.2. aufgezeigt, quantifizieren zu lassen. Außerdem können Kennzahlen auch Aussagen zu Zielen in „fremden“ Strängen des Strukturbaums machen. Die Gesamtsystematik wird von KÜPPER 1997 unterstützt: „Gewichtete und quantifizierbare Zielsysteme sind gleichzusetzen mit Kennzahlensystemen !“

7.2. Kennzahl-Ziel-Zuordnung

Die beiden Anforderungen an Kennzahlensysteme, die Ziel- und die Ordnungssystematik, werden wie bereits in Kapitel 5 und 6 aufgezeigt von der Methodik erfüllt. Um nunmehr auch der Rechensystematik genügen zu können, wird innerhalb der Methodik eine weitere konzeptionelle Komponente integriert.

Um eine quantifizierbare Aussage bezüglich des Beitrages einer Kennzahl zum obersten Unternehmensziel machen zu können, muss die Gewichtung des Unternehmenszielsystems über die Unterziele hinaus nach unten fortgesetzt werden. Zu diesem Zweck wird eine Korrelation zwischen Kennzahl und Unterziel festgestellt und quantifiziert, d.h. es wird die Aussagestärke der Kennzahl zum Ziel bewertet.

Über die Gewichtung der Ziele und die Korrelationsstärke der Kennzahlen zu den Zielen wird (s. Abb. 7-2) der Leistungsbeitrag jeder einzelnen Kennzahl ermittelt. Aus Leistungsbeitrag und normierten Kennzahlwert wird später der Leistungsanteil aller Kennzahlen gebildet. Deren Kumulation ergibt die Gesamtleistung des betrachteten Unternehmens unter Berücksichtigung der jeweiligen Unternehmensziele, die durch die Zielgewichtung unterschiedlich dargestellt werden können.

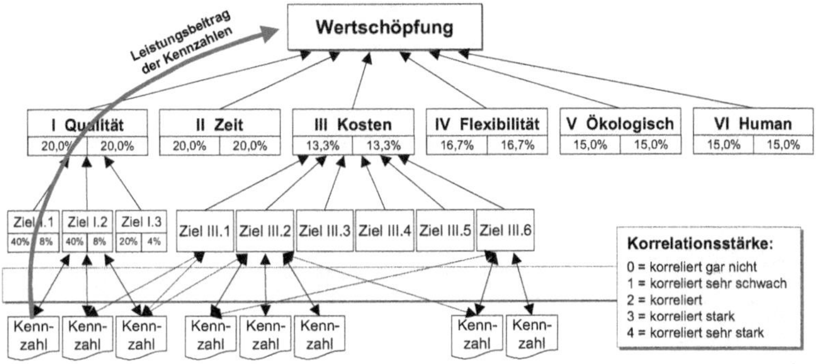

Abb. 7-2: Zielgewichtung und Korrelation Kennzahl Ziel

Die Bewertung der Aussagestärke kann auf zwei verschiedenen Wegen erfolgen. Eine mathematisch-empirische Methode, die auf die statistische Erhebung einer Reihe von Daten angewiesen ist, und eine heuristische Methode, die anhand von definitionslogischen Aspekten eine bewertete Zuordnung von Kennzahl und Ziel vornimmt. Während SYSKA 1990 (S.102ff.) als geeignetes mathematisches Verfahren die Kombination aus einer Korrelations- und einer Diskriminanzanalyse [SCHUCHARD-FICHER ET AL. 1982, S.15ff.] einsetzt, wird in dieser Arbeit diese äußerst aufwendige Methode umgangen und die beiden Verfahren heuristisch gelöst.

Die Korrelationsanalyse liefert die Stärke der Beziehung der Kennzahlen zu den Zielen und ermöglicht anhand der errechneten Korrelationskoeffizienten eine Auswahl der für das jeweilige Ziel wichtigsten Kennzahlen. „Die Frage, welche dieser Kennzahlen aber die bestgeeignete ist, um das jeweils betrachtete Ziel zu operationalisieren, kann eine Korrelationsanalyse alleine nicht beantworten" [SYSKA 1990, S104].

Während die Korrelationsanalyse eine Reihe von Kennzahlen ermittelt, die mit dem Ziel korrelieren, stellt die Diskriminanzanalyse anschließend fest, welche Kennzahl ein Ziel am besten operationalisiert. Beide mathematische Verfahren dienen der statistischen Auswertung von empirisch ermittelten Daten und stellen sich daher als sehr aufwendig dar.

Im Rahmen dieser Arbeit wurde auf eine einfachere Methode zurückgegriffen, die in Anlehnung an die beiden mathematischen Verfahren vorgeht. Die Gesamtbewertung der Aussagestärke von Kennzahl zu Ziel wird im Folgenden als ‚Erfüllungsgrad' bezeichnet. Bei der angewandten Methode werden die Kennzahlen in die Zeilen und die Ziele in die Spalten einer Matrix geschrieben (s. Abb. 7-3).

Das weitere Vorgehen gliedert sich ebenfalls wie bei SYSKA 1990 in drei Schritte. Einziger Unterschied ist die weniger aufwendige heuristische Durchführung.

- Feststellung der korrelierenden Kennzahlen (Korrelationsanalyse 1.Schritt)
- Streichung von sich gegenseitig ergänzenden bzw. beeinflussenden Kennzahlen (Korrelationsanalyse 2.Schritt)
- Ermittlung der am besten operationalisierenden Kennzahlen (Diskriminanzanalyse)

Aus der Zusammenfassung der drei Schritte resultiert ein Erfüllungsgrad, der die Stärke der Kennzahlaussage zum jeweiligen Ziel quantifiziert.

Um den drei heuristisch durchzuführenden Schritten die Subjektivität der Bewertungsfindung zu nehmen, kann ein interdisziplinarischer Kreis, bestehend aus den Bereichen Entwicklung, Beschaffung, Produktion, Vertrieb/Marketing sowie dem Controlling und der Datenverarbeitung zusammengestellt werden. Im ersten Schritt werden die bezüglich eines Zieles korrelierenden Kennzahlen markiert und die Korrelationsstärke über alle Teilnehmer gemittelt. Im zweiten Schritt werden sich gegenseitig beeinflussende Kennzahlen innerhalb eines Zieles gesucht und die mit schwächerer Korrelation bewertete Kennzahl gestrichen. Diese erhält bezüglich des betrachteten Zieles forthin den Erfüllungsgrad 0. Die restlichen Kennzahlen werden nun auf ihre Eignung zur Operationalisierung eines Zieles im dritten Schritt untersucht.

Bei dieser Untersuchung muss jedes Teammitglied eine Bewertung des betrachteten Zieles vornehmen („sehr wichtig“, „wichtig“ oder „unwichtig“) und entscheiden, welche Kennzahl eine Trennung dieser individuellen Bewertung am besten vermag. Zum Beispiel könnte für das Ziel „Hoher Qualifikationsgrad“ die Kennzahl „Anzahl Fehler mit Grund ‚Unwissenheit' “ als eine gut operationalisierende Kennzahl ermittelt werden. „Anzahl Fehler mit Grund ‚Unwissenheit' “ kann somit als eine Kennzahl ermittelt werden, die eine sehr gute Trennung zwischen den Parteien, die das Ziel unterschiedlich wichtig einstufen, vornimmt. Die Kennzahl kann aus diesem Grund neben weiteren Kennzahlen als beschreibende Kennzahl für das Ziel „Hoher Qualifikationsgrad“ herangezogen werden. Der Erfüllungsgrad ergibt sich folglich aus der Kombination von Korrelationsstärke und Güte der Operationalisierung. Die Skala des Erfüllungsgrades reicht von null bis vier Punkten, wobei null Punkte bedeuten, dass die Kennzahl keine Aussage zum Ziel macht, also nicht korreliert, und vier Punkte, dass die Kennzahl eine identische Beschreibung des Zieles abgibt. So erhält die Kennzahl „Anzahl Fehler mit Grund ‚Prozess' " bezüglich dem Unternehmensziel „Einhaltung von Toleranzen" einen Erfüllungsgrad von vier Punkten.

Folgende Abbildung zeigt einen Ausschnitt aus der Bewertung der Kennzahl-Ziel-Zuordnung. Die Beeinflussungsmatrix wird im Anhang auf S.186 komplett dargestellt.

Erfüllungsgrad:
(Korrelation und Operationalisierung)

0 = korreliert gar nicht
1 = korreliert schwach
2 = korreliert durschnittlich
3 = korreliert stark
4 = korreliert sehr stark

	Qualität			Zeit - Lieferzeit										Kosten						Flexibilität					Ökologisch				Human			
	Einhaltung von Toleranzen	Streuungszentrum ausrichten	Streuung reduzieren	Reaktionszeit bei Störung	Störungshäufigkeit reduzieren	Verzögerung durch Losgröße	Warten auf Weiterverarbeitung	Verzögerung durch Gebindegröße	Warten aus Weitertransport	Systematische Wartezeiten	Rüstzeit	Auftragsabwicklungszeit	Wiederbeschaffungszeit	Überflüssiges Anlagevermögen	Überflüssige Bestände	Überflüssige Betriebsmittel	Überflüssiges Personal	Überflüssiger Materialverbrauch	Ausschuss	Anpassflexibilität	Erweiterungsflexibilität	Mengenflexibilität	Produktmixflexibilität	Lieferzeitflexibilität	Geringer Ressourcenverbrauch	Geringer Schadstoffausstoß	Minimale Abfallmenge	Hohe Recyclingquote	Hohe Sicherheitsstandards	Anspruchsvolle Arbeitsinhalte	Ergonomische Arbeitsplätze	Hoher Qualifikationsgrad
Anz. Fehler [ppm] mit Grund Maschine	4	3	4	0	2	0	0	0	0	0	0	0	0	0	0	0	0	2	4	0	0	0	0	0	3	0	2	0	1	0	0	0
Anz. Fehler [ppm] mit Grund Mitarbeiter	4	3	2	0	1	0	0	0	0	0	0	0	0	0	0	0	1	1	3	0	0	0	0	0	2	0	1	0	0	1	2	3
Anz. Fehler [ppm] mit Grund 'Unwissenheit'	4	3	2	0	1	0	0	0	0	0	0	0	0	0	0	0	0	1	3	0	0	0	0	0	2	0	1	0	0	1	1	4
Anz. Fehler mit Grund 'Methode non-standard'	4	3	2	0	1	0	0	0	0	0	0	0	0	0	0	0	0	1	3	0	0	0	0	0	2	0	1	0	0	0	2	1
Anz. Fehler [ppm] mit Grund 'MA-Fehler'	4	3	2	0	1	0	0	0	0	0	0	0	0	0	0	0	0	1	3	0	0	0	0	0	2	0	1	0	0	1	1	3
Anz. Fehler [ppm] mit Grund Prozess	4	4	4	0	2	0	0	0	0	0	0	0	0	0	0	0	0	2	4	0	0	0	0	0	3	0	2	0	1	1	1	0
Anz. Fehler [ppm] mit Grund Material	4	3	4	0	1	0	0	0	0	0	0	0	0	0	0	0	0	3	4	0	0	0	0	0	4	0	3	0	0	0	0	0

...

Abb. 7-3: Zuordnung der Kennzahlen zu den Zielen - ‚Erfüllungsgrade' (Ausschnitt)

In diesem Zuge können zur Ergänzung der in Kapitel 6 aufgestellten Kennzahlenhierarchie, innerhalb der ursachen- und definitionslogische Kennzahlen aufgestellt wurden, weitere Kennzahlen erhoben werden. Die oben aufgezeigte Methode gewährleistet die Filtration der wichtigsten bzw. weist den zusätzlichen Kennzahlen innerhalb der im Folgenden dargestellten Rechentechnik das entsprechende unternehmenszielorientierte Gewicht - den Leistungsbeitrag der Kennzahl - zu.

7.3. Rechentechnisches Konzept

In diesem Abschnitt wird die Berechnung der Gesamtleistung auf Basis aller an der Methodik beteiligten Kennzahlen erläutert. Die Gesamtleistung eines Unternehmens berechnet sich aus der Summation der sogenannten Leistungsanteile der Kennzahlen, die sich wiederum durch die Multiplikation des Leistungsbeitrages einer Kennzahl mit ihrem normierten Kennzahlwert berechnet:

$$\text{Gesamtleistung} = \sum_{\text{Kennzahl } 1}^{\text{Kennzahl } n} (\text{Leistungsbeitrag Kennzahl } k \times \text{normierter Kennzahlwert})$$

Die Berechnung der Leistungsbeiträge der Kennzahlen stellt sich wie folgt dar:

Die beiden in Abschnitt 5.5 (Unternehmenszielgewichtung) und 7.2 (Erfüllungsgrade) ermittelten Gewichtungen ergeben in ihrer Kombination den kennzahlbezogenen

Leistungsbeitrag. In der Summe ergeben alle Leistungsbeiträge der Kennzahlen 100 Prozent, d.h. alle an der Bildung des obersten Unternehmenszieles beteiligten Kennzahlen teilen sich die zu ermittelnde Gesamtleistung gemäß ihrem Leistungsbeitrag. Für die Ermittlung eines Leistungsbeitrages wird folgender Algorithmus in fünf Schritten eingesetzt:

1. Summation der Erfüllungsgrade aller Kennzahlen bezüglich eines jeden Unterzieles und Bildung einer Gesamtsumme über alle Erfüllungsgradsummen der Unterziele (siehe Spalten- und Gesamtsumme in Abb. A-6 im Anhang, S.188).

$$\text{Gesamtsumme Erfüllungsgrade} = \sum_{\text{Unterziel } 1}^{\text{Unterziel } m} \left[\sum_{\text{Kennzahl } 1}^{\text{Kennzahl } n} \text{Erfüllungsgrad von Kennzahl } k \text{ zu Ziel } z \right]$$

2. Bildung eines Relativanteiles aus Einzelerfüllungsgrad einer Kennzahl und Gesamtsumme aller Erfüllungsgrade.

$$\text{Relativanteil Erfüllungsgrad Kennzahl } k = \frac{\text{Erfüllungsgrad Kennzahl } k}{\text{Gesamtsumme Erfüllungsgrade}}$$

3. Multiplikation des Relativanteiles des Erfüllungsgrades einer Kennzahl mit der Zielgewichtung des korrespondierenden Unterzieles. Summation aller ermittelten Produkte <u>einer</u> Kennzahl über alle Unterziele. Die Summe stellt den nicht normierten Leistungsbeitrag dieser Kennzahl dar.

$$\text{Nicht normierter Leistungsbeitrag der Kennzahl } k = \sum_{\text{Unterziel } 1}^{\text{Unterziel } m} \left[\text{Relativanteil Erfüllungsgrad Kennzahl } k \times \text{Zielgewichtung Ziel } z \right]$$

4. Summation der nicht normierten Leistungsbeiträge aller Kennzahlen zur Gesamtsumme der Leistungsbeiträge.

$$\text{Gesamtsumme der Leistungsbeiträge} = \sum_{\text{Kennzahl } 1}^{\text{Kennzahl } n} \left[\text{Nicht normierter Leistungsbeitrag der Kennzahl } k \right]$$

5. Normierung der Leistungsbeiträge aller Kennzahlen zur Gesamtsumme der Leistungsbeiträge. Die Summe aller normierten Leistungsbeiträge ergibt 100 Prozent.

$$\text{Leistungsbeitrag der Kennzahl } k = \frac{\text{Nicht normierter Leistungsbeitrag der Kennzahl } k}{\text{Gesamtsumme der Leistungsbeiträge}}$$

Für die Berechnung der Leistungsanteile jeder Kennzahl wird, wie eingangs dargestellt, das Produkt aus Leistungsbeitrag und dem normierten Kennzahlwert gebildet und letztendlich mittels Summation aller Leistungsanteile die **Gesamtleistung** errechnet (s. Abb. 7-4).

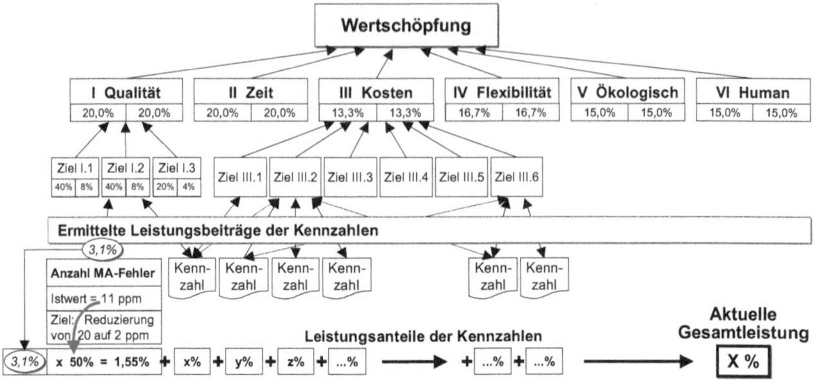

Abb. 7-4: Ermittlung der Gesamtleistung

Zur Ermittlung des normierten Kennzahlenwertes wird der Ist-Zustand gemessen und durch den Soll-Zustand normiert d.h. es wird eine prozentuale Relation zum Ziel bzw. Sollwert hergestellt. Die Normierung eines realen Kennzahlwertes auf eine Bezugsbasis ist dann nötig, wenn in ein Kennzahlensystem mehrere Kennzahlen mit unterschiedlichen Einheiten eingehen. Bei der Normierung wird der Kennzahlwert dimensionslos gemacht und direkt mit anderen vergleichbar. Wird die Bezugsbasis über einen Zeitraum konstant gehalten, so ist ein Vergleich der berechneten Gesamtleistung nicht nur zwischen Unternehmenseinheiten, sondern auch zeitlich möglich.

Grundsätzlich kann eine Normierung auf zwei verschiedene Bezugsbasen vorgenommen werden. Einerseits der Bezug zu einem definierten Soll-Zustand und andererseits der Bezug auf ein Best-Practice. Mit der Methode der Soll- bzw. Zielwertvorgabe kann, wie oben beschrieben, ein zeitlich unabhängiger Vergleich durchgeführt werden. Bei der Vorgabe des Best Practice durch die jeweils beste Unternehmenseinheit oder einem Benchmark-Unternehmen ist der Vergleich nur zeitpunktbezogen möglich, d.h. nur ein Benchmarking der Vergleichspartner untereinander durchführbar. Ein unternehmensinterner auf die eigene Absolutleistung abzielender Periodenvergleich ist aufgrund der zeitlich dynamischen Veränderung der Best Practice-Bezugsbasis somit nicht möglich.

7.4. Anwendungstechnische Möglichkeiten

Der aufgezeigte Weg über ein spezifisch gewichtetes Zielsystem und dessen Verknüpfung mit dem eingesetzten Kennzahlenumfang lässt folgende anwendungstechnische Möglichkeiten zur Auswertung und Evaluierung der Unternehmensleistung zu:

- ***Zielsystemgewichtung***: Eine nach den Absolutgewichten sortierte Liste der Unterziele (siehe Anhang Abb. A-4, S.184):

Die Liste zeigt die unternehmensspezifischen Zielprioritäten auf und bildet die Basis für die Bewertung der Kennzahlen und letztendlich die Ermittlung der Leistungsbeiträge der Kennzahlen. In Anlehnung an ein Unternehmensbeispiel wurden die drei obersten Zielprioritäten wie folgt ermittelt: „Einhaltung von Toleranzen", „Streuungszentrum ausrichten" und „Produktmixflexibilität". Das am niedrigsten bewertete Ziel war „Verzögerung durch Gebindegröße", was zwar aus dem hoch bewerteten Zielkomplex „Zeit" stammt, dort aber den letzten Platz belegt.

- ***Leistungsbeiträge der Ziele***: Die Liste der Leistungsbeiträge der Ziele (s. Anhang Abb. A-7) basiert direkt auf der im Punkt vorher dargestellten Zielsystemgewichtung und wird durch die Korrelationsstärke aller beschreibenden Kennzahlen erweitert. Sie stellt eine Zielprioritätenliste dar und sollte jeder Handlungsweise zugrundegelegt werden. Die Frage „Welche Zielerfüllung führt zur Steigerung der Wertschöpfung ?" verdeutlicht die Aussage dieser Auswertung (s. Abb. 7-5). Eine auf die reine Zielgewichtung basierte Handlung würde den Aspekt der individuell eingesetzten Kennzahlen und der darauf basierenden aktuellen Leistungsfähigkeit vernachlässigen.

  Durch die Gewichtung der Korrelation von allen Kennzahlen mit allen Zielen werden die Ziele somit einer „Neugewichtung" unterzogen, d.h. alle Kennzahlen die zur Beschreibung jedes einzelnen Zieles aufgestellt wurden, können auch einen Beitrage (eine Aussage) zu anderen Zielen leisten. Durch diese „Querbeeinflussung" werden diese Ziele aufgewertet und erfahren somit eine Veränderung ihrer Zielstärke. Durch die Gesamtheit der beschreibenden Kennzahlen wird das Gewichtungsschema des Zielsystems neu bewertet und somit Zielsystem und Kennzahlenhierarchie zu einer aufeinander abgestimmten Einheit verschmolzen. Die eingesetzte Kennzahlenhierarchie übt somit einen Einfluss auf die Zielgewichtung aus. Resultat ist ein unternehmenszielorientiertes Kennzahlensystem.

  Im vorliegenden Praxisbeispiel ist z.B. das Ziel „Ausschuss verringern" von Platz 15 auf 11 gerutscht. Grund für diese Verschiebung ist die Abbildung dieses Zieles durch vielerlei Kennzahlen. Es findet also eine „Querbeeinflussung" durch Kennzahlen statt, die ursprünglich zur Beschreibung anderer Ziele aufgestellt wurden. Im gleichen Zuge wurde das Ziel „Hoher Qualifikationsgrad" von Platz 28 auf 6 verschoben, was darauf hin weißt, dass dieses Ziel einen entscheidenden Einfluss im Gesamtsystem wahrnimmt. Die Qualifikation übt über die eingesetzten Kennzahlen und den übergeordneten Zielen Einfluss auf das Gesamtsystem aus, d.h. es dient als Hebel zur allgemeinen Steigerung der Wertschöpfung.

- ***Leistungsbeiträge der Kennzahlen***: Die Leistungsbeiträge der Kennzahlen (s. Anhang Abb. A-8, S.190) entsprechen einer unternehmenszielspezifisch gewichteten Bewertung der Kennzahlen. In Höhe des Leistungsbeitrages steuert eine Kennzahl anteilig mit ihrem normierten Kennzahlwert zur Gesamtleistung bei. Die

Frage „Welche Kennzahl liefert den höchsten Beitrag zur Steigerung der Wertschöpfung ?“ verdeutlicht die Aussage dieser Auswertung (s. Abb. 7-5).

Im Beispiel (vgl. Anhang) wurde die Kennzahl „Anzahl Fehler [ppm] mit Grund ‚Prozess‘ “ mit dem höchsten Leistungsbeitrag und die Kennzahl „Differenz ØWBZ zu zugesagter Lieferzeit laut Lieferant“ mit dem niedrigsten bewertet.

Durch die getrennte Betrachtung der Kennzahl „Differenz ØWBZ zu zugesagter Lieferzeit laut Lieferant“ und deren Bewertung könnte ihr im Vergleich zu den anderen Kennzahlbewertungen gering ausfallendes Ergebnis angezweifelt werden. Die Bedeutung der Wiederbeschaffungszeit bzw. deren Spreizung ist generell nicht unterzubewerten. Allerdings muss bei der Betrachtung der Leistungsbeiträge beachtet werden, dass weitere acht Kennzahlen auf den Zeitfaktor Bezug nehmen. Hierdurch kann der Eindruck einer Unterbewertung widerlegt werden.

Folgende Abbildung zeigt den Zusammenhang zwischen den Leistungsbeiträgen der Ziele und der Kennzahlen in Detaildarstellung. Das heißt, jeder einzelne Leistungsbeitrag zwischen jeder Kennzahl und jedem Ziel ist in einer Matrix dargestellt. Erst die Summen der einzelnen Beiträge ergeben die hier als Auswertungsmöglichkeit angesprochenen Leistungsbeiträge. Die Frage „Welche Kennzahl beschreibt Unterziel am besten ?“ ist zusätzlich ablesbar.

Welche Kennzahl liefert den höchsten Beitrag zur Steigerung der Wertschöpfung ?

Erfüllungsgrad:
(Korrelation und Operationalisierung)

0 = korreliert gar nicht
1 = korreliert schwach
2 = korreliert durschnittlich
3 = korreliert stark
4 = korreliert sehr stark

	Qualität			Zeit - Lieferzeit										...	Human					
	Einhaltung von Toleranzen	Streuungszentrum ausrichten	Streuung reduzieren	Reaktionszeit bei Störung	Störungshäufigkeit reduzieren	Verzögerung durch Losgröße	Warten auf Weiterverarbeitung	Verzögerung durch Gebindegröß	Warten auf Weitertransport	Systematische Wartezeiten	Rüstzeit	Auftragsabwicklungszeit	Wiederbeschaffungszeit		Hohe Sicherheitsstandards	Anspruchsvolle Arbeitsinhalte	Ergonomische Arbeitsplätze	Hoher Qualifikationsgrad		
	8,3%	8,3%	3,3%	5,0%	5,0%	1,3%	1,3%	0,7%	0,8%	0,8%	1,5%	1,9%	1,7%		5,0%	3,1%	4,4%	2,5%	100%	***Rang:***
Anz. Fehler [ppm] mit zuordbarem Grund	9,5‰	7,1‰	2,9‰	0	1,4‰	0	0	0	0	0,5‰	0	0	0		1,4‰	0,9‰	1,2‰	1,4‰	3,6%	3
Anz. Fehler [ppm] mit Grund Maschine	9,5‰	7,1‰	3,8‰	0	2,9‰	0	0	0	0	0,5‰	0	0	0		1,4‰	0	0	0	3,5%	6
Anz. Fehler [ppm] mit Grund Mitarbeiter	9,5‰	7,1‰	1,9‰	0	1,4‰	0	0	0	0	0,2‰	0	0	0		0	1,8‰	1,2‰	2,1‰	3,1%	11
Anz. Fehler [ppm] mit Grund 'Unwissenheit'	9,5‰	7,1‰	1,9‰	0	1,4‰	0	0	0	0	0,2‰	0	0	0		0	0,9‰	1,2‰	2,9‰	3,1%	12
Anz. Fehler mit Grund 'Methode non-standard'	9,5‰	7,1‰	1,9‰	0	1,4‰	0	0	0	0	0,5‰	0	0	0		0	0,9‰	2,5‰	0,7‰	3,1%	13
Anz. Fehler [ppm] mit Grund 'MA-Fehler'	9,5‰	7,1‰	1,9‰	0	1,4‰	0	0	0	0	0,2‰	0	0	0		0	1,8‰	1,2‰	2,1‰	3,2%	9
Anz. Fehler [ppm] mit Grund Prozess	9,5‰	9,5‰	3,8‰	0	2,9‰	0	0	0	0	0,5‰	0	0	0		1,4‰	0,9‰	1,2‰	0,7‰	4,0%	1
Anz. Fehler [ppm] mit Grund Material	9,5‰	7,1‰	3,8‰	0	1,4‰	0	0	0	0	0,2‰	0	0	0		0	0	0	0	3,4%	7
Differenz zw. Prozessmittel und Zielwert	4,8‰	9,5‰	2,9‰	0	2,9‰	0	0	0	0	0,2‰	0	0	0		0	0	0	0,7‰	3,0%	14
Varianz des Prozess-Outputs	4,8‰	4,8‰	3,8‰	0	1,4‰	0	0	0	0	0,2‰	0	0	0		0	0,9‰	1,2‰	1,4‰	2,6%	15
Varianz des Prozess-Inputs	4,8‰	4,8‰	3,8‰	0	1,4‰	0	0	0	0	0,2‰	0	0	0		0	0	0	0	2,2%	18
Verhältnis Output- zu Input-Varianz	4,8‰	4,8‰	3,8‰	0	1,4‰	0	0	0	0	0,2‰	0	0	0		0	0,9‰	1,2‰	1,4‰	2,3%	17
Anteil rechtzeitiger Aufträge	2,4‰	2,4‰	1‰	4,3‰	4,3‰	0,4‰	0,7‰	0,4‰	0,5‰	0,5‰	0,4‰	1,1‰	0,5‰		0	0	0	0,7‰	3,5%	5
Zeit zw. Auftreten und Lösung des Problems	0	0	0	5,7‰	0	0	0	0	0	0,9‰	0	0	0		0	0	1,2‰	1,4‰	1,4%	37
Anzahl Unterbrechungen, sowie Gesamtzeit	4,8‰	2,4‰	1‰	1,4‰	[illegible]	0	0	0	0	0,7‰	0	0,5‰	0		0	0	0	0,7‰	1,9%	24
Differenz ØDLZ - Lieferzeit lt. Kundenwunsch	0	0	0	4,3‰	4,3‰	1,1‰	0,7‰	0,4‰	0,5‰	0,7‰	1,3‰	1,6‰	1,5‰		0	0	0	0,7‰	3,2%	10
Streuung ØDLZ zu Lieferzeit lt. Kundenwunsch	0	0	0	4,3‰	4,3‰	1,1‰	0,7‰	0,4‰	0,5‰	0,7‰	1,3‰	1,6‰	1,5‰		0	0	0	0,7‰	3,5%	4
...																				
* Unfall- und verletzungsbedingte Kosten	0	0	0	1,4‰	2,9‰	0	0	0	0	0	0	0	0		5,7‰	1,8‰	5‰	0,7‰	2,0%	22
Repetitierfaktor pro Arbeitsplatz	0	0	0	1,4‰	0	0	0	0	0	0	0	0	0		0	3,6‰	0	2,1‰	0,8%	43
Krankheitskosten durch Haltungs- und Trageschä	0	0	0	0	0	0	0	0	0	0	0	0	0		4,3‰	1,8‰	5‰	1,4‰	1,2%	40
Qualifikationsgrad pro MA (flexibler Arbeitseinsatz	2,4‰	4,8‰	1,9‰	0	0	0	0	0	0	0	0	0	0		1,4‰	1,8‰	2,5‰	2,9‰	2,5%	16
	12,1%	10,0%	4,4%	4,6%	6,4%	1,1%	0,8%	0,4%	0,4%	1,1%	1,4%	1,3%	0,9%		1,6%	1,8%	2,6%	4,6%		
Rang:	1	2	8	7	4	27	29	32	31	26	23	24	28		22	20	14	6		***Rang:***

Welche Zielerfüllung führt zur Steigerung der Wertschöpfung ?

Welche Kennzahl beschreibt Unterziel am besten ?

Abb. 7-5: Leistungsbeiträge der Ziele und Kennzahlen

- ***Leistungsanteile der Kennzahlen***: Der Leistungsanteil einer Kennzahl stellt eine Einzelleistung dar. Die Summe über alle Einzelleistungen ergibt dann die Gesamtleistung. Die Ermittlung der Leistungsanteile durch Multiplikation der Leistungsbeiträge mit den normierten Kennzahlwerten (in Prozent ausgedrückt) wurde bereits in Abschnitt 7.3 beschrieben (s. Abb. 7-4).

  Mittels der Leistungsanteile (ebenfalls in Prozent ausgedrückt) wird die individuelle Leistungsfähigkeit eines Betrachtungsgegenstandes anhand jeder einzelnen Kennzahl deutlich. Durch die Einzelbewertung der Kennzahlen wird letztendlich eine neutrale Zusammenfassung in der Gesamtleistung erzielt.

- ***Gesamtleistung***: Die Gesamtleistung zeigt im Vergleich von Unternehmen bzw. Unternehmensbereichen die Zusammenfassung aller Einzelleistungen und damit die Gesamt-Leistungsfähigkeit des Betrachtungsgegenstandes auf.

Hierdurch wird die Beantwortung folgender Fragen ermöglicht:

- Welche Unternehmenszielprioritäten liegen vor ? (kennzahlneutral)
- Welches Unterziel leistet den größten Beitrag? (kennzahlbewertet)
- Welche Kennzahl beschreibt Unterziel am besten ?
- Welche Kennzahl leistet den größten Beitrag ? (ziel- und istwertneutral)
- Welche ist die wichtigste Kennzahl ? (leistungsbewertet)
- Welche Gesamtleistung besteht aktuell ?

Anhand der dargestellten Priorisierung der Ziele und Kennzahlen kann eindeutig eine Richtung zur Optimierung des Betrachtungsgegenstandes festgestellt werden. Außerdem kann durch die Simulation von möglichen Konzeptszenarien und deren Beeinflussung der Kennzahl ‚Gesamtleistung' „Was-wäre-wenn-Analysen" gefahren werden, die eine Optimierungsrichtung besser eingrenzen lassen. Die Simulation von Szenarien kann im Detail ein abgestimmtes „Kochrezept" für die Optimierung von Unternehmensbereichen evaluieren und die Festlegung von Projektprioritäten gewährleisten. Auch kann die Simulation von unterschiedlichen Gewichtungen des Unternehmenszielsystems einen Beitrag zur Zielausrichtung des Unternehmens leisten.

Mit der vorgestellten Methodik wird die Verfolgung der Entwicklung eines Unternehmens über eine **zeitliche Periode** hinweg möglich. D.h. Veränderungen sind bewert- und kontrollierbar. Darüber hinaus ist ein Benchmarking mit anderen Unternehmen bzw. Unternehmensbereichen im **Absolutvergleich** durchführbar.

7.5. Ergänzende Tools im Praxiseinsatz

Evaluierung von Zeit- und Kostenaspekten mittels Hilfswerkzeugen

Bezüglich der **Zeitziele** muss an dieser Stelle im Speziellen der in Abschnitt 2.2 auf S.15 angedeutete Aspekt der Unterstützung durch die Ablaufsimulation, der bei WERNER 2001 nähere Erläuterung findet, aufgegriffen werden. Mit Hilfe der Ablaufsimulation kann ein Systemmodell erzeugt werden, das bei der Definition der optimalen Los- und Gebindegröße in Abhängigkeit der Rüstgrößen und des sich ändernden Kundenauftragsspektrums Unterstützung leisten kann. Des Weiteren kann der Einsatz von Dispositionsstrategien wie ‚KANBAN' in verschiedenen Regelkreisen bis hin zu den Lieferanten in Wertschöpfungsnetzwerken validiert werden. Neben der Ermittlung der in Frage kommenden Teile des Produktspektrums kann eine Analyse der Auswirkungen auf Umlauf- und Lagerbestände sowie die Notwendigkeiten zur Anpassung von Schichtmodellen eroiert werden.

So zeigt auch JEHLE 2000 ein Simulationstool zur Steuerung von großen logistischen Netzwerken auf. „Wie bisherige Forschungen deutlich gemacht haben, eignet sich für die Untersuchung von großen Netzen in der Logistik insbesondere der prozessorientierte Ansatz" [JEHLE 2000, S.209].

In dem Prozesskettenmodell transformieren sich Produktionsfaktoren (**Ressourcen**), die innerhalb des gesamten Modells in **Strukturen** organisiert sind, mit Hilfe von den abgebildeten **Prozess**typen (Bearbeiten, Prüfen, Transportieren, Lagern) gegenseitig und bilden die dynamischen Abläufe innerhalb des Systems ab. Mit diesen Prozessbestandteilen und dem Einsatz von fünf Lenkungsebenen wird die Abbildung der Realität in der Leistungs-, Kosten-, Wert- und Kundenebene laut PIELOK 1995 (S.64) umfassend möglich. Hierbei kommt neben der Simulation auf Basis des Prozesskettenmodells der Einsatz von Kennzahlensystemen als Steuerungsmethode auf der Kosten- und Leistungsebene zum Tragen [JEHLE 2000, S.211].

Ein optimales Scheduling des Produktionssystem - die Terminierung zum Engpass auf Basis des OPT-Prinzips der Produktionssteuerung - kann durch Simulationstechniken, bei denen das systembeschreibende Modell eine Schnittstelle zur Rückmeldung der aktuellen Auftragssituation per BDE besitzt, realisiert werden. Solche Systeme auf Basis der Simulationstechnik sind z.T. bei Unternehmen in der Erprobung oder bereits im Einsatz und wurden in den letzten Jahren vermehrt in der Literatur beschrieben. Darüber hinaus gibt es Anbieter am Markt, die durch besondere hauptspeicherresistente Datenbankapplikationen, sogenannten APS-Systemen, eine Supply Chain Simulation unter dem OPT-Aspekt durchführen und somit die Auslastung der Engpässe sowie die Gesamtleistung des Systems optimieren können.

Allgemeines Ziel der aufgeführten Bestrebungen und systemischen Möglichkeiten ist die nachhaltige Verkürzung der Lieferzeit bei steigender Liefertreue und geringst möglichen Beständen. Um die für die Systemoptimierung notwendigen Detailkenntnisse der Prozesszusammenhänge zu erarbeiten, stehen dem beschriebenen Kennzahlensystem zum Controlling der Ist-Situation die beschriebenen Simulationstechniken zur Definition eines Soll-Konzeptes zur Seite.

Die Simulation kann somit als Baustein der gesamten Methodik eingesetzt werden, indem die Simulationsergebnisse der Konzeptalternativen zur Auffindung der besten unternehmensspezifischen Lösung mittels des Kennzahlensystems rechentechnisch verglichen werden. Während die Ablaufsimulation Defizite in der Logistikkonzeption eines Wertschöpfungssystems aufzeigen kann, muss die abschließende Bewertung des jeweiligen Konzeptes aber durch ein unternehmenszielorientiertes Controlling-Tool vorgenommen werden. Somit können klar definierte Unternehmensstrategien beachtet werden und in die Konzeption des Wertschöpfungsnetzwerkes einfließen.

Außerdem muss die Methode generell durch die Investitions- und Prozesskostenrechnung begleitet werden, um das anhand der Methode ermittelte, beste Konzept auch auf eine tiefergehende Wirtschaftlichkeit zu überprüfen.

Kennlinientechnik und Betriebspunktbetrachtung

Neben der Überwachung der Prozesse mit Hilfe von Kennzahlen ist es darüber hinaus notwendig, die verfügbaren Einflussgrößen zur Verbesserung der Zielerreichung aufzuzeigen sowie die Wirkungen einer Einflussgrößenänderung vorhersagbar und quantifizierbar zu machen. Speziell im Bereich der Logistik stehen die Kernkennzahlen Termintreue, Durchlaufzeit, Arbeitsleistung sowie Bestände in Wechselwirkung mit den jeweiligen Bereichszielen (s. Abb. 5-14). HELMS & LUTZ 1999 zeigen mit Hilfe der **Kennlinientechnik** ein Hilfswerkzeug zur Unterstützung der Methodik auf (S.99).

So können innerhalb eines von LUTZ & HELMS 1999 dargestellten Durchlaufdiagramms (S.85, Abb.7) der Arbeitsbestand, die Leistung, die Reichweite und die Durchlaufzeit eines Arbeitssystems aufgezeigt werden. Hierbei können sowohl Vergangenheits- als auch Zukunftswerte eingetragen und ausgewertet werden. Somit erlaubt das Durchlaufdiagramm die kompakte Darstellung der wichtigsten logistischen Kennzahlen, wie sie sich aus dem Zielsystem der Logistik ergeben (s. Abb. 5-13, S.99). Werden den Ist-Abgangsdaten im Durchlaufdiagramm die Soll- Abgangsdaten der Aufträge gegenübergestellt, lässt sich auch die Termintreue darstellen.

Der Notwendigkeit der Verknüpfung der reinen Information einer Kennzahl mit einem Zielwert wird durch die Produktionskennlinie Rechnung getragen. Die sich gegenseitig beeinflussenden Kennzahlen können aus der Produktionskennlinie abgelesen werden; außerdem setzt die Produktionskennlinie die Werte in einen Kontext zueinander [LUTZ & HELMS 1999, S.87]. Anhand der Produktionskennlinie kann der Betriebspunkt der Arbeitseinheit optimiert werden: Ein logistisches Potenzial ist die Senkung der Bestände und der Durchlaufzeiten bei gleichbleibend hoher Leistung.

Die Abschätzung des optimalen **Betriebspunktes** kann auf die gesamte Wertschöpfungskette ausgeweitet werden, d.h. Lieferanten in das System einbezogen werden, was aber die übergreifende Kooperation aller beteiligten Unternehmen, speziell für den Austausch der produktionstechnisch und logistisch relevanten Informationen, voraussetzt [NYHUIS 1999]. Erhält ein Hersteller in der Lieferkette, z.B. rechtzeitig Informationen über die Durchlaufzeiten des Zulieferers, kann er seine eigene Termingenauigkeit darauf abstimmen bzw. Gegenmaßnahmen rechtzeitig ergreifen.

Zur Synchronisation aller an der Wertschöpfungskette beteiligten Unternehmen müssen zahlreiche logistische Kennzahlen (siehe LUTZ & HELMS 1999, Abb.12, S.90) ausgetauscht werden. Neben der Methodik der Durchlaufdiagramme und der Produktionskennlinie ist an dieser Stelle die bereits erwähnte Supply Chain Simulation mit APS-Systemen zu nennen, die über das MRPII-System hinaus neben den Kapazitäts- und Materialbetrachtungen weitere weitreichende Randbedingungen in ihr simulatives Modell einbezieht (siehe auch [KLOTH 1999]).

Darüber hinaus lassen sich weitere Potenziale erschließen, wenn mittels der erläuterten Methodik über kapazitätsbedingte Fremdvergaben entschieden werden kann [HELMS & LUTZ 1999, S.99ff.]. So beschreiben Lagerkennlinien qualitativ und quantitativ den Zusammenhang zwischen dem Lagerbestand und der Lieferbereitschaft. Neben der Darstellung des Lagerbestandes (resultierend aus Zu- und Abgängen) im zeitlichen Verlauf bietet das Lager-Durchlaufdiagramm auch die Möglichkeit den mittleren Lagerbestand, die aktuelle Bestandsreichweite und Kenngrößen wie die Beschaffungs- und Lagerverweilzeit und den Mengendurchsatz abzulesen [HELMS & LUTZ 1999, Abb.9, S.106f.]. Darüber hinaus kann der Lieferverzug sowie Einflüsse auf die Lagerkennlinie, wie Liefermengen- und Liefertermintreue oder Bedarfsrate- und Bedarfstermintreue sowie Planungsgüte der Beschaffungs- und Bestandslenkung dargestellt werden [HELMS & LUTZ 1999, Abb.12, S.111] [KRAMER 2000].

Datenhaltung und -ermittlung durch Management-Informations-Systeme (MIS)

In Kapitel 4 wurde zusammenfassend festgestellt, dass ein dezentrales und zeitnahes Datenmanagement für die laufende Kontrolle während und nach der Umsetzung der Reorganisation notwendig ist. Um den Datenbedarf von Unternehmen individuell zu befriedigen, bedarf es der tagesaktuellen Aufbereitung von spezifischen, den Management-Entscheidungsprozess unterstützenden Informationen. Meist kann dieser Bedarf in KMUs nicht mittels der bestehenden Abwicklungssysteme (ERP) gedeckt werden, da die Informationen oftmals nur über schwer programmierbare Reports verdichtet werden können.

An dieser Stelle können individuell gestaltete und auf den ERP-Systemen basierende Management-Informations-Systeme Abhilfe schaffen. Während KRAMER 2000 und HOLZER 2001 individuell auf das Unternehmen abgestimmte Systeme auf MSAccess-Basis vorstellen, die über ODBC-Schnittstellen mit ERP-Systemen korrespondieren, sind außerdem datenbankbasierte Tools, mit denen der Anwender spezifische Auswertungen selbst und ohne große Fachkenntnisse aus den unterlagerten Datenbanktabellen kreieren kann, in der Entwicklung [KRAMER 1998] [KRAMER 2001]. Aus den in den ERP-Systemen gehaltenen Informationen sollten vielfältige Auswertungen im Bereich der Kosten- und Leistungsebene gefahren und zu Kennzahlen, speziell auch Strukturkennzahlen (z.B. „Komplexität des Herstellungsprozesses"), verdichtet werden können.

8. Nutzen und Bewertung

8.1. Nutzen des Konzepts

In einer Praxisanwendung konnte KRAMER 1996 die aufgezeigte Konzeption in Teilen verifizieren. Der Anwendungsfall umfasste die alleinige Produktivitätsbewertung von Fertigungsstätten eines Rezeptglasproduzenten. Das aufgestellte Zielsystem verfolgte in diesem Fall eine stark eingeschränkte Sichtweise auf den produktiven Bereich der Fertigung und grenzte somit die unternehmensweite Betrachtung der Wertschöpfungskette aus. Dennoch konnte der Kern der Methodik einer praxisnahen Überprüfung unterzogen und die Einsatzmöglichkeiten verifiziert werden. Auf der Basis von neun bis zwölf Kennzahlen konnte der Produktivitätsvergleich von sechs Fertigungsstätten unter Einbezug von, den Vergleich objektivierenden Strukturkennzahlen gewährleistet werden.

Mit Hilfe der in dieser Arbeit vorgestellten Methode kann die von der Unternehmensführung erarbeitete unternehmensweite Vision allen Beschäftigten veranschaulicht werden. Die strategischen Ziele und Maßnahmen werden miteinander verknüpft und im Unternehmen konsequent heruntergebrochen, so dass jeder Mitarbeiter die für ihn relevanten Ziele kennt. Dieser Aspekt wurde speziell in Abschnitt 6.3 anhand der Synthese der Kennzahlensysteme zur strategischen und konzeptionellen Unternehmenslenkung sowie Kommunikation der Unternehmensziele (s. Abb. 6-10 und Abb. 6-11) verdeutlicht.

Die gesamte Organisation wird dadurch befähigt, sich immer wieder an die Strategie anzupassen und diese zu verfolgen. Die Methode wird zum Steuerungsinstrument für einen zielgerichteten Veränderungsprozess, da sie konsequent und kontinuierlich eingesetzt, den strategischen Handlungsrahmen, die operative Umsetzung und die systematische Rückkopplung zur Unternehmensstrategie gewährleistet.

Das Konzept bereitet den Rahmen, um ausgewogen objektive, leicht zu quantifizierende Ergebniskennzahlen und subjektive, urteilsabhängige Leistungstreiber der Ergebniskennzahlen unter einem Dach zu vereinen. Damit kann das Konzept über den Aspekt eines taktischen oder operativen Meßsystems hinaus als strategisches Managementsystem fungieren. Hierbei unterstützt das Konzept die vier Perspektiven aus der ‚Balanced Scorecard' (s. Abb. 3-13, S.54), die zu einem intuitiven Verständnis und einer hohen Anschaulichkeit des Konzepts beitragen.

Das Unternehmen erfährt durch die auf die Mitarbeiter fokussierte Lern- und Wachstumsperspektive den notwendigen Input zur Transformation des Unternehmens (s. Abb. 8-1). Die Marktperspektive widerspiegelt den Output der Produktions- bzw. Dienstleistungsfunktion. Das Verhältnis von Output zu Input kann als die Produktivität des Unternehmens gesehen werden, die letztendlich den unternehmerisch entscheidenden „Outcome“, die finanzielle Perspektive, realisiert. Die Prozessperspektive ist auf den eigentlichen Transformationsprozess, den das Unternehmen im dynamischen Marktumfeld kontinuierlich durchsetzen muss, fokussiert.

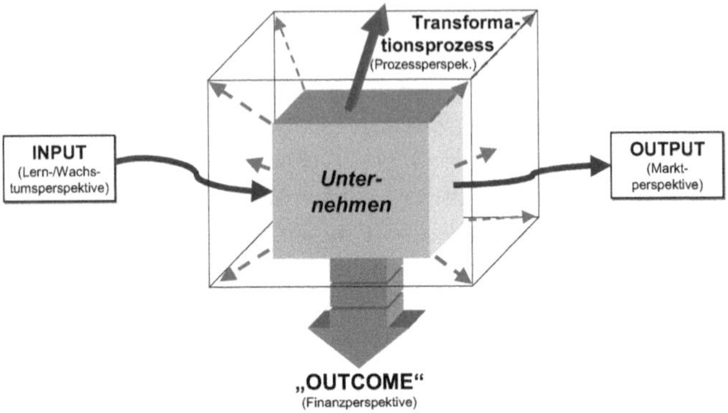

Abb. 8-1: Untermauerung des Konzepts durch vier Perspektiven

Durch die über das Unternehmenszielsystem abgeleiteten, strategierelevanten Kennzahlen, deren Strukturierung innerhalb der vier Perspektiven und der sie verbindenden Ursache-Wirkungsbeziehungen wird die Abbildung der betrieblichen Wertschöpfungskette und der Unternehmensstrategie umsetzungsorientiert gewährleistet. Dabei kann sowohl der Kurzfrist-, als auch der Langfristaspekt durch die Aggregation von finanziellen und nicht finanziellen Kennzahlen Berücksichtigung finden.

Darüber hinaus gewährleistet die Methodik die Beachtung der gegenseitigen Interdependenzen von Zielen und deren beschreibende Kennzahlen. VEITINGER 1997 weißt darauf hin, dass bei Veränderungsprozessen, speziell auch bei logistischen Vorhaben, wo die funktionsübergreifende Betrachtung im Vordergrund steht, die Interdependenzen zwischen den Reorganisationsfeldern (s. Abb. 5-14, S.100), die den Versuch einer isolierten Beeinflussung nicht sinnvoll erscheinen lassen, eine Koordination notwendig machen (S.54f.).

Außerdem kann die Heterogenität der logistischen Veränderungsprozesse, die aus den Rahmenbedingungen der Unternehmensgröße und der Logistikkomplexität resultiert, mittels Strukturkennzahlen abgebildet werden. Die Kennzahlen können durch den Einsatz von Management-Informations-Systemen strukturiert und verdichtet [HOLZER 2001] und über die in Abschnitt 6.3 erläuterte Systematisierung der Kennzahlenhierarchie (*Steuerungs- und Anregungsfunktion*) eingesetzt werden.

Normpfade für die Führung durch Kennzahlen

Auf der Basis der traditionellen Kennzahlensysteme („Zahlenfriedhöfe“) kann die Methodik eine Filtration und Auswahl der Kennzahlen gewährleisten, die als kritische

Faktoren die Abbildung der Wertschöpfungskette wiedergeben. Im zweiten Schritt soll dann die weitergehende selektive Fokussierung auf wesentliche Engpässe und Treiber erfolgen [WEBER & SCHÄFFER 1999a, S.15]. WEBER & SCHÄFFER 1999b (S.8) zeigen diese notwendige Entwicklung in Anlehnung an die beiden Kennzahlensysteme ‚BSC' und ‚Selektive Kennzahlen' auf (s. Abb. 8-2).

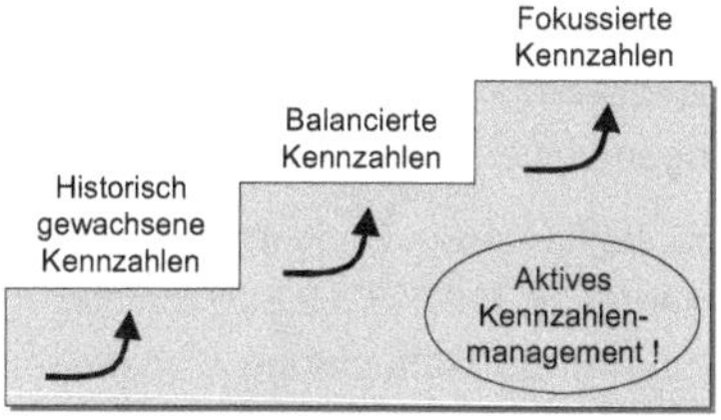

Abb. 8-2: Normpfade für die Führung durch Kennzahlen

Dabei ist weiterhin zu beachten, welche Strategie das Unternehmen verfolgt. Während einem „Verteidiger", der aggressiv eine prominente Position in einer sorgfältig ausgewählten Nische verteidigt, der dominante Einsatz eines diagnostischen Steuerungssystems angeraten wird, wird dem „Angreifer" eine interaktive, fokussierte Nutzung des Steuerungssystems empfohlen. Dem „Angreifer" fehlt in diesem Fall auch das notwendige Wissen, um ein diagnostisches Steuerungssystem (balancierte Kennzahlen) einzusetzen.

Nach WEBER & SCHÄFFER 1999b muss, wie in Abb. 8-3 dargestellt, neben dem Einsatz von Kennzahlensystemen die Intuition weiterhin eine wichtige Rolle spielen (S.13ff.). D.h. die Kennzahlensysteme können in dem erläuterten Ausmaß Unterstützung leisten, ohne auf die Intuition der Führungskräfte und Mitarbeiter komplett verzichten zu können.

		Interaktives Kennzahlensystem	
	Formelles Kennzahlensystem vorhanden ?	Ja	Nein
Diagnostisches Kennzahlensystem	Ja	❶ Gefahr der Vernachlässigung von Intuition	❷ Gefahr trügerischer Ruhe
	Nein	❸ Gefahr von Steuerungslücken	❹ Gefahr „intuitiven Blindflugs"

Abb. 8-3: Gefahren bei nur informell vorliegenden Kennzahlensystemen [WEBER & SCHÄFFER 1999b, S.14]

8.2. Der Aspekt des Benchmarking und des KVP

Wird die Methodik im Zusammenhang mit dem in Abschnitt 3.2.2 beschriebenen Benchmarking (BM) angewandt, so können Fragen wie: „Bei welchen Kennzahlen können noch Verbesserungspotenziale identifiziert werden?“, „Wie sieht die Leistung des Unternehmens im branchenübergreifenden Vergleich aus?“, etc. beantwortet werden. Kennzahlen erhalten ihre Aussagekraft erst im absoluten oder zeitlichen Vergleich. Dabei sind bestimmte Randbedingungen zur Objektivierung des Vergleichs einzuhalten (nähere Ausführungen siehe [KRAMER 1996, S.12]).

Ein auf der hier dargestellten Methodik basierendes Benchmarking räumt die bestehenden Nachteile des *LogiBEST*-Konzeptes (s. 3.2.1.3/3.2.3.3) aus: Über die Logistik hinaus wird die gesamte Wertschöpfung in die Betrachtung einbezogen und durch das Zielsystem eine umfassende und objektive Aufstellung von Kennzahlen, die in einer ursachenlogischen Kennzahlenhierarchie dargestellt werden, bewerkstelligt.

Die Methode kann somit die strukturierte Aufstellung von Kennzahlen, die auch im Benchmarking eingesetzt werden können, gewährleisten. Die Aussagefähigkeit und Genauigkeit der Kennzahlen ist laut WERTZ 1999 einer von drei Erfolgsfaktoren beim Benchmarking (S.52). Darüber hinaus ist anzumerken, dass der Ansatz der ‚BSC‘ und der ‚Selektiven Kennzahlen‘ (zur direkten Ableitung der Kennzahlen aus den Strategien) aufgrund der empirischen Vorgehensweise die Gefahr der einseitigen Betrachtung von Kennzahlen und somit der Realisierung von Lokaloptima birgt [WEBER & SCHÄFFER 1999a, S.8/12].

Die Detaillierung der Kennzahlen innerhalb der Kennzahlenhierarchie bis in die operationalisierende Ebene erlaubt neben der vollständigen Beschreibung des Betrachtungsgegenstandes die Strukturierung der Ursachen-Wirkungskette im Sinne der Ordnungssystematik und erleichtert somit dem Controller die Analyse der Ursachen für eine Veränderung von Kennzahlwerten. Die zielorientierte Systematik und die Detaillierung der Kennzahlen soll darüber hinaus der Tatsache entgegenwirken, dass bei der Verdichtung der Realität und der damit verbundenen Abstraktion der Informationen zu einer Kennzahl Informationen verloren gehen [KRAMER 1996, S.58ff.].

Die Planung der BM-Studie ist ein weiterer Erfolgsfaktor, der durch die in dieser Arbeit entwickelte Methodik abgedeckt werden kann: Das BM-Objekt wird aus der kontinuierlichen Analyse des Unternehmens sehr schnell deutlich. LUCZAK ET AL. 2001 zeigen eine Methode zum Auffinden von Reorganisations- bzw. Benchmark-Objekten auf (S.48). Diese basiert auf den Erfolgsfaktoren Qualität, Kosten, Zeit und Service. In einer Gesamtbewertung wird deren Bedeutung und deren Vergleichsleistung zusammengeführt und daraus das BM-Objekt ermittelt. Die von Luczak beschriebene Bewertung ist dabei aber nicht unmittelbar an den Unternehmenszielen ausgerichtet sowie gewichtet und muss somit bezüglich ihrer Objektivität hinterfragt werden.

Auf der Basis der in der Methodik eingebundenen Informationsquellen müssen stets die Leistungslücken, die als Grundlage für einen Vergleich herangezogen werden können, ermittelt und kommuniziert werden. Die Kommunikation gewährleistet eine hierarchieübergreifende Projektunterstützung. Außerdem können hier Anreizsysteme einen Beitrag leisten. Speziell aber leistet die Methodik große Dienste bei der objektiven Bewertung der Unternehmensleistung, dessen Ermittlung auf dem zielorientierten Kennzahlensystem basiert. Die Kennzahlwerte selbst können mit der Unterstützung eines MIS erhoben und aktualisiert werden.

Darüber hinaus kann die Methodik parallel durch Investitionsrechenverfahren und der Prozesskostenrechnung Unterstützung erhalten. Aufgaben wichtiger Verfahren wie die Erfolgsfaktorenanalyse und das Reorganisationsportfolio, die speziell bei der Bildung von Reorganisationszielen, der Auswahl und der Strukturierung der Projektaktivitäten und zum Teil bei der Projektkontrolle eingesetzt werden, können von der in dieser Arbeit konzipierten unternehmenszielorientierten und kennzahlgestützten Methodik integriert werden. Damit integriert die Methodik, ähnlich wie das SCOR-Modell [KLOTH 1999a, S.19], die Konzepte des BPR und des Benchmarking.

Das vorgestellte Konzept ist damit mehr als ein neues Kennzahlensystem - es bildet, konsequent und kontinuierlich eingesetzt, den strategischen Handlungsrahmen, die operative Umsetzung und die systematische Rückkopplung zur Unternehmensstrategie. Das Konzept bzw. die Methode wird so zum Steuerungsinstrument für einen zielgerichteten Veränderungsprozess. Die Methodik deckt konsequent die Defizite des Unternehmens auf und unterstützt die Ausarbeitung eines „Kochrezeptes" zur Optimierung der Wertschöpfung.

Mit Hilfe der Methodik und dem auf dieser Basis möglichen Benchmarking wird somit die Gestaltung (Optimierung) und Steuerung (Controlling) der Wertschöpfungskette sowie der gemeinsam entwickelten Ziele und Strategien aller beteiligten Unternehmenseinheiten und Mitglieder der Wertschöpfungskette möglich. Somit kann die Methodik gezielt Reorganisationsprojekte initiieren und bei der Koordinierung und dem Controlling des Veränderungsprozesses Unterstützung leisten. Eine kontinuierliche und nachgeschaltete Bewertung der eingeleiteten Verbesserungen ist obligatorisch.

8.3. Konzeptbewertung im Vergleich

In dem von LUCZAK ET AL. 2001 geschilderten QFD-Konzept zur Ermittlung von Kennzahlen zum Benchmarken eines Unternehmens, dem „House of Quality" (Abb. 4.25, S.61ff.), ist die von CHRISTOPHER 1992 geforderte Fokussierung auf den Kunden Grundlage des Kennzahlensystems. Die Kundenwünsche werden ermittelt, gewichtet und auf deren Basis Kennzahlen definiert, die die Zielsetzung des zu optimierenden Prozesses beschreiben sollen. Die Bedeutung der Kennzahl wird aus zwei Komponenten ermittelt: Der Stärke der Korrelation von Kundenanforderung und Kennzahl sowie dem Gewicht der Kundenanforderung.

Das von LUCZAK ET AL. 2001 geschilderte Konzept weist bei gewissen Aspekten eine ähnliche Philosophie wie die hier vorgestellten Methodik auf. Anzumerken sei, dass die Zielfindung nur kundenorientiert erfolgt und kein gesamtheitliches Unternehmenszielsystem aufgestellt wird, das hierarchisch differenziert und durch seinen generischen Aufbau umfassend eingesetzt werden kann. Die Auswahl der Kennzahlen ist somit einseitig geprägt und hält einem umfassenden und ganzheitlichen Unternehmensabbild nicht stand. In Abschnitt 3.2.2.4 wurde hierzu ein ausführliches Fazit abgegeben. Darüber hinaus muss die Methodik auf einen eingeschränkten Kennzahlenumfang beschränkt werden, da keine Rechentechnik zur Verdichtung der Einzelbeiträge zu einem Gesamtbild vorliegt (vgl. 7.3). Dies führt unter Umständen zu einer weniger differenzierten Fokussierung von dominanten Einzelaspekten.

Die vorgestellte Methodik zeichnet sich durch eine von der Kennzahlenauswahl losgelöste Zieldefinition aus, die in einem generischen und unternehmensindividuell wichtbarem Zielsystem mündet. Das Zielsystem hat den Anspruch, die Gesamtheit der Unternehmensziele objektiv abzubilden. Anschließend können sowohl zielbezogene als auch zielneutrale Kennzahlen unabhängig von dem Zielsystem und dessen Gewichtung definiert und so weit detailliert werden bis direkt operationalisierbare Handlungsaspekte deutlich werden. Diese Kennzahlenhierarchie kann mittels der in 7.2 und 7.3 dargestellten Rechentechnik mit dem Zielsystem objektiv in Verbindung gebracht werden. Dabei können alle Kennzahlen mittels ihrer Korrelationsstärke zu allen Zielen bewertet werden, wodurch die Mehrdimensionalität der Interdependenzen aller Kennzahlen zu allen Zielen objektiv in die Bewertung aufgenommen wird. Mögliche Fehler, die durch die heuristische Vorgehensweise entstehen könnten, werden durch die mehrstufige Vorgehensweise in voneinander losgelösten Schritten, die jeweils einen umfassenden Ansatz verfolgen, gemittelt und dadurch neutralisiert.

Das von SERVATIUS 1994 begründete evolutionäre Reengineering (s. Abschnitt 3.3.7) versteht sich als eines von fünf Aufgabenfeldern in einem ganzheitlichen Ansatz zur Transformation eines Unternehmens (S.41f.). Um die erstarrten Strukturen zu überwinden und fließende Prozesse realisieren zu können, die stärker auf die internen und externen Kunden ausgerichtet sind, bedarf es einer innovativen Transformation der Strategie, der Organisation und der Informationssysteme sowie des Mitarbeiterverhaltens und der Kultur.

In dem von SERVATIUS 1994 aufgezeigten Konzept des evolutionären Reengineering kann die vorgestellte Methodik ihren Beitrag zur Gestaltung und Optimierung sowie zur Steuerung der Wertschöpfungskette und der gemeinsam entwickelten Ziele und Strategien aller beteiligten Unternehmenseinheiten beitragen und als Hilfswerkzeug maßgeblich das **Reengineering** unterstützen.

9. Zusammenfassung und Ausblick

9.1. Zusammenfassung

Die zu Beginn des Kapitel 1 dargestellten Veränderungstreiber im Unternehmensumfeld zeigen die Notwendigkeit zur Bildung von Kooperationen und den daraus resultierenden erhöhten Koordinationsbedarf in der Wertschöpfungskette auf.

Um die zu einem immer wichtigeren Erfolgsfaktor werdende Koordination der verzahnten Teilsysteme zu beherrschen, bedarf es der Reorganisation von Ablauf- und Aufbauorganisation. Dabei konnte gezeigt werden, dass die Unternehmen einer klaren Wettbewerbs- und damit Unternehmensstrategie folgen müssen, wobei die in Kapitel 2 detaillierten Logistikaspekte dominieren sollten. Speziell die Logistik kann innerhalb der hybriden Wettbewerbsstrategien einen entscheidenden Differenzierungsfaktor darstellen. Dabei wurde im erweiterten Umfang auch auf die Philosophie des SCM im Zusammenhang mit den notwendigen Unternehmenskooperationen und den durchgängigen Optimierungsmöglichkeiten eingegangen.

Generell konnte festgestellt werden, dass das Controlling eine äußerst wichtige Komponente in der Unternehmensführung darstellt. Diese und die Tatsache, dass innerhalb der Unternehmensführung die Wandlungsprozesse der Planung, Steuerung und der Kontrolle bedürfen, zeigt die Wichtigkeit des Controlling bei der Konzeption der in dieser Arbeit aufgezeigten Methodik auf. In Kapitel 3 wurden die Anforderungen von Reorganisationen und dem Controlling näher detailliert und somit eine Anforderungsliste für eine ganzheitliche Methodik, die in Kapitel 4 eine Zusammenfassung erfahren hat, aufgestellt. Außerdem erfolgte eine Darstellung von Methoden und Werkzeugen aus dem Bereich der Reorganisation.

Das konzipierte Werkzeug zur Initiierung und Kontrolle von Veränderungsprozessen, als Teil der Unternehmensführung, stellt ein unternehmenszielorientiertes Kennzahlensystem dar. Auf der Basis eines in Kapitel 5 generisch hergeleiteten Unternehmenszielsystems baut eine Kennzahlenhierarchie auf, die die Ziele des Unternehmens operationalisiert. Über die individuelle Gewichtung des Zielsystems kann die Strategie des Unternehmens abgebildet werden und im Folgenden unter Zuhilfenahme der Korrelationsstärke der Kennzahlen zu den Zielen eine unternehmensspezifische Leistungsermittlung auf Basis der aktuellen Ist- und der festgelegten Soll-Werte erfolgen. Basis hierfür ist die Identifikation geeigneter Kennzahlen, um die Ziele eindeutig und umfassend beschreiben sowie operationalisieren zu können. Hierzu wurde in Kapitel 6 ein Kennzahlenspektrum ausgewählt, das der Philosophie des Unternehmenszielsystems folgt und deren Unterziele operationalisiert sowie eine Kennzahlenhierarchie aufspannt.

Die Detaillierung von stark Information komprimierenden Formalkennzahlen innerhalb der Kennzahlenhierarchie erlaubt neben der Globalbetrachtung anhand ein paar weniger Kennzahlen darüber hinaus eine Analyse des Betrachtungsgegenstandes auf der Basis zahlreicher Detailkennzahlen. Außerdem erfolgt eine tiefergreifende Strukturierung der Kennzahlen anhand der Funktionen des operativen Controllings sowie der Funktionen und der Nutzung von Kennzahlen. Die Strukturierung erfährt in diesem Zuge eine Ausrichtung an den Teilführungssystemen des Unternehmens, wobei zwei Systeme identifiziert werden können.

Das erste System dient der **instrumentellen Führung** des Unternehmens anhand ein paar weniger Formalkennzahlen und wird durch die in Kapitel 7 ausführlich beschriebene zielsystembasierte Rechensystematik unterstützt. Das zweite identifizierte System dient der **konzeptionellen Unternehmenslenkung** und Kommunikation der Unternehmensziele auf der MA-Ebene. Die Synthese der beiden Systeme findet Niederschlag in dem auf strategischer und operativer Ebene einsetzbaren Kennzahlensystem (s. Abb. 6-11). Damit deckt das Werkzeug die Voraussetzungen für ein Managementwerkzeug ab, das den Ansatz des Zusammenspiels von interaktiven, selektiven mit diagnostischen Kennzahlensystemen verfolgt.

Durch die entwickelte Rechensystematik kann die Unternehmensleistung zielorientiert verfolgt werden und Impulse für die Planung und Reorganisation gegeben werden. Außerdem können „Was-wäre-wenn-Analysen" durchgeführt werden, um die Auswirkungen unterschiedlicher Strategien in Verbindung mit differenzierten Zielvorstellungen zu bewerten. So können im Detail die Leistungsbeiträge der Ziele und der zielbewerteten Kennzahlen Aufschluss über die Hebel zur Optimierung der Wertschöpfung geben. Die Leistungsanteile der Kennzahlen und die daraus ermittelbare Gesamtleistung komprimiert die Aussagen für die instrumentelle Führungsebene.

Zusammenfassend konnte gezeigt werden, dass die Methodik in Anlehnung an die vier Perspektiven der ‚BSC' und ihrem differenzierten Einsatz als diagnostisches sowie interaktives Steuerungssystem als Managementtool für Veränderungsprozesse herangezogen werden kann. Durch den gesamtheitlichen Einbezug der strategischen und operativen Ebene auf der Basis eines breit gestreuten Kennzahlenumfangs kann das Kennzahlensystem KVP-Prozesse initiieren, steuern und kontrollieren sowie maßgeblich das Reengineering, auch im Sinne der Benchmarking-Philosophie unterstützen.

9.2. Erweiterung der Methodik und Ausblick

Durch die Fokussierung der Produktion in der vorgestellten Methodik wird in Übermaßen die Effizienz des Wertschöpfungssystems ‚Unternehmen' betrachtet und die Effektivität zu großen Teilen vernachlässigt. CHRISTOPHER 1992 bestätigt die Notwendigkeit der Effektivität: „Effizienz ohne Effektivität führt nirgendwo hin !" (S.103)

Nach DELLMANN 1994 (S.25ff.) kann eine Aufspaltung des Produktivitäts- oder Wirtschaftlichkeitsbegriffes in *‚Effizienz‘* und *‚Effektivität‘* vorgenommen werden. Ein Produktivitätsfortschritt „resultiert nicht nur aus der Verbesserung der Faktorkombination“ (die **Effizienz** der Input- und Kostenseite), „sondern auch aus der Gestaltung der Leistungsseite durch erlösfördernde Funktions- und Qualitätsmerkmale der Produkte“ (die **Effektivität** der Leistungs- bzw. Produktseite). Hierzu findet man Ausführungen bei KRAMER 1996 (S.8) und CHRISTOPHER 1992 (S.102f.).

Bei der entwickelten Methodik wird durch die Fokussierung der Produktion mit dem Oberziel *‚Wertschöpfung‘* die Steigerung der Effizienz in den Vordergrund gestellt. Die Effektivität der Leistungs- bzw. Produktseite wird somit nicht oder nur teilweise durch die produktionsbezogenen Qualitätsbestrebungen und dem von der Produktion gesteuerten, kundenorientierten Lieferservice (Lieferzeit und Liefertreue) berücksichtigt. Eine Erweiterung der dargestellten Methodik um die Unternehmensbereiche, die für die „erlösfördernden Funktions- und Qualitätsmerkmale der Produkte“ darüber hinaus zuständig sind (Produktentwicklung, Beschaffung und Vertrieb/Marketing) würde die Methodik um den Faktor der Effektivität erweitern. Die Multiplikation der beiden Anteile führt dann zur Wirtschaftlichkeit des Gesamtunternehmens:

$$\text{Wertschöpfung des Gesamtunternehmens} \equiv \text{Effizienz} \times \text{Effektivität}$$

Damit wird die Notwendigkeit zum Einbezug der anderen drei Unternehmensteilsysteme zur kompletten Abbildung der Effektivität des Leistungssystems offensichtlich.

Bei der Analyse der Voraussetzungen für die Implementierung einer durchgängigen Logistikphilosophie zur Optimierung der Wertschöpfung und zur Erlangung wesentlicher Wettbewerbsvorteile wurde festgestellt, dass erhebliche Ansprüche an die Infrastruktur gestellt werden. Insbesondere in den Gebieten Produktionsplanung und -steuerung, Informations- und Kommunikationssysteme sowie Materialflusstechniken müssen die beteiligten Unternehmen eine kompatible Infrastruktur schaffen, damit die individuellen Systeme der im Netzwerk eingebundenen Unternehmen ohne aufwendige Modifikation zu koppeln sind [KALUZA 2000a, S.144]. Darüber hinaus wird der Informationsgewinnung und -komprimierung eine große Rolle beigemessen.

Hier kommt dem Internet eine besondere Bedeutung zu, da es die wesentliche informations- und kommunikationstechnische Basis der Unternehmensnetzwerke (siehe „Unternehmung ohne Grenzen“ - [BLECKER 1999, S.60ff.]) und des Supply Chain Management darstellt. Mittels der Kommunikationssysteme kann ein vorauseilender und nachbereitender, umfassender Informationsfluss entlang der gesamten Logistikkette realisiert werden und dadurch die Planungsgrundlage bezüglich der Leistungskenngrößen verbessert werden.

10. Literatur

ALBACH 1994a — *Albach, H.: Wertewandel deutscher Manager. In: Albach, H. (Hrsg.) u.a.: Werte und Unternehmensziele im Wandel der Zeit. Wiesbaden: Gabler, 1994, Vorwort und S.1-25.*

ALBACH 1994b — *Albach, H.: Das Management von Vertrauenskapital. In: Albach, H. (Hrsg.) u.a.: Werte und Unternehmensziele im Wandel der Zeit. Wiesbaden: Gabler, 1994, S.65-84.*

ANDERSON ET AL. 1997 — *Anderson, D. / Britt, F. / Favre, D.: The Seven Principles of Supply Chain Management. In: Supply Chain Management Review. Spring, 1997.*

ARNOLDS ET AL. 1996 — *Arnolds, H. / Heege, F. / Tussing, W.: Materialwirtschaft und Einkauf. 9.Auflage. Wiesbaden: Gabler, 1996.*

BA&H 1993 — *Booz Allen & Hamilton (Hrsg.): Business Process Redesign - An Owner's Guide. New York: (Verlag nicht bekannt), 1993.*

BECHTEL & JAYARAM 1997 — *Bechtel, C. / Jayaram, J.: Supply Chain Management: A Strategic Perspective. In: The International Journal of Logistics Management, 8(1997)1, S.15-34.*

BICHLER 1997 — *Bichler, K.: Beschaffungs- und Lagerwirtschaft. 7.Auflage. Wiesbaden: Gabler, 1997.*

BLACK 1991 — *Black, J.T.: The design of the factory with a future. New York et al.: McGraw-Hill, 1991.*

BLECKER 1999 — *Blecker, Th.: Unternehmung ohne Grenzen - Konzepte, Strategien und Gestaltungsempfehlungen für das Strategische Management. Wiesbaden: Dt. Univ.-Verlag, 1999.*

BLEICHER 1991 — *Bleicher, K.: Organisation. Strategien - Strukturen - Kulturen. 2.Auflage. Wiesbaden: Gabler, 1991.*

BLOME 2000 — *Blome, I.: Erfolgspotenziale und Grenzen neuer Kommunikationsmedien für die internationale Beschaffung am Beispiel der Automobilindustrie. Diplomarbeit FH München, Prof. Dr. Gerhard Heß, 09/2000.*

BMWi 1993 — *BMWi (Hrsg.): Unternehmensgrößenstatistik 1992/1993. Bonn: 1993.*

BOCK 1996	*Bock, F.: Der Hochleistungsansatz von Arthur D. Little. In: Nippa, M. / Picot, A. (Hrsg.): Prozessmanagement und Reengineering: Die Praxis im deutschsprachigen Raum. 2. Auflage. Frankfurt a.M., New York: Campus, 1996, S.78-92.*
BOWERSOX 1996	*Bowersox, D. / Closs, D.: Logistical Management: The Integrated Supply Chain Process. New York et al.: McGraw-Hill, 1996.*
BREMER 1999	*Bremer, N.; Spiewack, M.: Blockaden brechen - Durch Veränderung von Denkmustern Hürden bei der Restrukturierung überwinden. In: Maschinenmarkt 105, (1999) 5, S.42-43.*
BURR 1990	*Burr, D.: People Express Airlines: Rise and Decline, Case 9-490-012, Harvard Business School, 1990.*
CHRISTOPHER 1992	*Christopher, M.: Logistics and Supply Chain Management. London, Guildford: Financial Times Pitman Publishing, 1992.*
CLM 1998	*Council of Logistics Management (CLM): What It's all About. Oak Brook/Illinois, CLM 1998.*
COCHRAN 2000	*Cochran, D.-S.: Production System Design and Deployment Framework: http://psd.mit.edu/MSDDFrameset.htm, Production System Design Laboratory (PSD) – Massachusetts Institute of Technology (MIT), Cambridge, 2000.*
CONMOTO 1995	*CONMOTO: Logistik im Unternehmen. In: Wildemann, H. (Hrsg.): Logistik. Skriptum zur Vorlesung. Lehrstuhl für Betriebswirtschaftslehre mit Schwerpunkt Logistik, München 1995.*
CONRAT 1997	*Conrat, J.-I.: Änderungskosten in der Produktentwicklung. Dissertation: Lehrstuhl für Allgemeine und Industrielle Betriebswirtschaftslehre (AIB) TU München, 1997.*
CRUX 1996	*Crux, A. / Schwilling, A.: Business Reengineering: Ein Ansatz der Roland Berger & Partner GmbH. In: Nippa, M. / Picot, A. (Hrsg.): Prozessmanagement und Reengineering: Die Praxis im deutschsprachigen Raum. 2. Auflage. Frankfurt a.M., New York: Campus, 1996, S.206-223.*
DAVENPORT 1990	*Davenport, T. H.; Short, J. E.: The New Industrial Engineering - Information Technology and Business Process Redesign. In: Sloan Management Review Summer o. Jg., (1990) o. Nr., S.11-27.*
DAVENPORT 1993	*Davenport, T. H: Process Innovation - Reengineering Work through Information Technology. Boston, Massachusetts: Ernst & Young, 1993.*

DEBUSCHEWITZ 1999 Debuschewitz, M.: Integrierte Methodik und Werkzeuge zur herstellkostenorientierten Produktentwicklung. Dissertation: iwb Institut für Werkzeugmaschinen und Betriebswissenschaften TU München. Berlin: Springer 1999 (iwb Forschungsbericht 118).

DEHLER ET AL. 1999 Dehler, M. / Göbel, V. / Schenk, H.-G.: Steuerung des Produktionsnetzwerkes der AMF GmbH & Co. auf Basis von Kennzahlen und Verrechnungspreisen. In: Weber, J. / Dehler, M. (Hrsg.): Effektives Supply Chain Management auf Basis von Standardprozessen und Kennzahlen. Dortmund: Verl. Praxiswissen, 1999, S.59-74.

DELLMANN 1994 Dellmann, K. / Pedell, K.L.: Controlling von Produktivität, Wirtschaftlichkeit und Ergebnis. Stuttgart. Schäffer-Poeschel, 1994.

DERNBACH 1996 Dernbach, W.: Geschäftsprozessoptimierung: Der neue Weg zur marktorientierten Unternehmensorganisation. In: Nippa, M. / Picot, A. (Hrsg.): Prozessmanagement und Reengineering: Die Praxis im deutschsprachigen Raum. 2. Auflage. Frankfurt a.M., New York: Campus, 1996, S.187-205.

DEUTSCHLE 1994 Deutschle, U.: Prozessorientierte Organisation der Auftragsabwicklung in mittelständischen Unternehmen. Dissertation: iwb Institut für Werkzeugmaschinen und Betriebswissenschaften TU München. Berlin: Springer, 1994 (iwb Forschungsbericht 90).

DTV 1990 dtv-Lexikon, Band 14, F. A. Brockhaus GmbH, Mannheim und Deutscher Taschenbuch Verlag GmbH & Co. KG, München, 1990.

DUERLER 1990 Duerler, B.M.: Logistik als Unternehmensstrategie. Bern, Stuttgart: Haupt, 1990.

EVERSHEIM 1990 Eversheim, W.: Organisation in der Produktionstechnik Band 2. Düsseldorf: VDI-Verlag, 1990.

EVERSHEIM 1995 Eversheim, W.: Prozessorientierte Unternehmensorganisation: Konzepte und Methoden zur Gestaltung „schlanker“ Organisationen. Berlin u.a.: Springer, 1995.

EVERSHEIM 1996 Eversheim, W. / Schuh, G.: »Betriebshütte« - Produktion und Management. 7. völlig neu bearbeitete Auflage. Berlin u.a.: Springer, 1996.

GATTORNA & HANLOCK 1999
Gattorna, J. / Hanlock, L.: From Backroom to Boardroom – Technology driving the Supply Chain. In: Hewlett Packard

Company (Hrsg.): The IT Journal, 1st Quarter 1999. Mountain View, USA. S.12-13.

GAUSEMEIER 1995 — *Gausemeier, J.: Szenario-Management. München: Hanser, 1995.*

GERPOTT 1996 — *Gerpott, T.J. / Wittkemper, G.: Business Process Redesign: Der Ansatz von Booz Allen & Hamilton. In: Nippa, M. / Picot, A. (Hrsg.): Prozessmanagement und Reengineering: Die Praxis im deutschsprachigen Raum. 2. Auflage. Frankfurt a.M., New York: Campus, 1996, S.144-164.*

GOLDRATT & COX 1995 — *Goldratt, E.M. / Cox, J.: Das Ziel - Höchstleistung in der Fertigung. 2. Ausgabe. London: McGraw-Hill, 1995.*

GROB & HAFFNER 1982 — *Grob, R. / Haffner, H.: Planungsleitlinien Arbeitsstrukturierung: Systematik zur Gestaltung von Arbeitssystemen. Berlin, München: Siemens AG, 1982.*

HAAG 2001 — *Haag, R.: Herleitung eines Zielsystems als Bestandteil einer gesamtheitlichen Methode zur Optimierung und Koordinierung von Wertschöpfungsketten. Diplomarbeit: Institut für Luft- und Raumfahrttechnik. TU München, 2001.*

HADAMITZKY 1995 — *Hadamitzky, M.C.: Analyse und Erfolgsbeurteilung logistischer Reorganisationen. Diss. Wiesbaden, Dt. Univ.-Verl., 1995.*

HAHN 1996 — *Hahn, D.: PuK, Controllingkonzepte: Planung und Kontrolle, Planungs- und Kontrollsysteme, Planungs- und Kontrollrechnung. 5. Auflage. Wiesbaden: Gabler, 1996.*

HAHN 2000 — *Hahn, D.: Problemfelder des Supply Chain Management. In: Wildemann, H. (Hrsg.): Supply Chain Management. München: TCW Transfer-Centrum-Verlag, 2000, S.9-19.*

HAMMER & CHAMPY 1993 — *Hammer, M. / Champy, J.: Reengineering the Corporation - A Manifesto for Business Revolution. 1st Edition. New York: Harper Collins, 1993.*

HAMMER & CHAMPY 1994 — *Hammer, M. / Champy, J.: Business Reengineering: Die Radikalkur für das Unternehmen. 2. Auflage. Frankfurt a.M., New York: Campus, 1994.*

HAMMER 1997 — *Hammer, M.: Das prozesszentrierte Unternehmen: Die Arbeitswelt nach dem Reengineering. Frankfurt a.M., New York: Campus, 1997.*

HAX 2000	*Hax, A.: Proseminar in "Strategic Management and Consulting - Theoretical Foundations". Course Reader. Boston: MIT, 2000*
HEINEN 1991	*Heinen, E.: Industriebetriebslehre als entscheidungsorientierte Unternehmensführung. In: Heinen, E. / Dietel, B. (Hrsg.): Industriebetriebslehre - Entscheidungen im Industriebetrieb. 9. Auflage. Wiesbaden: Gabler, 1991, S.1-72.*
HELMS & LUTZ 1999	*Helms, K. / Lutz, S.: Logistische Lieferantenbewertung mit Hilfe von Kennzahlen in Produktionsnetzen. In: Weber, J. / Dehler, M. (Hrsg.): Effektives Supply Chain Management auf Basis von Standardprozessen und Kennzahlen. Dortmund: Verl. Praxiswissen, 1999, S.95-117.*
HERP & BRAND 1996	*Herp, Th. / Brand, S.: Reengineering aus Management-Sicht. In: Nippa, M. / Picot, A. (Hrsg.): Prozessmanagement und Reengineering: Die Praxis im deutschsprachigen Raum. 2. Auflage. Frankfurt a.M., New York: Campus, 1996, S.126-143.*
HOLZER 2001	*Holzer, F.: Betrachtung von Kennzahlen und Entwicklung eines Managementinformationssystems (MIS) für das technische Controlling. Diplomarbeit: iwb - Institut für Werkzeugmaschinen und Betriebswissenschaften. TU München, 2001.*
HORVÁTH 1998	*Horváth, P.: Controlling. 7. Auflage. München: Vahlen, 1998.*
HUMMEL ET AL. 1980	*Hummel, T. / Kurras, K. / Niemeyer, K.: Kennzahlensysteme zur Unternehmensplanung. In: Zeitschriften für Organisation, 49(1980)2, S.94-101.*
i2 1999	*i2 (Hrsg.): Produktinformationen. 1999.*
IAO 2000	*IAO Fraunhofer Gesellschaft.* http://www.scene.iao.fhg.de/ *– SCENE - Supply Chain Management Network - Informationen - Einführung. Stuttgart, 2000.*
IHDE 1984	*Ihde, G.D.: Transport, Verkehr, Logistik - Gesamtwirtschaftliche Aspekte und einzelwirtschaftliche Handhabung. 1.Auflage. München: Vahlen, 1984.*
IHDE 1999	*Ihde, G.B.: Mikro- und Makrologistik. In: Weber, J. / Baumgarten, H. (Hrsg.): Handbuch Logistik. Management von Waren- und Materialflussprozessen, S.115-128.*
IMAI 1994	*Imai, M.: Kaizen. Der Schlüssel zum Erfolg der Japaner im Wettbewerb. Berlin: Ullstein, 1994.*
IML 2000	*IML Fraunhofer-Institut für Materialfluss und Logistik.* http://www.iml.fhg.de/ *- Projektbeispiele - Logistik allgemein -*

	loco – Prozessorientiertes Logistik-Controlling. Dortmund, 2000.
JEHLE 2000	*Jehle, E.: Steuerung von großen Netzen in der Logistik. In: Wildemann, H. (Hrsg.): Supply Chain Management. München: TCW Transfer-Centrum-Verlag, 2000, S.205-226.*
KAIZEN 1998	*Kaizen Institute (Hrsg.): New Line Design. Seminarschrift. Altendorf, Schweiz: Kaizen Teaching AG, 1998.*
KALUZA 2000a	*Kaluza, B. / Blecker, Th.: Supply Chain Management und Unternehmung ohne Grenzen. In: Wildemann, H. (Hrsg.): Supply Chain Management. München: TCW Transfer-Centrum-Verlag, 2000, S.117-152.*
KALUZA 2000b	*Kaluza, B. / Blecker, Th.: Wettbewerbsstrategien - Markt und ressourcenorientierte Sicht der strategischen Führung: Konzepte - Gestaltungsfelder - Umsetzungen. München: TCW Transfer-Centrum-Verlag, 2000.*
KAPLAN & NORTON 1997	*Kaplan, R.S. / Norton, D.P.: Balanced Scorecard - Strategien erfolgreich umsetzen. Stuttgart: Schäffer-Poeschel, 1997.*
KLAPPER 1993	*Klapper, N.: Präventive Qualitätssicherung von Logistikleistungen in der Produktion - eine empirische Untersuchung. Berlin: Schmidt, 1993.*
KLOTH 1999a	*Kloth, M.: Steuerung der Supply Chain auf Basis des SCOR-Modells. In: Weber, J. / Dehler, M. (Hrsg.): Effektives Supply Chain Management auf Basis von Standardprozessen und Kennzahlen. Dortmund: Verl. Praxiswissen, 1999, S.9-23.*
KLOTH 1999b	*Kloth, M.: Instrumente des Supply Chain Managements in der Praxis. In: Weber, J. / Dehler, M. (Hrsg.): Effektives Supply Chain Management auf Basis von Standardprozessen und Kennzahlen. Dortmund: Verl. Praxiswissen, 1999, S.25-43.*
KOSTKA ET AL. 2001	*Kostka, C. / Mönch, A.: Change-Management: Sieben Methoden für die Gestaltung von Veränderungsprozessen. München, Wien: Carl Hanser Verlag, 2001.*
KOTZAB 2000	*Kotzab, H.: Zum Wesen von Supply Chain Management vor dem Hintergrund der betriebswirtschaftlichen Logistikkonzeption - erweiterte Überlegungen. In: Wildemann, H. (Hrsg.): Supply Chain Management. München: TCW Transfer-Centrum-Verlag, 2000, S.21-47.*
KUHN 1995	*Kuhn, A. (Hrsg.): Prozessketten in der Logistik. Entwicklungstrends und Umsetzungsstrategien. Dortmund: Verl. Praxiswissen, 1995.*

KUHN 1999	*Kuhn, A. / Kloth, M.: Zukunftsstrategien und Veränderungstreiber der Logistik. In : Hossner, R. (Hrsg.): Jahrbuch der Logistik 1999. Handelsblatt Verlag, 1999, S.160-165.*
KRAMER 1996	*Kramer, O.: Entwicklung einer Methodik zur Produktivitätsbewertung und Aufbau eines Benchmarking- und Planungswerkzeugs. Diplomarbeit: iwb - Institut für Werkzeugmaschinen und Betriebswissenschaften. TU München, 1996.*
KRAMER 1998	*Kramer, O.: Möglichkeiten der Generierung und Aufbereitung planungsrelevanter Informationen aus SAP R/3. Schwendi: unveröffentlichter Projektbericht, Weishaupt GmbH, 1998.*
KRAMER 1999a	*Kramer, O.: Optimierung auf allen Ebenen: Kostenkontrolle durch Supply Chain Simulation. In: Produktion (1999) 21, S.6-7. Landsberg: mi-Verlag, 1999.*
KRAMER 1999b	*Kramer, O.: Untersuchung des bestehenden EDV-Konzeptes und des Planungsablaufes zur Optimierung der Wertschöpfungskette. Rosenheim: unveröffentlichter Projektbericht, Gabor AG, 1999.*
KRAMER 2000	*Kramer, O.: Einsatz eines MIS als Basis für operative, taktische und strategische Unternehmensentscheidungen. Traunstein: unveröffentlichter Projektbericht, Wolfram-Industrie, 2000.*
KRAMER 2001	*Kramer, O.: Möglichkeiten der Generierung und Aufbereitung planungsrelevanter Informationen aus der firmenspezifischen AS400/DB2-Umgebung. Feldkirchen-Westerham: unveröffentlichter Projektbericht, Spinner GmbH, 2001.*
KREUZ 1996	*Kreuz, W.: „Transforming the Enterprise": Die nächste Generation des Business Process Reengineering. In: Nippa, M. / Picot, A. (Hrsg.): Prozessmanagement und Reengineering: Die Praxis im deutschsprachigen Raum. 2. Auflage. Frankfurt a.M., New York: Campus, 1996, S.93-107.*
KRUBASIK 1995	*Krubasik, E.: Innovations- und Produktivitätsmanagement. Düsseldorf: McKinsey 1995. In: Wildemann, H.: Logistik. Skriptum zur Vorlesung. Lehrstuhl für Betriebswirtschaftslehre mit Schwerpunkt Logistik, München 1995.*
KÜPPER 1997	*Küpper, H.-U.: Controlling: Konzeption, Aufgaben und Instrumente. 2. Auflage. Stuttgart: Schäffer-Poeschel, 1997.*
LAY 1993	*Lay, R.: Führen durch das Wort. Fremd- und Eigensteuerung, Motivation, Kommunikation, praktische Führungsdialektik. Frankfurt: Ullstein, 1993.*

LEHMANN 1997 — Lehmann, H.: Integrierte Materialfluss- und Layoutplanung durch Kopplung von CAD- und Ablaufsimulationssystem. Dissertation: iwb Institut für Werkzeugmaschinen und Betriebswissenschaften TU München. Berlin: Springer, 1997 (iwb Forschungsbericht 105)

LUCZAK ET AL. 2001 — Luczak, H. / Wiendahl, H.-P. / Weber, J.: Logistik-Benchmarking. Praxisleitfaden mit LogiBEST. Berlin u.a.: Springer, 2001.

LUTZ 1996 — Lutz, M.: Effektives Supply Chain Management. Wien: Oldenbourg, 1996.

LUTZ & HELMS 1999 — Lutz, S. / Helms, K.: Potenzialbeurteilung der Lieferkette mit logistischen Kennzahlen. In: Weber, J. / Dehler, M. (Hrsg.): Effektives Supply Chain Management auf Basis von Standardprozessen und Kennzahlen. Dortmund: Verl. Praxiswissen, 1999, S.75-94.

MEFFERT 1986 — Meffert, H.: Marketing. Grundlagen der Absatzpolitik. 7.Auflage. Wiesbaden: Gabler, 1986.

MERKLE 1994 — Merkle, H. L.: Unternehmensziele und ihre Verwirklichung. In: Albach, H. (Hrsg.) u.a.: Werte und Unternehmensziele im Wandel der Zeit. Wiesbaden: Gabler, 1994, S.27-41.

MERTINS ET AL. 1995 — Mertins, K.; Siebert, G.E.; Kempf, S.: Benchmarking: Praxis in deutschen Unternehmen. Berlin: Fraunhofer-Institut für Produktionsanlagen und Konstruktionstechnik (IPK) (Hrsg.), 1995.

MIESBACH 1999 — Miesbach, J.: Gedanken über Trends und Schlagwort-Rezepte in der Logistik. In: Logistik im Unternehmen 13, (1999) 6, S.3.

MILBERG 1988 — Milberg, J.: Wettbewerbsvorteile durch Stärkung der Integration. In: Milberg, J. (Hrsg.): Wettbewerbsvorteile durch Integration in Produktionsunternehmen, Münchner Kolloquium 1988. Berlin: Springer 1988, S.1-28 (Münchner Kolloquium 1988)

MILBERG 1997 — Milberg, J.: Produktion - Eine treibende Kraft für unsere Volkswirtschaft. In: Reinhart, G., Milberg, J. (Hrsg.): Mit Schwung zum Aufschwung. Landsberg/Lech: Moderne Industrie, 1997, S.17-40 (Münchner Kolloquium 1997).

MILBERG 2000 — Milberg, J.: Unternehmenspolitik im Wandel. In: Reinhart, G., Hoffman, H. (Hrsg.): „ ... nur der Wandel bleibt - Wege jenseits der Flexibilität“. München: Herbert Utz Verlag, 2000 (Münchner Kolloquium 2000).

MILBERG 2001	*Milberg, J. In: Süddeutsche Zeitung Nr. 146 (Hrsg.): Moral lohnt sich. Und sie macht Spaß. München: SZ-Verlag, 2001, S.23 (6. Berliner Hauptstadtgespräch 2001).*
MOHN 2000	*Mohn, R. - Mitglied der Gründerfamilie und Anteilseigner der Bertelsmann AG.* http://www.stiftung.bertelsmann.de/ *- Die Stiftung - Organisation, 2000.*
MONDEN 1998	*Monden, Y.: Toyota Production System - An integrated approach to Just-In-Time.3rd Edition. Norcross, Ga.: Industrial Engineering and Management Press, 1998.*
NELLY ET AL. 1995	*Nelly, A. / Gregory, M. / Platts, K.: Performance Measurement Design, International Journal of Operations and Production Management, Vol.15 No.4. Linthicum, Md., USA: Institute for Operations Research and the Management Sciences, 1995, S.80-116.*
NIOSH 1994	*NIOSH - National Institute for Occupational Safety and Health (Hrsg.): Applications Manual for the Revised NIOSH Lifting Equation. Cincinnati, Ohio, USA, 1994.*
NIPPA 1996	*Nippa, M.: Bestandaufnahme des Reengineering-Konzepts. In: Nippa, M. / Picot, A. (Hrsg.): Prozessmanagement und Reengineering: Die Praxis im deutschsprachigen Raum. 2. Auflage. Frankfurt a.M., New York: Campus, 1996, S.61-77.*
NIPPA 1996	*Nippa, M. / Klemmer, J.: Zur Praxis prozessorientierter Unternehmensgestaltung: Von der Analyse bis zur Umsetzung. In: Prozessmanagement und Reengineering: Die Praxis im deutschsprachigen Raum. 2. Auflage. Frankfurt a.M., New York: Campus, 1996, S.165-186.*
NIPPA & PICOT 1996	*Nippa, M. / Picot, A.: Prozessmanagement und Reengineering: Die Praxis im deutschsprachigen Raum. 2. Auflage. Frankfurt a.M., New York: Campus, 1996.*
NYHUIS 1999	*Nyhuis, P. / Wiendahl, H.-P.: Logistische Kennlinien. Berlin, Heidelberg: Springer, 1999.*
PFOHL 1994	*Pfohl, H.-Chr.: Management der Logistikkette: Kostensenkung, Leistungssteigerung, Erfolgspotenzial. Berlin: Schmidt, 1994.*
PFOHL 1996	*Pfohl, H.-Chr.: Logistiksysteme – Betriebswirtschaftliche Grundlagen. 5. Auflage. Berlin: Springer, 1996.*
PFOHL 1997	*Pfohl, H.-Chr.: Trends in der Logistik. In: Pfohl, H.-Ch. / Diruf, G. (Hrsg.): Informationsfluss in der Logistikkette. Berlin: Schmidt, 1997, S.175-189.*

PICOT ET AL. 1996 — Picot, A. / Reichwald, R. / Wigand, R.T. (Hrsg.): Die grenzenlose Unternehmung - Information, Organisation und Management. 2. Auflage. Wiesbaden: Gabler, 1996.

PIELOK 1995 — Pielok, T.: Prozesskettenmodulation – Management von Prozessketten mittels Logistic Function Deployment. Dortmund: Verlag Praxiswissen, 1995.

POIRIER 1996 — Poirier, C.-C.: Supply Chain Optimization: Building the Strongest Total Business Research. San Francisco, 1996.

PORTER 1999a — Porter, M. E.: Wettbewerbsvorteile: Spitzenleistung erreichen und behaupten. Frankfurt a.M.: Campus, 1999.

PORTER 1999b — Porter, M. E.: Wettbewerbsstrategie: Methoden zur Analyse von Branchen und Konkurrenten. Frankfurt a.M.: Campus, 1999.

REICHWALD 1991 — Reichwald, R. / Dietel, B.: Produktionswirtschaft. In: Heinen, E. / Dietel, B. (Hrsg.): Industriebetriebslehre - Entscheidungen im Industriebetrieb. 9. Auflage. Wiesbaden: Gabler, 1991, S.395-622.

REICHWALD & RIEDEL 2000 — Reichwald, R. / Riedel, D.: Technische Produktänderungen in verteilten Wertschöpfungsketten. In: Wildemann, H. (Hrsg.): Supply Chain Management. München: TCW Transfer-Centrum-Verlag, 2000, S.153-173.

REINHART 1998 — Reinhart, G.: Qualitätsmanagement - Qualität im Produktlebenszyklus. Vorlesungsskriptum iwb TU München. München 1998.

REINHART 1999 — Reinhart, G.: SCM-Aufsatz vom 24.07.1999: „SCM - alter Wein in neuen Schläuchen ?“. iwb TU München. München 1999.

REINHART ET AL. 1999 — Reinhart, G. / Ansorge, D. / Selke, C.: Supply Chain Management. Artikel 8 - Reihe „Virtuelle Fabrik“. iwb TU München. München 1999.

REINHART & HOFFMANN 2000 — Reinhart, G., Hoffman, H. (Hrsg.): „ ... nur der Wandel bleibt - Wege jenseits der Flexibilität“. München: Herbert Utz Verlag, 2000 (Münchner Kolloquium 2000).

REINHART 2000a — Reinhart, G.: Im Denken und Handeln wandeln. In: Reinhart, G., Hoffman, H. (Hrsg.): „ ... nur der Wandel bleibt - Wege jenseits der Flexibilität“. München: Herbert Utz Verlag, 2000, S.19-40 (Münchner Kolloquium 2000).

REINHART 2000b — *Reinhart, G.: Methoden der Unternehmensführung (TBF I). Vorlesungsskriptum iwb TU München. München, 2000.*

REINHART 2000c — *Reinhart, G.: Fabrikplanung (TBF II). Vorlesungsskriptum iwb TU München. München, 2000.*

SCC 1998 — *Supply Chain Council (SCC): Supply Chain Operations Reference-model. http://www.supply-chain.org, 1998.*

SCHÄFFER 1999 — *Schäffer, U.: Zeit des Managements - Kern einer Theorie der Unternehmenssteuerung ?. WHU-Forschungspapier Nr.68, Vallendar, 08/1999.*

SCHOTT 1981 — *Schott, G.: Kennzahlen. Instrument der Unternehmensführung. 4. Auflage. Stuttgart: Forkel-Verlag, 1981.*

SCHÖNSLEBEN 1998 — *Schönsleben, P.: Integrales Logistikmanagement: Planung und Steuerung von umfassenden Geschäftsprozessen. 1. Auflage. Berlin u.a.: Springer, 1998.*

SCHWARZ 1993 — *Schwarz, P.: Die Ansprüche steigen, die Preise sinken. In: VDI-Nachrichten 41, 1993, S.15.*

SCHUCHARD-FICHER ET AL. — *Schuchard-Ficher, C. / Backhaus, K. / Humme, U. / Lohrberg, W. / Plinke, W.: Multivariate Analysemethoden. 2. Auflage. Berlin u.a., 1982.*

SERVATIUS 1994 — *Servatius, H.-G.: Reengineering-Programme umsetzen: Von erstarrten Strukturen zu fließenden Prozessen. Stuttgart: Schäffer-Poeschel, 1994.*

SEURING 2000 — *Seuring, S. / Schneidewind, U.: Kostenmanagement in der Wertschöpfungskette. In: Wildemann, H. (Hrsg.): Supply Chain Management. München: TCW Transfer-Centrum-Verlag, 2000, S.227-250.*

SIEGWART 1992 — *Siegwart, H: Kennzahlen für die Unternehmensführung. 4. überarbeitete und erweiterte Auflage. Bern, u.a.: Haupt, 1992.*

SIMON 1988a — *Simon, H. (Hrsg.): Wettbewerbsvorteile und Wettbewerbsfähigkeit. Stuttgart: Fachverlag für Wirtschaft und Steuern Schäffer, 1988.*

SIMON 1988b — *Simon, H.: Management strategischer Wettbewerbsvorteile. In: Zeitschrift für Betriebswirtschaft, 58(1988)4, S.461-480.*

SIMONS 1995 — *Simons, R.: Levers of Control - How managers use innovative control systems to drive strategic renewal. Boston: Harvard Business School Press, 1995.*

SHINGO 1993 — *Shingo, S.: Das Erfolgsgeheimnis der Toyota-Produktion. Eine Studie über das Toyota-Produktionssystem - genannt die "Schlanke Produktion". 2. Auflage. Landsberg/Lech: Verl. Moderne Industrie, 1993.*

SPECHT 2000 — *Specht, D. / Hellmich, K.: Management der Zulieferbeziehungen in dynamischen Produktionsnetzen. In: Wildemann, H. (Hrsg.): Supply Chain Management. München: TCW Transfer-Centrum-Verlag, 2000, S.89-115.*

STAUDT ET AL. 1985 — *Staudt, E. / Groters, U. / Haftesbrink, J. / Treichel, R.: Kennzahlen und Kennzahlensysteme. Berlin: Schmidt, 1985.*

STEINMANN & KUSTERMANN 1996 — *Steinmann, H. / Kustermann, B. (Hrsg.): Unternehmensführung als Steuerungslehre – Auf dem Weg zu einem Steuerungsparadigma. Diskussionsbeitrag Nr.87: Lehrstuhl für Allgemeine Betriebswirtschaftslehre und Unternehmensführung. FAU Erlangen-Nürnberg, 1996.*

STREITFERDT 1983 — *Streitferdt, L.: Entscheidungsregeln zur Abweichungsauswertung: Ein Beitrag zur betriebswirtschaftlichen Abweichungsanalyse. Würzburg u.a.: Physica-Verlag, 1983.*

SYSKA 1990 — *Syska, A.: Kennzahlen für die Logistik, Berichte aus dem Forschungsinstitut für Rationalisierung (FIR) und dem Lehrstuhl und Institut für Arbeitswissenschaft (IAW) der Rheinisch-Westfälischen TU Aachen. Berlin u.a.: Springer, 1990.*

THALER 1999 — *Thaler, K.: Supply Chain Management: Prozessoptimierung in der logistischen Kette. Köln: Fortis-Verlag FH, 1999.*

TOMASKO 1987 — *Tomasko, R.M.: Downsizing - Reshaping the Corporation for the Future. New York: Amacom, 1987.*

VAHRENKAMP 1999 — *Vahrenkamp, R.: Supply Chain Management. In: Weber, J. / Baumgarten, H. (Hrsg.): Handbuch Logistik – Management von Material- und Warenflussprozessen. Stuttgart: Schäffer-Poeschel, 1999.*

VAHRENKAMP 2000 — *Vahrenkamp, R.: Logistikmanagement. 4. verbesserte Auflage. München, Wien: Oldenbourg, 2000.*

VARIAN 1999 — *Varian, H.: Grundzüge der Mikroökonomik. 4. Auflage, München: Oldenbourg, 1999.*

VDI 2000 — *VDI-Gesellschaft Fördertechnik Materialfluss Logistik (Hrsg.): VDI-Richtlinie 4400 - Logistikkennzahlen für die Beschaffung, Produktion und Distribution. Berlin: Beuth-Verlag, 2000.*

VEITINGER 1997 — *Veitinger, M.: Controlling von Reorganisationsprozessen mit Schwerpunkt Logistik - eine empirische Untersuchung. Frankfurt a.M. u.a.: Lang, 1997.*

VOEGELE 1988 — *Voegele, A.R.: Entwicklung von Logistik-Organisationssystemen und deren Anwendung in der Industrie. Frankfurt a.M.: Bundesverband Materialwirtschaft und Einkauf, 1988.*

VOLLMANN 1992 — *Vollmann, T.E.: Manufacturing planning and control systems. 3rd Edition. Burr Ridge: Irwin, 1992.*

WALLECK ET AL. 1991 — *Walleck, A.S. et al.: Benchmarking World Class Performance. In: The McKinsey Quarterly No. I., 1991.*

WARNECKE 1992 — *Warnecke, H.-J.: Die Fraktale Fabrik: Revolution der Unternehmenskultur. Berlin u.a.: Springer, 1992.*

WARNECKE 1993 — *Warnecke, H.-J.: Der Produktionsbetrieb 1: Organisation, Produkt, Planung. 2. völlig neubearbeitete Auflage. Berlin u.a.: Springer, 1993.*

WARNECKE 1995 — *Warnecke, H.-J.: Aufbruch zum Fraktalen Unternehmen: Praxisbeispiel für neues Denken und Handeln. Berlin u.a.: Springer, 1995.*

WASSERMANN 1999 — *Wassermann, O.: Das intelligente Unternehmen. 3. Auflage. Berlin u.a.: Springer, 1999.*

WEBER 1987 — *Weber, J.: Logistikkostenrechnung. Berlin u.a.: Springer, 1987.*

WEBER 1991 — *Weber, J.: Logistik-Controlling. 2. Auflage. Stuttgart: Poeschel, 1991.*

WEBER 1993 — *Weber, J.: Praxis des Logistik-Controlling. Schriftenreihe der Wissenschaftlichen Hochschule für Unternehmensführung Koblenz (WHU), Schäffer-Poeschel, 1993.*

WEBER 1995 — *Weber, J.: Einführung in das Controlling. 6. Auflage. Stuttgart: Schäffer-Poeschel, 1995.*

WEBER ET AL. 1995 — *Weber, J. / Kummer, S. / Großklaus, A. / Nippel, H. / Warnke, D.: Methodik zur Generierung von Logistik-Kennzahlen. In: Weber, J.(Hrsg.): Kennzahlen für die Logistik. Schriftenreihe der Wissenschaftlichen Hochschule für Unternehmensführung Koblenz (WHU). Stuttgart: Schäffer-Poeschel, 1995, S.9-45.*

WEBER 1998 — *Weber, J.: Einführung in das Controlling. 7. Auflage. Stuttgart: Schäffer-Poeschel, 1998.*

WEBER ET AL. 1998 — *Weber, J. / Franken, M. / Göbel, V.: Kleine und mittlere Unternehmen: Netzwerkfähigkeit im Management durch Kennzahlen herstellen. Industriemanagement 6/98, S.25-28.*

WEBER 1999 — *Weber, J.: Stand und Entwicklungsperspektiven des Logistik-Controlling. WHU-Forschungspapier Nr.61, Vallendar, 02/1999.*

WEBER & DEHLER 1999 — *Weber, J. / Dehler, M.: Effektives Supply Chain Management auf Basis von Standardprozessen und Kennzahlen. In: Wandelbare Produktionsnetze - Band1. Dortmund: Verlag Praxiswissen, 1999.*

WEBER & SCHÄFFER 1999a — *Weber, J. / Schäffer, U.: Entwicklung von Kennzahlensystemen. WHU-Forschungspapier Nr.62, Vallendar, 02/1999.*

WEBER & SCHÄFFER 1999b — *Weber, J. / Schäffer, U.: Auf dem Weg zu einem aktiven Kennzahlenmanagement. WHU-Forschungspapier Nr.66, Vallendar, 06/1999.*

WEBER & SCHÄFFER 1999c — *Weber, J. / Schäffer, U.: Controlling als Koordinationsfunktion? – Zehn Jahre nach Küpper/Weber/Zünd. WHU-Forschungspapier Nr.71, Vallendar, 12/1999.*

WEBER & WERTZ 1999 — *Weber, J. / Wertz, B.: Benchmarking Excellence: Erfolgsfaktoren, Controlling-Konzepte, Trends. In: Schriftenreihe Advanced Controlling, WHU, Bd.10, Vallendar, 1999.*

WERNER 2001 — *Werner, M.: Simulationsgestützte Reorganisation von Produktions- und Logistikprozessen. Dissertation: iwb Institut für Werkzeugmaschinen und Betriebswissenschaften TU München. München: Herbert Utz Verlag, 2001 (iwb Forschungsbericht 157).*

WERTZ 1999 — *Wertz, B.: LogiBEST - Logistik-Benchmarking für Produktionsunternehmen. In: Weber, J. / Dehler, M. (Hrsg.): Effektives Supply Chain Management auf Basis von Standardprozessen und Kennzahlen. Dortmund: Verl. Praxiswissen, 1999, S.45-58.*

WESTKÄMPER 2000 — *Westkämper, E.: Fabrikbetriebslehre I. Vorlesungsskript, IFF Universität Stuttgart, 2000.*

WIENDAHL 1995 — *Wiendahl, H.-P.: Produktionsplanung und -steuerung im Wandel. In: ZWF 90 (1995) 3, München: Hanser, 1995, S.82-85.*

WIENDAHL 1997	*Wiendahl, H.-P.: Betriebsorganisation für Ingenieure. München: Hanser, 1997.*
WIK 1999	*Wik, J.: Entwicklung einer Planungssystematik zur simulationsgestützten Betriebsoptimierung von Cateringbetrieben. Diplomarbeit: iwb - Institut für Werkzeugmaschinen und Betriebswissenschaften. TU München, 1999.*
WILDEMANN 1987	*Wildemann, H.: Strategische Investitionsplanung bei diskontinuierlicher Entwicklung in der Fertigungstechnik. In: Dichtl, E. / Gerke, W. / Kieser, A. (Hrsg.): Innovation und Wettbewerbsfähigkeit. Wiesbaden: Gabler, 1987, S.449-474.*
WILDEMANN 1988	*Wildemann, H.: Produktionssynchrone Beschaffung: Einführungsleitfaden. 2. unveränderte Auflage. München: gfmt, 1988.*
WILDEMANN 1993	*Wildemann, H.: Unternehmensqualität - Einführung einer kontinuierlichen Qualitätsverbesserung. München: TCW Transfer-Centrum-Verlag, 1993.*
WILDEMANN 1994	*Wildemann, H.: Produktionscontrolling - Systemorientiertes Controlling schlanker Produktionsstrukturen. München: TCW Transfer-Centrum-Verlag, 1994.*
WILDEMANN 1995a	*Wildemann, H.: Schnell lernende Unternehmen - Konzepte und Fallstudien zur Erreichung von Wettbewerbsvorteilen in Kosten, Zeit, Qualität und Flexibilität. In: Wildemann, H.: Schnell lernende Unternehmen - Quantensprünge in der Wettbewerbsfähigkeit. München: TCW Transfer-Centrum-Verlag, 1995.*
WILDEMANN 1995b	*Wildemann, H.: Kanban-Produktionssteuerung - Leitfaden zur Einführung des Hol-Prinzips. München: TCW Transfer-Centrum-Verlag, 1995.*
WILDEMANN 1997	*Wildemann, H.: Logistik. Prozessmanagement. München: TCW Transfer-Centrum-Verlag, 1997.*
WILDEMANN 1998	*Wildemann, H.: Auftragsabwicklungsprozess: Leitfaden für eine kundenorientierte Neuausrichtung und Kundenbindung. 4.Auflage. München: TCW Transfer-Centrum-Verlag, 1998.*
WILDEMANN 2000a	*Wildemann, H.: Von Just-In-Time zu Supply Chain Management. In: Wildemann, H. (Hrsg.): Supply Chain Management. München: TCW Transfer-Centrum-Verlag, 2000, Vorwort und S.49-87.*
WILDEMANN 2000b	*Wildemann, H.: Supply Chain Management – Leitfaden für unternehmensübergreifendes Wertschöpfungsmanagement.*

	http://www.tcw.de. München: TCW Transfer-Centrum-Verlag, 2000.
WOMACK ET AL. 1991	*Womack, P. / Jones, D.T. / Roos, D.: Die zweite Revolution in der Automobilindustrie: Lean Management. Frankfurt a.M.: Campus, 1991.*
WOMACK & JONES 1996	*Womack, P. / Jones, D.T.: Lean Thinking: banish waste and create wealth in your corporation. New York: Simon & Schuster, 1996.*
WUNDERER 1980	*Wunderer, R. / Grunwald, W.: Führungslehre Band 1 - Grundlagen der Führung. Berlin u.a.: de Gruyter, 1980.*
ZAHN 1996	*Zahn, E.: Führungskonzepte im Wandel. In: Bullinger, H.-J. / Warnecke, H.-J. (Hrsg.): Neue Organisationsformen im Unternehmen. Berlin, Heidelberg, New York: Springer, 1996.*
ZAHN ET AL. 1996	*Zahn, E. / Schmid, U.: Produktionswirtschaft. Grundlagen und operatives Produktionsmanagement. Stuttgart: Lucius & Lucius, 1996.*
ZÄPFEL 1989	*Zäpfel, G.: Strategisches Produktionsmanagement. Berlin, New York: Springer, 1989.*
ZÄPFEL ET AL. 1996	*Zäpfel, G / Piekarz, B.: Supply Chain Controlling. Wien: Ueberreuther, 1996.*
ZELLER 1996	*Zeller, A.: Maßgeschneidertes Reengineering: Ein pragmatischer Ansatz von Bain & Company. In: Nippa, M. / Picot, A. (Hrsg.): Prozessmanagement und Reengineering: Die Praxis im deutschsprachigen Raum. 2. Auflage. Frankfurt a.M., New York: Campus, 1996, S.108-125.*

Anhang

Stakeholder - Interessengruppen

Interne Anspruchsgruppen	
Eigentümer/Management	- Einkommen/Gewinn - Erhaltung, Verzinsung und Wertsteigerung des investierten Kapitals - Selbständigkeit/Entscheidungsautonomie - Macht, Einfluss, Prestige - Eintfaltung eigener Ideen und Fähigkeiten
Mitarbeiterschaft	- Einkommen - Arbeitsplatz- und soziale Sicherheit - Sinnvolle Betätigung/Entfaltung eigener Fähigkeiten
Externe Anspruchsgruppen	
Fremdkapitalgeber	- Geringes Investitionsrisiko - Befriedigende Verzinsung - Vermögenszuwachs
Lieferanten	- Stabile Liefermöglichkeiten - Günstige Konditionen - Zahlungsfähigkeit der Abnehmer
Kunden	- Qualitativ hohe Marktleistungen - Gesicherte Warenversorgung - Günstiges Dienstleistungsverhältnis - Schnelle Lieferung - Sevice, günstige Konditionen
Konkurrenz	- Einhaltung fairer Grundsätze im Wettbewerb - Kooperation/Zusammenschlüsse/Übernahmen
Staat und Gesellschaft	- Steuern und Abgaben - Sicherung der Arbeitsplätze - Positive Beiträge für die Infrastruktur - Einhaltung von Rechtsvorschriften und Normen - Exportleistungen - Sozialleistungen/Soziale Verantwortung - Mitbestimmungsrechte - Teilnahme an der politischen Willensbildung - Beiträge an kulturelle-, wissenschaftliche- und Bildungsinstitutionen - Erhaltung einer lebenswerten Umwelt

Abb. A-1: Die internen und externen Anspruchsgruppen [ZAHN ET AL. 1996, S.149]

Manufacturing System Design Decomposition

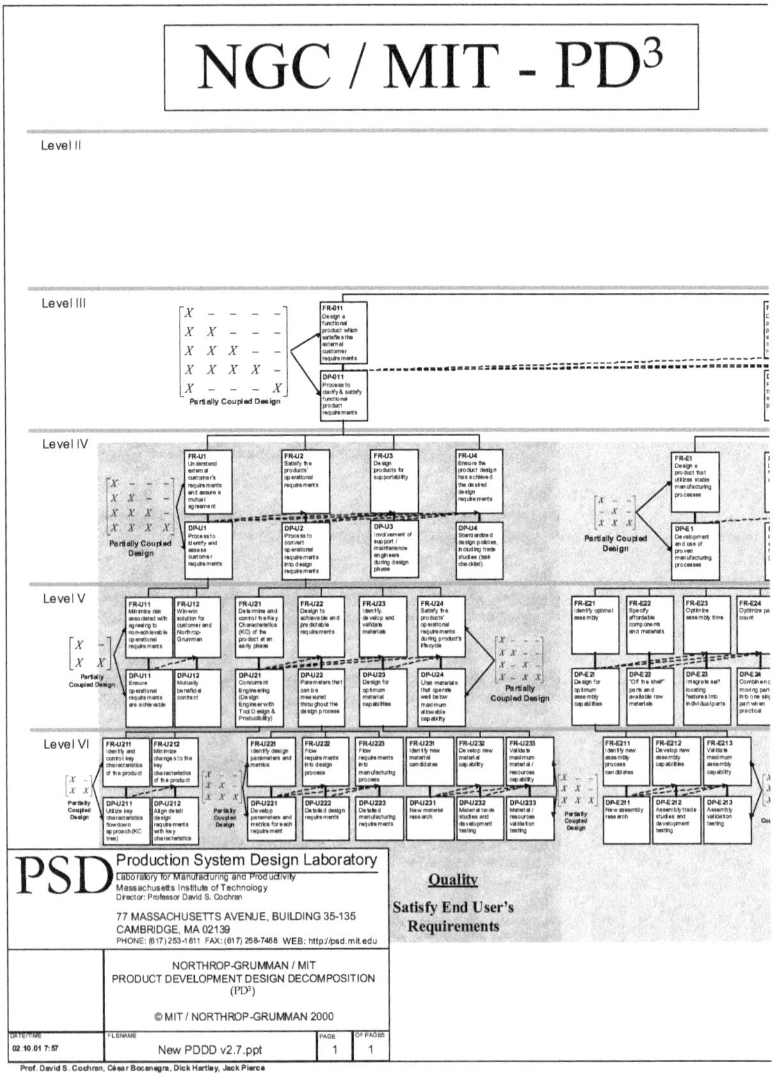

Abb. A-2: Manufacturing System Design Decomposition [COCHRAN 2000]

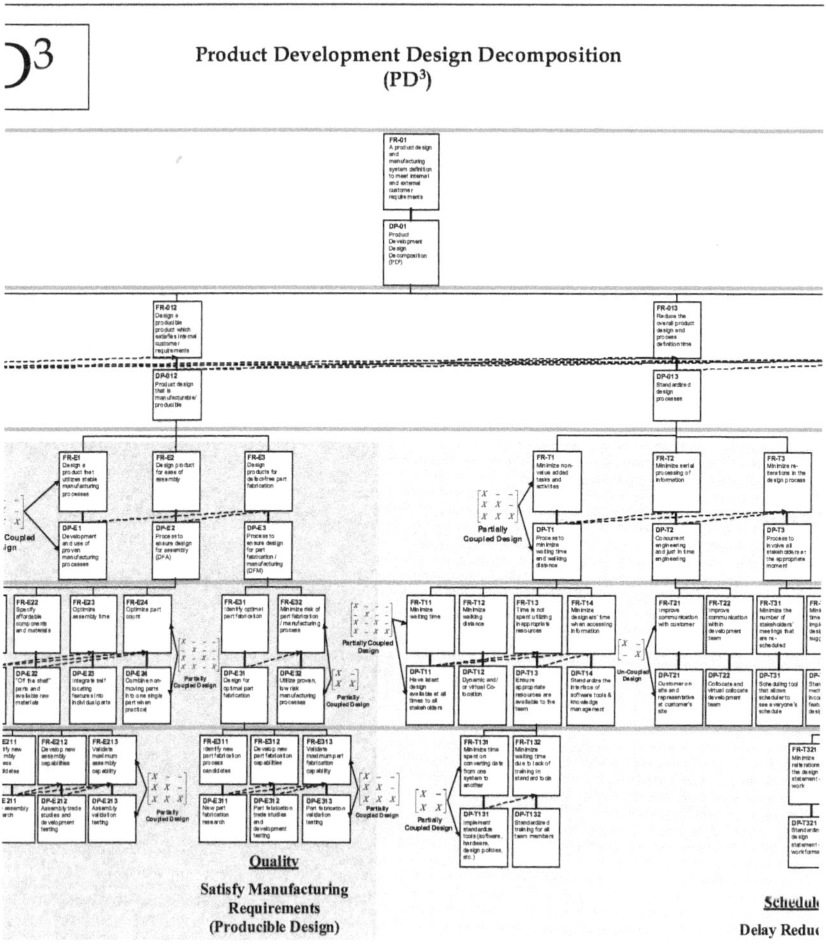

Fortsetzung 1 von Abb. A-2

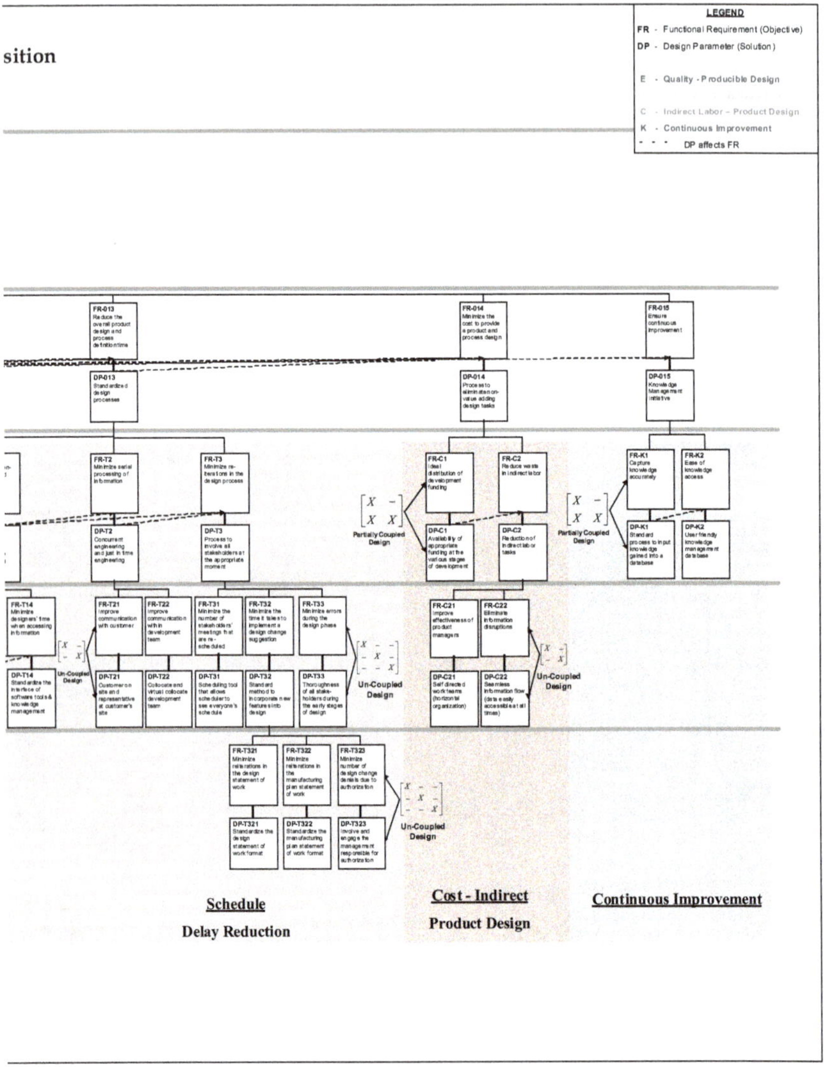

Fortsetzung 2 von Abb. A-2

Unternehmenszielsystem mit Gewichtung

Abb. A-3: Unternehmenszielsystem mit Relativ- und Absolutgewicht

Absolutgewichte der Ziele			
1.1.1	Einhaltung von Toleranzen	1	5,6%
1.1.2	Streuungszentrum ausrichten	2	5,6%
1.4.4	Produktmixflexibilität	3	5,2%
1.5.1	Geringer Ressourcenverbrauch	4	4,5%
1.6.1	Hohe Sicherheitsstandards	5	4,5%
1.4.5	Lieferzeitflexibilität	6	4,2%
1.3.4	Überflüssiges Personal	7	4,2%
1.5.4	Hohe Recyclingquote	8	3,9%
1.6.3	Ergonomische Arbeitsplätze	9	3,9%
1.4.3	Mengenflexibilität	10	3,8%
1.3.3	Überflüssige Betriebsmittel	11	3,6%
1.2.2.7	Auftragsabwicklungszeit	12	3,4%
1.4.2	Erweiterungsflexibilität	13	3,3%
1.2.2.8	Wiederbeschaffungszeit	14	3,1%
1.3.6	Ausschuss	15	3,0%
1.5.2	Geringer Schadstoffausstoß	16	2,8%
1.6.2	Anspruchsvolle Arbeitsinhalte	17	2,8%
1.2.2.6	Rüstzeit	18	2,7%
1.3.5	Überflüssiger Materialverbrauch	19	2,7%
1.2.2.1	Verzögerung durch Losgröße	20	2,4%
1.3.2	Überflüssige Bestände	21	2,4%
1.4.1	Anpassflexibilität	22	2,3%
1.1.3	Streuung reduzieren	23	2,3%
1.2.1.1	Reaktionszeit bei Störung	24	2,3%
1.2.1.2	Störungshäufigkeit reduzieren	25	2,3%
1.2.2.2	Warten auf Weiterverarbeitung	26	2,3%
1.5.3	Minimale Abfallmenge	27	2,3%
1.6.4	Hoher Qualifikationsgrad	28	2,3%
1.3.1	Überflüssiges Anlagevermögen	29	2,1%
1.2.2.4	Warten auf Weitertransport	30	1,5%
1.2.2.5	Systematische Wartezeiten (mangelnde Systemabstimmung)	31	1,5%
1.2.2.3	Verzögerung durch Gebindegröße	32	1,3%
			100,0%

Abb. A-4: Unternehmensunterziele absteigend sortiert nach ihrem Absolutgewicht

Kennzahlenhierarchie

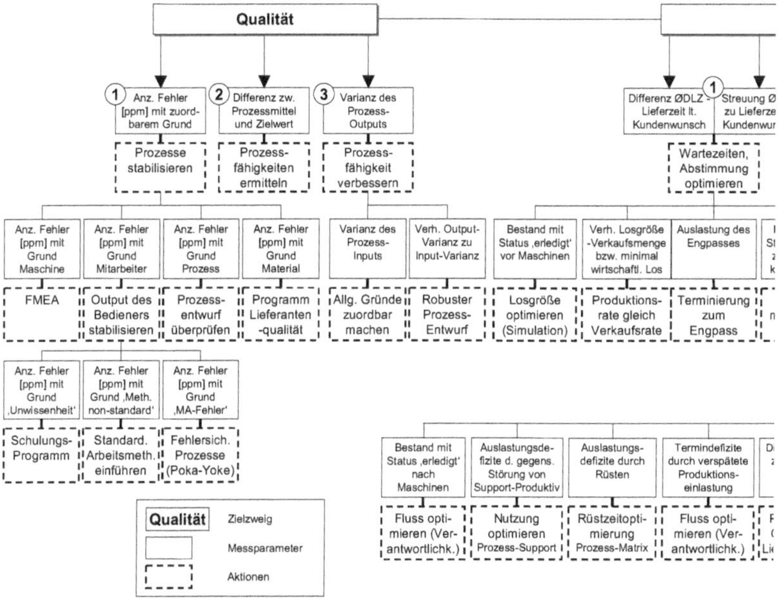

Abb. A-5: Kennzahlenhierarchie

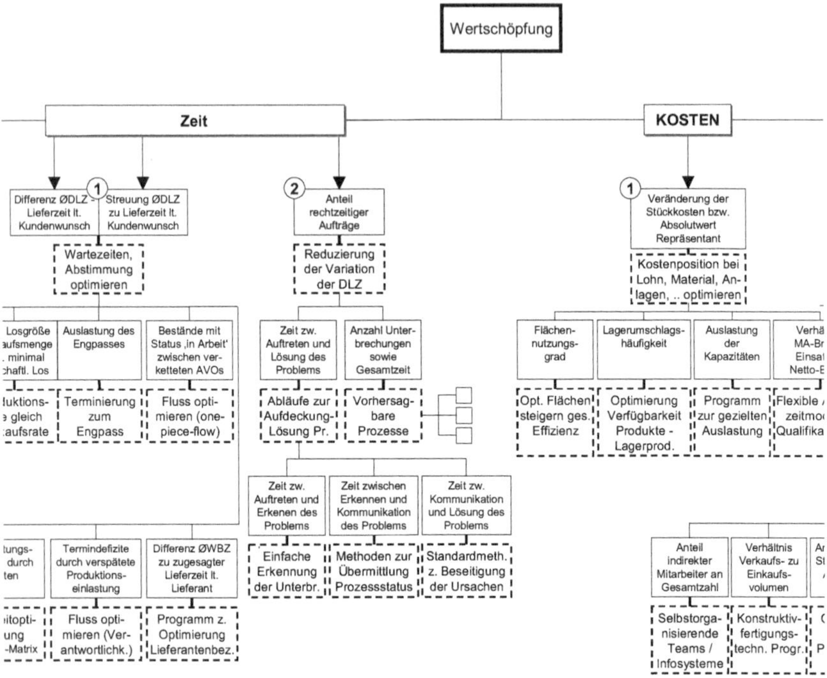

Fortsetzung 1 von Abb. A-5

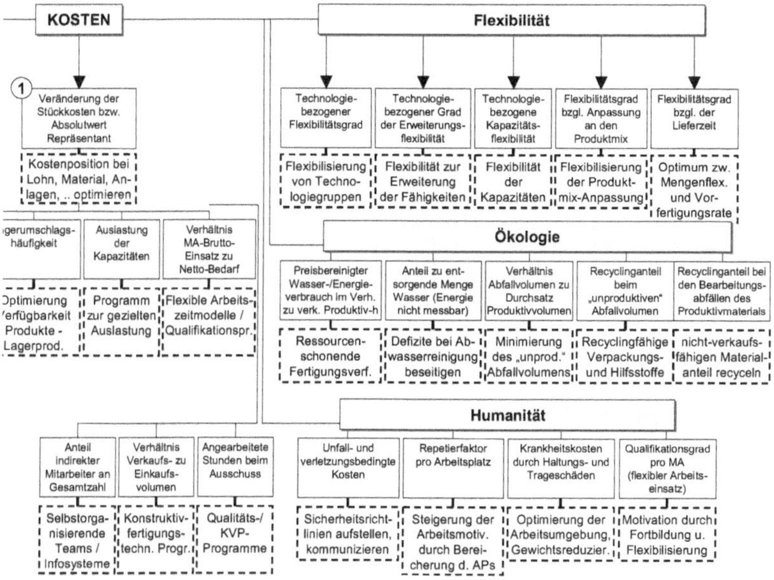

Fortsetzung 2 von Abb. A-5

Beeinflussungsmatrix

Erfüllungsgrad:
(Korrelation und Operationalisierung)

0 = korreliert gar nicht
1 = korreliert schwach
2 = korreliert durschnittlich
3 = korreliert stark
4 = korreliert sehr stark

	Qualität			Zeit - Lieferzeit										Kosten						Flexibilität					Ökologie				Humanität				Σ
	Einhaltung von Toleranzen	Streuungszentrum ausrichten	Streuung reduzieren	Reaktionszeit bei Störung	Störungshäufigkeit reduzieren	Verzögerung durch Losgröße	Warten auf Weiterverarbeitung	Verzögerung durch Gebindegröße	Warten auf Weitertransport	Systematische Wartezeiten	Rüstzeit	Auftragsabwicklungszeit	Wiederbeschaffungszeit	Überflüssiges Anlagevermögen	Überflüssige Bestände	Überflüssige Betriebsmittel	Überflüssiges Personal	Überflüssiger Materialverbrauch	Ausschuss	Anpassflexibilität	Erweiterungsflexibilität	Mengenflexibilität	Produktmixflexibilität	Lieferzeitflexibilität	Geringer Ressourcenverbrauch	Geringer Schadstoffausstoß	Minimale Abfallmenge	Hohe Recyclingquote	Hohe Sicherheitsstandards	Anspruchsvolle Arbeitsinhalte	Ergonomische Arbeitsplätze	Hoher Qualifikationsgrad	***Summe der Kennzahlen***
Anz. Fehler [ppm] mit zuordbarem Grund	4	3	3		1	0	0	0	0	2	0	0	0	0	0	0	0	2	4	0	0	0	0	0	3	0	2	0	1	1	1	2	***29***
Anz. Fehler [ppm] mit Grund Maschine	4	3	4	0	2	0	0	0	0	2	0	0	0	0	0	0	0	2	4	0	0	0	0	0	3	0	2	0	1	0	0	0	***27***
Anz. Fehler [ppm] mit Grund Mitarbeiter	4	3	2	0	1	0	0	0	0	1	0	0	0	0	0	0	0	1	3	0	0	0	0	0	2	0	1	0	0	2	1	3	***24***
Anz. Fehler [ppm] mit Grund 'Unwissenheit'	4	3	2	0	1	0	0	0	0	1	0	0	0	0	0	0	0	1	3	0	0	0	0	0	2	0	1	0	0	1	1	4	***24***
Anz. Fehler mit Grund 'Methode non-standard'	4	3	2	0	1	0	0	0	0	2	0	0	0	0	0	0	0	1	3	0	0	0	0	0	2	0	1	0	0	1	2	1	***23***
Anz. Fehler [ppm] mit Grund 'MA-Fehler'	4	3	2	0	1	0	0	0	0	1	0	0	0	0	0	0	1	1	3	0	0	0	0	0	2	0	1	0	0	2	1	3	***25***
Anz. Fehler [ppm] mit Grund Prozess	4	4	4	0	2	0	0	0	0	2	0	0	0	0	0	0	0	2	4	0	0	0	0	0	3	0	2	0	1	1	1	1	***31***
Anz. Fehler [ppm] mit Grund Material	4	3	4	0	1	0	0	0	0	1	0	0	0	0	0	0	0	3	4	0	0	0	0	0	4	0	3	0	0	0	0	0	***27***
Differenz zw. Prozessmittel und Zielwert	2	4	3	0	2	0	0	0	0	1	0	0	0	0	0	0	0	2	3	0	0	0	0	0	3	0	2	0	0	0	0	1	***23***
Varianz des Prozess-Outputs	2	2	4	0	1	0	0	0	0	1	0	0	0	0	0	0	0	2	2	0	0	0	0	0	2	0	3	0	0	1	1	2	***23***
Varianz des Prozess-Inputs	2	2	4	0	1	0	0	0	0	1	0	0	0	0	0	0	0	2	2	0	0	0	0	0	2	0	3	0	0	0	0	0	***19***
Verhältnis Output- zu Input-Varianz	2	2	4	0	1	0	0	0	0	1	0	0	0	0	0	0	0	1	1	0	0	0	0	0	1	0	2	0	0	1	1	2	***19***
Anteil rechtzeitiger Aufträge	1	1	1	3	3	1	2	2	2	2	1	2	1	0	1	1	1	0	0	2	1	3	3	4	0	0	0	0	0	0	0	1	***39***
Zeit zw. Auftreten und Lösung des Problems	0	0	0	4	0	0	0	0	0	4	0	0	0	0	0	0	0	0	0	2	1	0	2	0	0	0	0	0	0	0	1	2	***16***
Anzahl Unterbrechungen, sowie Gesamtzeit	2	1	1	1	4	0	0	0	0	3	0	1	0	0	0	0	0	0	1	0	0	0	0	0	0	0	1	0	0	0	0	1	***16***
Differenz ØDLZ - Lieferzeit lt. Kundenwunsch	0	0	0	3	3	3	2	2	2	3	3	3	3	0	1	1	1	0	0	2	1	3	3	4	0	0	0	0	0	0	0	1	***44***
Streuung ØDLZ zu Lieferzeit lt. Kundenwunsch	0	0	0	3	3	3	2	2	2	3	3	3	3	0	2	2	2	0	0	2	2	3	3	4	0	0	0	0	0	0	0	1	***48***
Bestand mit Status 'erledigt' vor Maschinen	0	0	0	0	0	4	3	3	0	2	3	1	0	0	3	0	0	0	0	2	2	3	2	2	0	0	0	0	0	0	0	1	***31***
Verh. Losgröße/Verkaufsmenge bzw. minimal wirtschaf	0	0	0	0	0	3	4	3	1	0	2	0	0	0	3	2	2	0	0	1	1	2	1	1	0	0	0	0	0	0	0	1	***27***
Auslastung des Engpasses	0	0	0	0	0	2	4	2	0	2	3	0	0	0	1	1	1	0	0	3	2	4	3	2	0	0	0	0	0	0	0	1	***31***
Bestände mit Status 'in Arbeit' zw. verketteten AVOs	0	0	0	1	1	0	2	4	2	2	0	0	0	0	0	0	0	0	0	0	0	0	0	0	0	0	0	0	0	0	0	0	***12***
Bestand mit Status 'erledigt' nach Maschinen	0	0	0	1	1	0	0	0	4	0	0	0	0	0	0	1	1	0	0	0	0	0	0	0	0	0	0	0	0	0	0	0	***8***
Auslastungsdefizite durch gegens. Störung von Support	0	0	0	2	3	0	0	0	1	4	2	0	0	0	0	0	1	0	0	1	0	2	2	1	0	0	0	0	0	0	0	2	***21***
Auslastungsdefizite durch Rüsten	0	0	0	0	0	1	1	0	0	1	4	0	0	0	1	2	2	0	0	1	1	2	2	2	0	0	0	0	0	0	0	1	***21***
Termindefizite wg. verspäteter Produkt.einlastung	0	0	0	0	0	0	0	0	0	0	1	4	2	0	1	0	0	0	0	0	0	0	0	0	0	0	0	0	0	0	0	2	***10***
Differenz ØWBZ zu zugesagter Lieferz. lt. Lieferant	0	0	0	1	0	0	0	0	0	0	0	2	4	0	0	0	0	0	0	0	0	0	0	0	0	0	0	0	0	0	0	0	***7***
Stückkosten bzw. Absolutwert Repräsentanten	2	0	1	2	2	1	1	0	0	1	1	1	1	3	2	3	4	3	2	1	0	2	3	1	2	1	1	1	0	0	0	1	***43***
Flächennutzungsgrad	0	0	0	0	0	1	1	0	1	0	0	1	1	4	2	2	0	0	0	0	0	0	0	0	1	0	0	0	0	0	0	0	***14***
Lagerumschlagshäufigkeit	0	0	0	0	0	3	0	0	0	0	1	2	2	2	4	0	0	0	0	1	0	3	2	3	0	0	0	0	0	0	0	0	***23***
Auslastung der Kapazitäten	0	0	0	2	3	2	1	1	1	2	2	2	1	2	1	4	3	0	0	2	1	3	3	1	2	1	0	0	0	0	0	1	***41***
Verhältnis MA-Brutto-Einsatz zu Netto-Bedarf	0	0	0	2	3	0	0	0	2	2	2	1	1	0	0	0	4	0	0	1	0	0	1	0	0	0	0	0	0	0	0	1	***20***
Anteil indirekter Mitarbeiter an Gesamt	0	0	0	1	1	0	0	0	1	1	0	2	0	0	0	0	4	0	0	0	0	0	0	0	0	0	0	0	0	0	0	2	***12***
Verhältnis Verkaufs- zu Einkaufsvolumen	2	1	1	0	0	0	0	0	0	0	0	0	0	0	1	0	0	4	4	0	0	0	0	0	1	0	1	1	0	0	0	0	***16***
Angearbeitete Stunden beim Ausschuss	3	2	2	0	1	0	0	0	0	0	0	0	0	0	1	0	0	3	4	0	0	0	0	0	1	0	1	0	0	0	0	0	***18***
* Technologiebezogener Flexibilitätsgrad	0	0	0	1	0	1	0	0	0	0	1	0	0	0	0	2	0	0	0	4	2	1	3	1	1	0	0	0	0	0	0	3	***20***
Technologiebezogener Grad der Erweiterungsflexibilität	0	0	0	0	0	0	0	0	0	0	0	0	0	0	0	1	0	0	0	2	4	1	2	1	2	0	0	0	0	0	0	0	***13***
Technologiebezogene Kapazitätsflexibilität	0	0	0	1	0	1	0	0	0	0	1	0	0	0	3	3	2	0	0	2	1	4	2	3	1	0	0	0	0	0	0	1	***25***
Flexibilitätsgrad bzw. Anpassung an den Produktmix	0	0	0	1	0	1	0	0	0	0	1	0	0	0	2	1	1	0	0	2	1	1	4	2	0	0	0	0	0	0	0	3	***20***
Flexibilitätsgrad bzgl. der Lieferzeit	0	0	0	1	0	1	0	0	0	0	1	0	0	0	2	1	2	0	0	2	1	3	2	4	0	0	0	0	0	0	0	2	***22***
* Preisbereinigter Wasser-/Energieverbrauch im Verh. zu	0	0	0	0	0	0	0	0	0	0	0	0	0	0	0	0	0	0	0	0	0	0	0	0	4	3	2	3	0	0	1	1	***14***
Anteil zu entsorgende Menge Wasser	0	0	0	0	0	0	0	0	0	0	0	0	0	0	0	0	0	0	1	0	0	0	0	0	3	4	1	2	0	0	0	1	***12***
Verhältnis Abfallvolumen zu Durchsatz Produktivvolume	0	0	0	0	0	0	0	0	0	0	0	0	0	0	0	0	0	3	4	0	0	0	0	0	2	1	4	3	0	0	0	2	***19***
Recyclinganteil beim "unproduktiven" Abfallvolumen	0	0	0	0	0	0	0	0	0	0	0	0	0	0	0	0	0	2	1	0	0	0	0	0	1	1	3	4	0	0	0	2	***14***
Recyclinganteil bei den Bearbeitungsabfällen des Produ	0	0	0	0	0	0	0	0	0	0	0	0	0	0	0	0	0	3	2	0	0	0	0	0	2	2	3	4	0	0	0	2	***18***
* Unfall- und verletzungsbedingte Kosten	0	0	0	1	2	0	0	0	0	0	0	0	0	0	0	0	0	0	1	0	0	0	0	0	0	2	0	0	4	2	4	1	***17***
Repetitierfaktor pro Arbeitsplatz	0	0	0	1	0	0	0	0	0	0	0	0	0	0	0	0	0	0	2	0	0	0	0	0	0	0	0	0	0	4	0	3	***10***
Krankheitskosten durch Haltungs- und Trageschäden	0	0	0	0	0	0	0	0	0	0	0	0	0	0	0	0	0	0	0	0	0	0	0	0	0	0	0	0	3	2	4	2	***11***
Qualifikationsgrad pro MA (flexibler Arbeitseinsatz)	1	2	2	0	0	0	0	0	0	0	0	0	0	0	0	0	0	0	0	2	2	1	2	1	0	0	0	0	1	2	2	4	***22***
Summe der Unterziele	***51***	***42***	***46***	***32***	***45***	***28***	***23***	***19***	***19***	***48***	***32***	***25***	***19***	***11***	***31***	***27***	***32***	***38***	***58***	***35***	***23***	***41***	***45***	***37***	***52***	***15***	***40***	***18***	***11***	***20***	***21***	***65***	
																																1049	

Abb. A-6: Erfüllungsgrade der Kennzahlen zu den Unterzielen

Leistungsbeiträge

Leistungsbeiträge der Ziele			
1.1.1	Einhaltung von Toleranzen	1	12,1%
1.1.2	Streuungszentrum ausrichten	2	10,0%
1.5.1	Geringer Ressourcenverbrauch	3	7,4%
1.2.1.2	Störungshäufigkeit reduzieren	4	6,4%
1.4.4	Produktmixflexibilität	5	5,9%
1.6.4	Hoher Qualifikationsgrad	6	4,6%
1.2.1.1	Reaktionszeit bei Störung	7	4,6%
1.1.3	Streuung reduzieren	8	4,4%
1.4.5	Lieferzeitflexibilität	9	4,0%
1.4.3	Mengenflexibilität	10	3,9%
1.3.6	Ausschuss	11	3,7%
1.5.3	Minimale Abfallmenge	12	2,9%
1.3.4	Überflüssiges Personal	13	2,8%
1.6.3	Ergonomische Arbeitsplätze	14	2,6%
1.5.4	Hohe Recyclingquote	15	2,2%
1.3.5	Überflüssiger Materialverbrauch	16	2,2%
1.4.1	Anpassflexibilität	17	2,1%
1.3.3	Überflüssige Betriebsmittel	18	2,1%
1.4.2	Erweiterungsflexibilität	19	1,9%
1.6.2	Anspruchsvolle Arbeitsinhalte	20	1,8%
1.3.2	Überflüssige Bestände	21	1,6%
1.6.1	Hohe Sicherheitsstandards	22	1,6%
1.2.2.6	Rüstzeit	23	1,4%
1.5.2	Geringer Schadstoffausstoß	24	1,3%
1.2.2.7	Auftragsabwicklungszeit	25	1,3%
1.2.2.5	Systematische Wartezeiten (mangelnde Systemabstimmung)	26	1,1%
1.2.2.1	Verzögerung durch Losgröße	27	1,1%
1.2.2.8	Wiederbeschaffungszeit	28	0,9%
1.2.2.2	Warten auf Weiterverarbeitung	29	0,8%
1.3.1	Überflüssiges Anlagevermögen	30	0,5%
1.2.2.4	Warten auf Weitertransport	31	0,4%
1.2.2.3	Verzögerung durch Gebindegröße	32	0,4%
			100,0%

Abb. A-7: Leistungsbeiträge der Ziele

Leistungsbeiträge der Kennzahlen			
1.1.3.	Anz. Fehler [ppm] mit Grund Prozess	1	4,0%
3.1.	Stückkosten bzw. Absolutwert Repräsentanten	2	3,9%
1.1.	Anz. Fehler [ppm] mit zuordbarem Grund	3	3,6%
2.2.b	Streuung ØDLZ zu Lieferzeit lt. Kundenwunsch	4	3,5%
2.1.	Anteil rechtzeitiger Aufträge	5	3,5%
1.1.1.	Anz. Fehler [ppm] mit Grund Maschine	6	3,5%
1.1.4.	Anz. Fehler [ppm] mit Grund Material	7	3,4%
3.1.3.	Auslastung der Kapazitäten	8	3,3%
1.1.2.3.	Anz. Fe Anz. Fehler [ppm] mit Grund 'MA-Fehler'	9	3,2%
2.2.a	Differenz ØDLZ - Lieferzeit lt. Kundenwunsch	10	3,2%
1.1.2.	Anz. Fehler [ppm] mit Grund Mitarbeiter	11	3,1%
1.1.2.1.	Anz. Fehler [ppm] mit Grund 'Unwissenheit'	12	3,1%
1.1.2.2.	Anz. Fehler mit Grund 'Methode non-standard'	13	3,1%
1.2.	Differenz zw. Prozessmittel und Zielwert	14	3,0%
1.3.	Varianz des Prozess-Outputs	15	2,6%
6.1.4.	Qualifikationsgrad pro MA (flexibler Arbeitseinsatz)	16	2,5%
1.3.2.	Verhältnis Output- zu Input-Varianz	17	2,3%
1.3.1.	Varianz des Prozess-Inputs	18	2,2%
3.1.7.	Angearbeitete Stunden beim Ausschuss	19	2,2%
4.1.3.	Technologiebezogene Kapazitätsflexibilität	20	2,2%
2.2.3.	Auslastung des Engpasses	21	2,1%
6.1.1.	Unfall- und verletzungsbedingte Kosten	22	2,0%
4.1.5.	Flexibilitätsgrad bzgl. der Lieferzeit	23	1,9%
2.1.2.	Anzahl Unterbrechungen, sowie Gesamtzeit	24	1,9%
2.2.1.	Bestand mit Status 'erledigt' vor Maschinen	25	1,8%
2.2.6.	Auslastungsdefizite durch gegens. Störung von Support und Produktiv	26	1,8%
4.1.4.	Flexibilitätsgrad bzw. Anpassung an den Produktmix	27	1,7%
4.1.1.	Technologiebezogener Flexibilitätsgrad	28	1,7%
3.1.6.	Verhältnis Verkaufs- zu Einkaufsvolumen	29	1,7%
5.1.5.	Recyclinganteil bei den Bearbeitungsabfällen des Produktivmaterials	30	1,6%
3.1.4.	Verhältnis MA-Brutto-Einsatz zu Netto-Bedarf	31	1,6%
5.1.3.	Verhältnis Abfallvolumen zu Durchsatz Produktivvolumen	32	1,6%
3.1.2.	Lagerumschlagshäufigkeit	33	1,6%
2.2.2.	Verh. Losgröße/Verkaufsmenge bzw. minimal wirtschaftl. Los	34	1,6%
5.1.1.	Preisbereinigter Wasser-/Energieverbrauch im Verh. zu verk. Produktiv-h	35	1,6%
2.2.7.	Auslastungsdefizite durch Rüsten	36	1,5%
2.1.1.	Zeit zw. Auftreten und Lösung des Problems	37	1,4%
4.1.2.	Technologiebezogener Grad der Erweiterungsflexibilität	38	1,3%
5.1.4.	Recyclinganteil beim "unproduktiven" Abfallvolumen	39	1,3%
6.1.3.	Krankheitskosten durch Haltungs- und Trageschäden	40	1,2%
5.1.2.	Anteil zu entsorgende Menge Wasser	41	1,2%
3.1.5.	Anteil indirekter Mitarbeiter an Gesamt	42	0,9%
6.1.2.	Repetitierfaktor pro Arbeitsplatz	43	0,8%
3.1.1.	Flächennutzungsgrad	44	0,8%
2.2.8.	Termindefizite wg. verspäteter Produkt.einlastung	45	0,5%
2.2.5.	Bestand mit Status 'erledigt' nach Maschinen	46	0,5%
2.2.4.	Bestände mit Status 'in Arbeit' zw. verketteten AVOs	47	0,5%
2.2.9.	Differenz ØWBZ zu zugesagter Lieferz. lt. Lieferant	48	0,4%
			100,0%

Abb. A-8: Leistungsbeiträge der Kennzahlen

Seminarberichte iwb

herausgegeben von Prof. Dr.-Ing. Gunther Reinhart, Institut für Werkzeugmaschinen und Betriebswissenschaften der Technischen Universität München

Seminarberichte iwb sind erhältlich im Buchhandel oder beim
Herbert Utz Verlag, München, Fax 089-277791-01, utz@utzverlag.com

1 Innovative Montagesysteme · Anlagengestaltung, -bewertung und -überwachung
115 Seiten · ISBN 3-931327-01-9

2 Integriertes Produktmodell · Von der Idee zum fertigen Produkt
82 Seiten · ISBN 3-931327-02-7

3 Konstruktion von Werkzeugmaschinen · Berechnung, Simulation und Optimierung
110 Seiten · ISBN 3-931327-03-5

4 Simulation · Einsatzmöglichkeiten und Erfahrungsberichte
134 Seiten · ISBN 3-931327-04-3

5 Optimierung der Kooperation in der Produktentwicklung
95 Seiten · ISBN 3-931327-05-1

6 Materialbearbeitung mit Laser · von der Planung zur Anwendung
86 Seiten · ISBN 3-931327-76-0

7 Dynamisches Verhalten von Werkzeugmaschinen
80 Seiten · ISBN 3-931327-77-9

8 Qualitätsmanagement · der Weg ist das Ziel
130 Seiten · ISBN 3-931327-78-7

9 Installationstechnik an Werkzeugmaschinen · Analysen und Konzepte
120 Seiten · ISBN 3-931327-79-5

10 3D-Simulation · Schneller, sicherer und kostengünstiger zum Ziel
90 Seiten · ISBN 3-931327-10-8

11 Unternehmensorganisation · Schlüssel für eine effiziente Produktion
110 Seiten · ISBN 3-931327-11-6

12 Autonome Produktionssysteme
100 Seiten · ISBN 3-931327-12-4

13 Planung von Montageanlagen
130 Seiten · ISBN 3-931327-13-2

14 Nicht erschienen – wird nicht erscheinen

15 Flexible fluide Kleb/Dichtstoffe · Dosierung und Prozeßgestaltung
80 Seiten · ISBN 3-931327-15-9

16 Time to Market · Von der Idee zum Produktionsstart
80 Seiten · ISBN 3-931327-16-7

17 Industriekeramik in Forschung und Praxis · Probleme, Analysen und Lösungen
80 Seiten · ISBN 3-931327-17-5

18 Das Unternehmen im Internet · Chancen für produzierende Unternehmen
165 Seiten · ISBN 3-931327-18-3

19 Leittechnik und Informationslogistik · mehr Transparenz in der Fertigung
85 Seiten · ISBN 3-931327-19-1

20 Dezentrale Steuerungen in Produktionsanlagen · Plug & Play · Vereinfachung von Entwicklung und Inbetriebnahme
105 Seiten · ISBN 3-931327-20-5

21 Rapid Prototyping · Rapid Tooling · Schnell zu funktionalen Prototypen
95 Seiten · ISBN 3-931327-21-3

22 Mikrotechnik für die Produktion · Greifbare Produkte und Anwendungspotentiale
95 Seiten · ISBN 3-931327-22-1

24 EDM Engineering Data Management
195 Seiten · ISBN 3-931327-24-8

25 Rationelle Nutzung der Simulationstechnik · Entwicklungstrends und Praxisbeispiele
152 Seiten · ISBN 3-931327-25-6

26 Alternative Dichtungssysteme · Konzepte zur Dichtungsmontage und zum Dichtmittelauftrag
110 Seiten · ISBN 3-931327-26-4

27 Rapid Prototyping · Mit neuen Technologien schnell vom Entwurf zum Serienprodukt
111 Seiten · ISBN 3-931327-27-2

28 Rapid Tooling · Mit neuen Technologien schnell vom Entwurf zum Serienprodukt
154 Seiten · ISBN 3-931327-28-0

29 Installationstechnik an Werkzeugmaschinen · Abschlußseminar
156 Seiten · ISBN 3-931327-29-9

30 Nicht erschienen – wird nicht erscheinen

31 Engineering Data Management (EDM) · Erfahrungsberichte und Trends
183 Seiten · ISBN 3-931327-31-0

32 Nicht erschienen – wird nicht erscheinen

33 3D-CAD · Mehr als nur eine dritte Dimension
181 Seiten · ISBN 3-931327-33-7

34 Laser in der Produktion · Technologische Randbedingungen für den wirtschaftlichen Einsatz
102 Seiten · ISBN 3-931327-34-5

35 Ablaufsimulation · Anlagen effizient und sicher planen und betreiben
129 Seiten · ISBN 3-931327-35-3

36 Moderne Methoden zur Montageplanung · Schlüssel für eine effiziente Produktion
124 Seiten · ISBN 3-931327-36-1

37 Wettbewerbsfaktor Verfügbarkeit · Produktivitätsteigerung durch technische und organisatorische Ansätze
95 Seiten · ISBN 3-931327-37-X

38 Rapid Prototyping · Effizienter Einsatz von Modellen in der Produktentwicklung
128 Seiten · ISBN 3-931327-38-8

39 Rapid Tooling · Neue Strategien für den Werkzeug- und Formenbau
130 Seiten · ISBN 3-931327-39-6

40 Erfolgreich kooperieren in der produzierenden Industrie · Flexibler und schneller mit modernen Kooperationen
160 Seiten · ISBN 3-931327-40-X

41 Innovative Entwicklung von Produktionsmaschinen
146 Seiten · ISBN 3-89675-041-0

42 Stückzahlflexible Montagesysteme
139 Seiten · ISBN 3-89675-042-9

43 Produktivität und Verfügbarkeit · ...durch Kooperation steigern
120 Seiten · ISBN 3-89675-043-7

44 Automatisierte Mikromontage · Handhaben und Positionieren von Mikrobauteilen
125 Seiten · ISBN 3-89675-044-5

45 Produzieren in Netzwerken · Lösungsansätze, Methoden, Praxisbeispiele
173 Seiten · ISBN 3-89675-045-3

46 Virtuelle Produktion · Ablaufsimulation
108 Seiten · ISBN 3-89675-046-1

47 Virtuelle Produktion · Prozeß- und Produktsimulation
131 Seiten · ISBN 3-89675-047-X

48 Sicherheitstechnik an Werkzeugmaschinen
106 Seiten · ISBN 3-89675-048-8

49 Rapid Prototyping · Methoden für die reaktionsfähige Produktentwicklung
150 Seiten · ISBN 3-89675-049-6

50 Rapid Manufacturing · Methoden für die reaktionsfähige Produktion
121 Seiten · ISBN 3-89675-050-X

51 Flexibles Kleben und Dichten · Produkt-& Prozeßgestaltung, Mischverbindungen, Qualitätskontrolle
137 Seiten · ISBN 3-89675-051-8

52 Rapid Manufacturing · Schnelle Herstellung von Klein- und Prototypenserien
124 Seiten · ISBN 3-89675-052-6

53 Mischverbindungen · Werkstoffauswahl, Verfahrensauswahl, Umsetzung
107 Seiten · ISBN 3-89675-054-2

54 Virtuelle Produktion · Integrierte Prozess- und Produktsimulation
133 Seiten · ISBN 3-89675-054-2

55 e-Business in der Produktion · Organisationskonzepte, IT-Lösungen, Praxisbeispiele
150 Seiten · ISBN 3-89675-055-0

56 Virtuelle Produktion – Ablaufsimulation als planungsbegleitendes Werkzeug
150 Seiten · ISBN 3-89675-056-9

57 Virtuelle Produktion – Datenintegration und Benutzerschnittstellen
150 Seiten · ISBN 3-89675-057-7

58 Rapid Manufacturing · Schnelle Herstellung qualitativ hochwertiger Bauteile oder Kleinserien
169 Seiten · ISBN 3-89675-058-7

59 Automatisierte Mikromontage · Werkzeuge und Fügetechnologien für die Mikrosystemtechnik
114 Seiten · ISBN 3-89675-059-3

60 Mechatronische Produktionssysteme · Genauigkeit gezielt entwickeln
131 Seiten · ISBN 3-89675-060-7

61 Nicht erschienen – wird nicht erscheinen

62 Rapid Technologien · Anspruch – Realität – Technologien
100 Seiten · ISBN 3-89675-062-3

63 Fabrikplanung 2002 · Visionen – Umsetzung – Werkzeuge
124 Seiten · ISBN 3-89675-063-1

Forschungsberichte iwb

herausgegeben von Prof. Dr.-Ing. Gunther Reinhart, Institut für Werkzeugmaschinen und Betriebswissenschaften der Technischen Universität München

Tel.: 089./217 12-7F /-a/-x a8d-122-. 78d-21 äl117 -7n-x 0: a8d21-ed21-/ 27n
H21/ 21 1-U 1z-V21la9,-Mü8: 28,-Tax-089-277791-01,-01z@01zv21la9.d2

122 Schneider, Burghard
Prozesskettenorientierte Bereitstellung nicht formstabiler Bauteile
1999 · 183 Seiten · 98 Abb. · 14 Tab. · broschiert · 20,5 x 14,5 cm · ISBN 3-89675-559-5

123 Goldstein, Bernd
Modellgestützte Geschäftsprozeßgestaltung in der Produktentwicklung
1999 · 170 Seiten · 65 Abb. · broschiert · 20,5 x 14,5 cm · ISBN 3-89675-546-3

124 Mößmer, Helmut E.
Methode zur simulationsbasierten Regelung zeitvarianter Produktionssysteme
1999 · 164 Seiten · 67 Abb. · 5 Tab. · broschiert · 20,5 x 14,5 cm · ISBN 3-89675-585-4

125 Gräser, Ralf-Gunter
Ein Verfahren zur Kompensation temperaturinduzierter Verformungen an Industrierobotern
1999 · 167 Seiten · 63 Abb. · 5 Tab. · broschiert · 20,5 x 14,5 cm · ISBN 3-89675-603-6

126 Trossin, Hans-Jürgen
Nutzung der Ähnlichkeitstheorie zur Modellbildung in der Produktionstechnik
1999 · 162 Seiten · 75 Abb. · 11 Tab. · broschiert · 20,5 x 14,5 cm · ISBN 3-89675-614-1

127 Kugelmann, Doris
Aufgabenorientierte Offline-Programmierung von Industrierobotern
1999 · 168 Seiten · 68 Abb. · 2 Tab. · broschiert · 20,5 x 14,5 cm · ISBN 3-89675-615-X

128 Diesch, Rolf
Steigerung der organisatorischen Verfügbarkeit von Fertigungszellen
1999 · 160 Seiten · 69 Abb. · broschiert · 20,5 x 14,5 cm · ISBN 3-89675-618-4

129 Lulay, Werner E.
Hybrid-hierarchische Simulationsmodelle zur Koordination teilautonomer Produktionsstrukturen
1999 · 182 Seiten · 51 Abb. · 14 Tab. · broschiert · 20,5 x 14,5 cm · ISBN 3-89675-620-6

130 Murr, Otto
Adaptive Planung und Steuerung von integrierten Entwicklungs- und Planungsprozessen
1999 · 178 Seiten · 85 Abb. · 3 Tab. · broschiert · 20,5 x 14,5 cm · ISBN 3-89675-636-2

131 Macht, Michael
Ein Vorgehensmodell für den Einsatz von Rapid Prototyping
1999 · 170 Seiten · 87 Abb. · 5 Tab. · broschiert · 20,5 x 14,5 cm · ISBN 3-89675 638 9

132 Mehler, Bruno H.
Aufbau virtueller Fabriken aus dezentralen Partnerverbünden
1999 · 152 Seiten · 44 Abb. · 27 Tab. · broschiert · 20,5 x 14,5 cm · ISBN 3-89675-645-1

133 Heitmann, Knut
Sichere Prognosen für die Produktionsptimierung mittels stochastischer Modelle
1999 · 146 Seiten · 60 Abb. · 13 Tab. · broschiert · 20,5 x 14,5 cm · ISBN 3-89675-675-3

134 Blessing, Stefan
Gestaltung der Materialflußsteuerung in dynamischen Produktionsstrukturen
1999 · 160 Seiten · 67 Abb. · broschiert · 20,5 x 14,5 cm · ISBN 3-89675-690-7

135 Abay, Can
Numerische Optimierung multivariater mehrstufiger Prozesse am Beispiel der Hartbearbeitung von Industriekeramik
2000 · 159 Seiten · 46 Abb. · 5 Tab. · broschiert · 20,5 x 14,5 cm · ISBN 3-89675-697-4

136 Brandner, Stefan
Integriertes Produktdaten- und Prozeßmanagement in virtuellen Fabriken
2000 · 172 Seiten · 61 Abb. · broschiert · 20,5 x 14,5 cm · ISBN 3-89675-715-6

137 Hirschberg, Arnd G.
Verbindung der Produkt- und Funktionsorientierung in der Fertigung
2000 · 165 Seiten · 49 Abb. · broschiert · 20,5 x 14,5 cm · ISBN 3-89675-729-6

138 Reek, Alexandra
Strategien zur Fokuspositionierung beim Laserstrahlschweißen
2000 · 193 Seiten · 103 Abb. · broschiert · 20,5 x 14,5 cm · ISBN 3-89675-730-X

139 Sabbah, Khalid-Alexander
Methodische Entwicklung störungstoleranter Steuerungen
2000 · 148 Seiten · 75 Abb. · broschiert · 20,5 x 14,5 cm · ISBN 3-89675-739-3

140 Schliffenbacher, Klaus U.
Konfiguration virtueller Wertschöpfungsketten in dynamischen, heterarchischen Kompetenznetzwerken
2000 · 187 Seiten · 70 Abb. · broschiert · 20,5 x 14,5 cm · ISBN 3-89675-754-7

141 Sprenzel, Andreas
Integrierte Kostenkalkulationsverfahren für die Werkzeugmaschinenentwicklung
2000 · 144 Seiten · 55 Abb. · 6 Tab. · broschiert · 20,5 x 14,5 cm · ISBN 3-89675-757-1

142 Gallasch, Andreas
Informationstechnische Architektur zur Unterstützung des Wandels in der Produktion
2000 · 150 Seiten · 69 Abb. · 6 Tab. · broschiert · 20,5 x 14,5 cm · ISBN 3-89675-781-4

143 Cuiper, Ralf
Durchgängige rechnergestützte Planung und Steuerung von automatisierten Montagevorgängen
2000 · 168 Seiten · 75 Abb. · 3 Tab. · broschiert · 20,5 x 14,5 cm · ISBN 3-89675-783-0 · lieferbar ab ca. 02/01

144 Schneider, Christian
Strukturmechanische Berechnungen in der Werkzeugmaschinenkonstruktion
2000 · 180 Seiten · 66 Abb. · broschiert · 20,5 x 14,5 cm · ISBN 3-89675-789-X

145 Jonas, Christian
Konzept einer durchgängigen, rechnergestützten Planung von Montageanlagen
2000 · 183 Seiten · 82 Abb. · broschiert · 20,5 x 14,5 cm · ISBN 3-89675-870-5

146 Willnecker, Ulrich
Gestaltung und Planung leistungsorientierter manueller Fließmontagen
2001 · 175 Seiten · 67 Abb. · broschiert · 20,5 x 14,5 cm · ISBN 3-89675-891-8

147 Lehner, Christof
Beschreibung des Nd:Yag-Laserstrahlschweißprozesses von Magnesiumdruckguss
2001 · 205 Seiten · 94 Abb. · 24 Tab. · 20,5 x 14,5 cm · ISBN 3-8316-0004-X

148 Rick, Frank
Simulationsgestützte Gestaltung von Produkt und Prozess am Beispiel Laserstrahlschweißen
2001 · 145 Seiten · 57 Abb. · 2 Tab. · 20,5 x 14,5 cm · ISBN 3-8316-0008-2

149 Höhn, Michael
Sensorgeführte Montage hybrider Mikrosysteme
2001 · 171 Seiten · 74 Abb. · 7 Tab. · 20,5 x 14,5 cm · ISBN 3-8316-0012-0

150 Böhl, Jörn
Wissensmanagement im Klein- und mittelständischen Unternehmen der Einzel- und Kleinserienfertigung
2001 · 179 Seiten · 88 Abb. · 20,5 x 14,5 cm · ISBN 3-8316-0020-1

151 Bürgel, Robert
Prozessanalyse an spanenden Werkzeugmaschinen mit digital geregelten Antrieben
2001 · 185 Seiten · 60 Abb. · 10 Tab. · 20,5 x 14,5 cm · ISBN 3-8316-0021-X
lieferbar ab ca. 09/01

152 Stephan Dürrschmidt
Planung und Betrieb wandlungsfähiger Logistiksysteme in der variantenreichen Serienproduktion
2001 · 914 Seiten · 61 Abb. · 20,5 x 14,5 cm · ISBN 3-8316-0023-6

153 Bernhard Eich
Methode zur prozesskettenorientierten Planung der Teilebereitstellung
2001 · 132 Seiten · 48 Abb. · 6 Tabellen · 20,5 x 14,5 cm · ISBN 3-8316-0028-7

154 Wolfgang Rudorfer
Eine Methode zur Qualifizierung von produzierenden Unternehmen für Kompetenznetzwerke
2001 · 207 Seiten · 89 Abb. · 20,5 x 14,5 cm · ISBN 3-8316-0037-6

155 Hans Meier
Verteilte kooperative Steuerung maschinennaher Abläufe
2001 · 162 Seiten · 85 Abb. · 20,5 x 14,5 cm · ISBN 3-8316-0044-9

156 Gerhard Nowak
Informationstechnische Integration des industriellen Service in das Unternehmen
2001 · 203 Seiten · 95 Abb. · 20,5 x 14,5 cm · ISBN 3-8316-0055-4

157 Martin Werner
Simulationsgestützte Reorganisation von Produktions- und Logistikprozessen
2001 · 191 Seiten · 20,5 x 14,5 cm · ISBN 3-8316-0058-9

158 Bernhard Lenz
Finite Elemente-Modellierung des Laserstrahlschweißens für den Einsatz in der Fertigungsplanung
2001 · 150 Seiten · 47 Abb. · 5 Tab. · 20,5 x 14,5 cm · ISBN 3-8316-0094-5

159 Stefan Grunwald
Methode zur Anwendung der flexiblen integrierten Produktentwicklung und Montageplanung
2002 · 206 Seiten · 80 Abb. · 25 Tab. · 20,5 x 14,5 cm · ISBN 3-8316-0095-3

160 Josef Gartner
Qualitätssicherung bei der automatisierten Applikation hochviskoser Dichtungen
2002 · 165 Seiten · 74 Abb. · 21 Tab. · 20,5 x 14,5 cm · ISBN 3-8316-0096-1

161 Wolfgang Zeller
Gesamtheitliches Sicherheitskonzept für die Antriebs- und Steuerungstechnik bei Werkzeugmaschinen
2002 · 192 Seiten · 54 Abb. · 15 Tab. · 20,5 x 14,5 cm · ISBN 3-8316-0100-3

162 Michael Loferer
Rechnergestützte Gestaltung von Montagesystemen
2002 · 178 Seiten · 80 Abb. · 20,5 x 14,5 cm · ISBN 3-8316-0118-6

163 Jörg Fährer
Ganzheitliche Optimierung des indirekten Metall-Lasersinterprozesses
2002 · 176 Seiten · 69 Abb. · 13 Tab. · 20,5 x 14,5 cm · ISBN 3-8316-0124-0

164 Jürgen Höppner
Verfahren zur berührungslosen Handhabung mittels leistungsstarker Schallwandler
2002 · 132 Seiten · 24 Abb. · 3 Tab. · 20,5 x 14,5 cm · ISBN 3-8316-0125-9

165 Hubert Götte
Entwicklung eines Assistenzrobotersystems für die Knieendoprothetik
2002 · 258 Seiten · 123 Abb. · 5 Tab. · 20,5 x 14,5 cm · ISBN 3-8316-0126-7

166 Martin Weißenberger
Optimierung der Bewegungsdynamik von Werkzeugmaschinen im rechnergestützten Entwicklungsprozess
2002 · 210 Seiten · 86 Abb. · 2 Tab. · 20,5 x 14,5 cm · ISBN 3-8316-0138-0

167 Dirk Jacob
Verfahren zur Positionierung unterseitenstrukturierter Bauelemente in der Mikrosystemtechnik
2002 · 200 Seiten · 82 Abb. · 24 Tab. · 20,5 x 14,5 cm · ISBN 3-8316-0142-9

168 Ulrich Roßgoderer
System zur effizienten Layout- und Prozessplanung von hybriden Montageanlagen
2002 · 175 Seiten · 20,5 x 14,5 cm · ISBN 3-8316-0154-2

169 Robert Klingel
Anziehverfahren für hochfeste Schraubenverbindungen auf Basis akustischer Emissionen
2002 · 164 Seiten · 89 Abb. · 27 Tab. · 20,5 x 14,5 cm · ISBN 3-8316-0174-7

170 Paul Jens Peter Ross
Bestimmung des wirtschaftlichen Automatisierungsgrades von Montageprozessen in der frühen Phase der Montageplanung
2002 · 144 Seiten · 38 Abb. · 38 Tab. · 20,5 x 14,5 cm · ISBN 3-8316-0191-7

171 Stefan von Praun
Toleranzanalyse nachgiebiger Baugruppen im Produktentstehungsprozess
2002 · 250 Seiten · 62 Abb. · 7 Tab. · 20,5 x 14,5 cm · ISBN 3-8316-0202-6

172 Florian von der Hagen
Gestaltung kurzfristiger und unternehmensübergreifender Engineering-Kooperationen
2002 · 220 Seiten · 104 Abb. · 20,5 x 14,5 cm · ISBN 3-8316-0208-5

173 Oliver Kramer
Methode zur Optimierung der Wertschöpfungskette mittelständischer Betriebe
2002 · 212 Seiten · 84 Abb. · 20,5 x 14,5 cm · ISBN 3-8316-0211-5

174 Winfried Dohmen
Interdisziplinäre Methoden für die integrierte Entwicklung komplexer mechatronischer Systeme
2002 · 200 Seiten · 67 Abb. · 20,5 x 14,5 cm · ISBN 3-8316-0214-X

175 Oliver Anton
Ein Beitrag zur Entwicklung telepräsenter Montagesysteme
2002 · 158 Seiten · 85 Abb. · 20,5 x 14,5 cm · ISBN 3-8316-0215-8

176 Welf Broser
Methode zur Definition und Bewertung von Anwendungsfeldern für Kompetenznetzwerke
2002 · 224 Seiten · 122 Abb. · 20,5 x 14,5 cm · ISBN 3-8316-0217-4